Estado, política e classes sociais

FUNDAÇÃO EDITORA DA UNESP

Presidente do Conselho Curador
Mário Sérgio Vasconcelos

Diretor-Presidente
José Castilho Marques Neto

Editor-Executivo
Jézio Hernani Bomfim Gutierr

Conselho Editorial Acadêmico
Alberto Tsuyoshi Ikeda
Áureo Busetto
Célia Aparecida Ferreira Tolentino
Eda Maria Góes
Elisabete Maniglia
Elisabeth Criscuolo Urbinati
Ildeberto Muniz de Almeida
Maria de Lourdes Ortiz Gandini Baldan
Nilson Ghirardello
Vicente Pleitez

Editores-Assistentes
Anderson Nobara
Jorge Pereira Filho

ARMANDO BOITO JR.

ESTADO, POLÍTICA E CLASSES SOCIAIS
ENSAIOS TEÓRICOS E HISTÓRICOS

editora
unesp

© 2007 Editora Unesp

Direitos de publicação reservados à:
Fundação Editora da Unesp (FEU)
Praça da Sé, 108
01001-900 – São Paulo – SP
Tel.: (0xx11) 3242-7171
Fax: (0xx11) 3242-7172
www.editoraunesp.com.br
www.livrariaunesp.com.br
feu@editora.unesp.br

CIP – Brasil. Catalogação na fonte
Sindicato Nacional dos Editores de Livros, RJ

B669e

Boito Junior, Armando
  Estado, política e classes sociais: ensaios teóricos e históricos / Armando Boito Jr. – São Paulo: Editora Unesp, 2007.

  Inclui bibliografia
  ISBN 978-85-7139-783-5

  1. Marx, Karl, 1818-1883. 2. Filosofia marxista. 3. Classes sociais. 4. Ciência política. I. Título.

07-3438.   CDD: 320.532
                                                        CDU: 321.74

Editora afiliada:

Asociación de Editoriales Universitarias de América Latina y el Caribe

Associação Brasileira de Editoras Universitárias

SUMÁRIO

Apresentação   7

Parte 1
Estado, classes sociais e mudança histórica

1 O Estado capitalista no centro: crítica ao conceito
de poder de Michel Foucault   17

2 O lugar da política na teoria marxista da história   39

3 Estado e transição ao capitalismo: feudalismo, absolutismo
e revolução política burguesa   63

4 Estado e transição ao socialismo: a Comuna de Paris
foi um poder operário?   89

5 O conceito de crise revolucionária: a França de 1789   109

6 Cena política e interesses de classe na sociedade capitalista:
a análise de Marx   137

Parte 2
Política e economia na formação das classes trabalhadoras

7 Pré-capitalismo, capitalismo e resistência dos trabalhadores –
Elementos para uma teoria da ação sindical   155

6 ARMANDO BOITO JR.

8 A (difícil) formação da classe operária   189

9 A constituição do proletariado em classe no *Manifesto do Partido Comunista*   201

10 O esgotamento do ciclo revolucionário do século XX   213

11 Classe média e sindicalismo   223

12 Cidadania e classes sociais   247

Referências bibliográficas   263

APRESENTAÇÃO

Meu objetivo neste livro é apresentar alguns conceitos e teses fundamentais da teoria política marxista, problematizá-los e desenvolvê-los. Realizei esse trabalho escrevendo um conjunto de doze ensaios, que produzi em momentos diferentes da minha atividade intelectual. A maioria desses ensaios é de natureza teórica, ou seja, são ensaios que tomam a própria teoria por objeto de análise. Aqueles que tratam não diretamente da teoria, mas sim da sociedade capitalista atual ou de sua história, também possuem, apesar disso, um objetivo teórico: apresentar e testar teses, polêmicas e problemas da teoria política marxista à luz da discussão historiográfica.

A ambição maior deste trabalho é contribuir, ainda que modestamente, para a renovação da teoria marxista, o que exige uma atitude desprendida em relação ao legado do marxismo e às novas pesquisas produzidas pelas ciências humanas. A construção de um marxismo renovado requer um balanço crítico do marxismo dominante no século XX e um diálogo criterioso com os autores e as pesquisas inovadoras, de orientações teóricas variadas, que marcaram as ciências humanas nas últimas décadas.

Procurei desenvolver minhas ideias de maneira polêmica, opondo-as abertamente às ideias e análises divergentes ou contraditórias, de modo a evidenciar ao leitor os pressupostos e as consequências das análises que faço. Indico, desde já, uma polêmica de fundo. Muitos autores recusam o próprio pressuposto deste trabalho: sustentam que não existe teoria política marxista. Há, pelo menos, duas versões dessa tese. De um lado, temos os autores não marxistas que, como Norberto Bobbio, apoiam-se no fato de Marx e Engels não terem produzido uma obra teórica sistemática sobre a política e o Estado para sugerir que esse é um terreno proibido aos marxistas ou, então, um terreno que eles só poderiam adentrar na condição de caronas de outras teorias sociais, isto é, na condição de abandonarem o marxismo. Os que pensam assim reduzem a importância dos textos históricos de Marx e de Engels, que, embora não sejam textos teóricos, apresentam e desenvolvem conceitos e teses originais e fundadores. As obras históricas possuem dois níveis que cabe ao leitor discernir. De um lado, contêm teses e conceitos particulares, restritos às conjunturas e aos fenômenos históricos nelas analisados, mas, de outro lado, contêm também conceitos e teses de caráter mais geral e abstrato que inauguram um terreno novo no qual se pode pensar a política de uma maneira que ela nunca fora pensada. Ademais, os autores não marxistas que negam a existência de uma teoria política marxista silenciam sobre os desenvolvimentos posteriores dessa teoria política, desenvolvimentos que foram realizados tanto pelos dirigentes socialistas posteriores a Marx e Engels quanto pelos pesquisadores universitários marxistas a partir da segunda metade do século XX, que foi quando o marxismo começou a conquistar o pequeno espaço que ainda detém na instituição universitária.

De outro lado, a proposta de uma teoria política marxista não é consensual sequer entre os autores situados no campo do marxismo. Algumas escolas da tradição marxista entendem que não caberia distinguir, no corpo geral dessa teoria, a análise do poder político da análise da cultura ou da análise da economia. Os marxistas da escola de Lukács pensam assim. Consideram que falar em sociologia marxista, ciência política marxista ou economia marxista seria mutilar o marxismo e o conhecimento. Tudo seria um mesmo e único objeto e tudo estaria fundido num corpo conceitual único que não comportaria distinções sequer metodológicas. Ademais, existe entre os marxistas, inclusive entre os lukacsianos, a forte presença do economicismo que também conspira contra a ideia de uma teoria política marxista. O economicismo, dominante no marxismo do século XX, ainda não foi suficientemente criticado. Tal concepção, que consiste em reduzir todos os fenômenos da sociedade, da política e da cultura a supostas causas econômicas, bloqueia a reflexão teórica sobre a política. Da perspectiva economicista a política só pode ser pensada como apêndice, como epifenômeno, enfim, como algo secundário ou sem importância, e ninguém é estimulado a refletir sobre coisas sem importância. De minha parte, embora reconheça a unidade da teoria marxista da sociedade e da história, aquilo que se pode denominar a teoria do materialismo histórico, entendo, também, que são possíveis e necessárias distinções metodológicas para contemplar a especificidade do estudo da economia, da política, da cultura etc. A teoria política marxista, embora seja um conhecimento regional dependente da teoria geral do materialismo histórico, e, portanto, do conjunto de suas teorias regionais (economia, sociedade, cultura), possui, contudo, um quadro conceitual específico que lhe permite abordar o seu objeto também específico que é o poder político e a luta para mantê-lo ou conquistá-lo.

Pretendo, num futuro próximo, dedicar-me a essa polêmica. Por ora, apenas alerto o leitor para o fato de que ela atravessa todas as páginas deste livro.

***

Na primeira parte do livro, examinamos diversos aspectos das relações entre o poder político, organizado no Estado, a mudança histórica e classes sociais.

No primeiro ensaio, polemizamos com Michel Foucault, criticando a sua concepção de poder como um fenômeno institucionalmente difuso e socialmente disperso. Este ensaio esclarece por que, ao longo de todo este livro, concebemos o Estado como o principal centro de poder político e a ação política como uma atividade voltada, em última análise, para o Estado.

No segundo ensaio, fazemos uma discussão teórica sobre o lugar da política na teoria marxista da história. A questão é: qual é o lugar que a política ocupa (ou deve ocupar) na teoria da transição de um tipo de sociedade para outro? Procuramos, então, esclarecer teoricamente a importância da revolução política nos processos de transição. Os dois ensaios seguintes desta coletânea realizam, à luz dessa discussão teórica, a análise histórica de dois processos distintos.

Num deles, examinamos o papel do Estado absolutista na reprodução do feudalismo e a importância da revolução política burguesa para a transição ao capitalismo. Polemizamos com as análises que apresentam o Estado absolutista como um Estado capitalista, de transição ou "modernizador" e que, também por isso, descuram, explícita ou implicitamente, a importância da revolução política burguesa. No ensaio seguinte, examinamos a questão da forma específica de organização do poder operário na Comuna de Paris de 1871. Procuramos mostrar que apenas uma compreensão do processo de transição que supere o economicismo permite ver por que Marx considerou a Comuna de Paris como a primeira experiência de um poder operário. Justamente por não entenderem isso é que os críticos acadêmicos puderam sustentar, contra as análises de Marx, a tese segundo a qual a Comuna representou apenas mais um levante popular como tantos outros da França dos séculos XVIII e XIX. Nossas ideias são apresentadas concomitantemente com uma avaliação crítica de parte da bibliografia sobre a revolução política burguesa e sobre a Comuna de Paris de 1871. Apesar de esses processos serem bastante discutidos na historiografia especializada, acreditamos que, pelo fato de as nossas análises estarem informadas por uma problemática ignorada ou recusada pelas pesquisas historiográficas, conseguimos lançar alguma luz nova sobre eles.

O processo histórico e especificamente os processos de transição dependem, também, das circunstâncias de uma conjuntura de crise. No quinto ensaio, procuramos desenvolver os conceitos de processo político e de crise revolucionária, mostrando a especificidade da tradição leninista nessa matéria, comparando-a com o pensamento de outros marxistas como Trotsky e Rosa Luxemburgo. Nosso objetivo é mostrar também a abrangência do conceito leninista de crise revolucionária, evidenciando a fecundidade desse conceito para a análise das revoluções burguesas do período absolutista, e não apenas para a análise das revoluções operárias e populares do século XX.

No sexto e último ensaio desta primeira parte, examinamos o conceito de cena política, que designa o espaço no qual os interesses e conflitos de classe se fazem presentes de forma dissimulada pelo discurso e pelos programas dos partidos políticos burgueses e pequeno-burgueses. Tal concepção, que é própria da teoria política marxista, contrasta com as noções homólogas de outras correntes do pensamento político contemporâneo, como o liberalismo e a teoria das elites.

***

Na segunda parte do livro, tratamos especificamente das classes sociais e do conflito de classes, ou seja, examinamos aquilo que está teoricamente suposto nos ensaios sobre o poder político, a mudança histórica, o Estado, a crise revolucionária e a cena política nos capítulos da primeira parte. Procuramos, então, mostrar a importância multidimensional da política na formação das classes sociais e no desenvolvimento da luta de classes. Esses ensaios procuram esclarecer, entre outras questões, por que o longo ciclo revolucionário do século XX foi seguido por um período, que também já podemos denominar prolongado, de declínio da polarização do conflito de classes. Além disso, procuram mostrar as diversas formas que o conflito de classes pode assumir, mesmo na ausência dessa polarização.

O primeiro ensaio desta parte trata a relação existente entre, de um lado, a estrutura global (economia, política, ideologia) dos modos de produção em que há exploração de classe e, de outro lado, as modalidades possíveis de ação de resistência dos produtores diretos nesses modos de produção. O texto procura evidenciar como a estrutura do modo de produção capitalista, aí compreendidas a sua infraestrutura econômica e a sua superestrutura jurídico-política, permite, ao contrário da estrutura dos modos de produção escravista e feudal, a organização permanente dos produtores diretos, tornando factível a conversão desses produtores, que se educam e acumulam forças na luta reivindicativa e por reformas sociais, em classe dirigente de um processo revolucionário, diferentemente do que ocorria com a massa escrava e com o campesinato servil. Acreditamos que este texto fornece alguns elementos de fundo para se pensar uma teoria da ação sindical.

Os três ensaios seguintes dessa parte apresentam a ideia de que a organização dos trabalhadores em classe é uma resultante de contradições e conflitos múltiplos em conjunturas particulares, conjunturas essas que têm o condão de tornar efetiva a classe que existe apenas potencialmente no terreno da economia. Além de uma discussão geral sobre esse tema, recupero aqui o *Manifesto do Partido Comunista* e faço dele uma leitura distinta das leituras correntes, retomando algumas polêmicas que esse texto suscitou entre importantes dirigentes e teóricos do movimento operário dos séculos XIX e XX. O outro ensaio trata do declínio e do esgotamento daquilo que denomino o longo ciclo revolucionário do século XX, aplicando, para entender o encerramento daquela época, as ideias teóricas desenvolvidas nos dois ensaios que acabei de mencionar. Em meados da década de 1990, a discussão sobre as mudanças econômicas e sociais do capitalismo no último quartel do século passado e sobre os impactos sociais e ideológicos dessas mudanças junto às classes trabalhadoras vinha descurando o elemento político. Esse enfoque persiste ainda hoje. É patente não só em autores como Claus Offe e André Gorz, mas também em muitos de seus críticos brasileiros, que não logravam romper com a problemática economicista dos autores que pretendiam criticar. Eu intervim no debate para destacar a necessidade de se compreender que o refluxo e a crise do movimento operário socialista eram expressão do esgotamento daquele ciclo revolucionário, esgotamento cujas determinações ultrapassavam de muito as relações entre operários e capitalistas no processo de produção e no mercado de trabalho.

O quinto ensaio desta parte, ao discutir a noção de classe média e de sindicalismo de classe média, procura realçar a importância da ideologia e da luta de classes na determinação das classes sociais. No sexto e último ensaio, examinamos as relações entre o desenvolvimento da cidadania e a luta de classes, efetuando uma análise crítica da noção burguesa de cidadania e indicando, ao mesmo tempo, as relações complexas e contraditórias que a cidadania mantém com os interesses das classes trabalhadoras.

***

Cada capítulo que compõe esta coletânea, embora faça parte de um conjunto integrado, é um texto autônomo e pode ser lido separadamente. Em decorrência disso, quem examinar o conjunto da coletânea irá deparar, vez ou outra, com algumas repetições. Peço desculpa ao leitor, mas essas pequenas repetições parecem-me inevitáveis numa coletânea como esta.

Para levar adiante meu trabalho de pesquisa, tenho podido contar com as excelentes condições de trabalho propiciadas pela Universidade

Estadual de Campinas (Unicamp), onde sou professor de Ciência Política. Devo muito também aos colegas e aos estudantes que participam dos grupos de estudo e de pesquisa do Centro de Estudos Marxistas (Cemarx) e do trabalho coletivo de produção da revista *Crítica Marxista*. Essas atividades contribuíram para o esclarecimento dos problemas que analiso, além de estimularem a produção de vários textos publicados nesta coletânea. Sou grato a todos.

Armando Boito Jr.
São Paulo, junho de 2007

PARTE 1
ESTADO, CLASSES SOCIAIS E MUDANÇA HISTÓRICA

1
O ESTADO CAPITALISTA NO CENTRO: CRÍTICA AO CONCEITO DE PODER DE MICHEL FOUCAULT[1]

Michel Foucault refere-se, em diversos textos, entrevistas e palestras, criticamente àquilo que seria o conceito "tradicional" de poder. Critica especificamente o marxismo por, segundo ele, aceitar esse conceito tradicional. Reprova em tal conceito a sua ambição de generalização e sistematização, a importância indevida que se concederia à ação repressiva e o fato de o poder ser concebido como algo concentrado institucionalmente no Estado e exercido por uma parcela da sociedade sobre outra. Foucault sustenta que não possui e que não pretende desenvolver um conceito geral alternativo de poder, mas apenas analisar o poder onde ele se manifesta. É claro, contudo, que ele não pode identificar o poder "onde ele se manifesta" sem partir de um conceito geral de poder minimamente desenvolvido – e nós veremos que ele possui esse conceito, ainda que evite dizê-lo.

O objetivo deste pequeno texto é refletir sobre a crítica de Michel Foucault ao conceito tradicional de poder e ao marxismo. A obra de Foucault, além de sua importância intrínseca, é, ainda hoje, estudada e debatida com grande interesse nas universidades. Foucault está vivo e forte

---

1 Este texto desenvolve as ideias apresentadas na palestra proferida, em outubro de 2006, no Encontro Anual da Associação Nacional de Pós-Graduação e Pesquisa em Ciências Sociais (Anpocs). A apresentação teve lugar na mesa-redonda intitulada "O marxismo e as teorias sociais contemporâneas".

18 ARMANDO BOITO JR.

no Brasil. No ano de 2004, por ocasião do vigésimo aniversário de falecimento do autor, tivemos no Brasil uma ampla mobilização de professores, estudantes, pesquisadores e intelectuais, nas universidades e nos centros culturais, para o estudo da obra de Foucault. Como exemplo, poderíamos citar os seminários organizados em diversas universidades brasileiras (Unesp, Unicamp, Uerj, UFRGS, UFMS, UFSC e outras) e em diversos centros culturais (CCBB do Rio de Janeiro, MIS de São Paulo e outros) sobre a obra de Foucault. Esses seminários atraíram muitos pesquisadores e um grande público em todo o Brasil. Parte deles atraiu também pesquisadores estrangeiros, obtendo certa repercussão internacional.

Neste texto, não consideraremos o conceito de poder e suas transformações ao longo de toda a obra de Foucault. O próprio Foucault avaliou que somente no início da década de 1970 ele teria adquirido consciência de que o eixo de suas pesquisas era o problema do poder e não o problema do saber e do conhecimento. Numa conhecida entrevista concedida a S. Hasumi, datada de 1977, Foucault declarou:

> Durante muito tempo acreditei que aquilo que eu corria atrás era uma espécie de análise dos saberes e dos conhecimentos, tais como podem existir em uma sociedade como a nossa: o que se sabe da loucura, o que se sabe da doença, o que se sabe do mundo, da vida? Ora, não creio que esse era o meu problema. Meu verdadeiro problema é aquele que, aliás, atualmente, é o problema de todo mundo: o do poder.[2]

Iremos considerar, então, uma fase específica da obra de Foucault, situada em meados da década de 1970, que compreende a maior parte dos textos publicados no *Microfísica do poder*, o primeiro volume da *História da sexualidade*, e outros textos que citaremos em nossa intervenção.

As quatro teses de Michel Foucault

Em 1976, ano da publicação de *La volonté de savoir*, Michel Foucault esteve no Brasil. Proferiu em Salvador da Bahia, na UFBA, uma palestra

---

2 Michel Foucault, "Poder e saber", entrevista com S. Hasumi, gravada em Paris em 13 de outubro de 1977. Publicada em Mota (2003).

na qual resumiu as suas críticas àquela que seria, segundo ele, a noção tradicional e burguesa de poder. Pouco tempo antes, ele passara pela cidade de Campinas, no interior do Estado de São Paulo, onde, na sede do Centro Acadêmico de Ciências Humanas (CACH) da Unicamp, proferira palestra semelhante. O que ele disse aos estudantes da Unicamp não foi gravado, mas o texto da palestra de Salvador foi publicado pela revista *Magazine Litteraire*, no número de setembro de 1994, e saiu posteriormente num dos volumes de *Dits et écrits* (Foucault, 1994).

Foucault sustenta nesse texto que a visão tradicional e burguesa do poder seria a mesma que encontraríamos nos autores marxistas. Sugere que os marxistas não estariam, nessa questão, acompanhando a obra de Marx. Para Foucault, Marx teria uma visão do poder mais próxima da sua. As ideias que Foucault apresenta nesse texto são teses já conhecidas dos leitores da sua obra, mas o mais interessante consiste no caráter sistemático da exposição que faz. Ele enumera, uma a uma, quatro teses e as apresenta de maneira polêmica.

Primeira tese: *não existe um ou o poder, mas, sim, vários poderes.* Cada um desses poderes teria a sua especificidade histórica e geográfica. O próprio Marx pensaria, segundo Foucault, dessa maneira, quando analisa, em *O capital*, o poder do capitalista no local de trabalho. Esse poder seria específico em relação ao poder jurídico existente no resto da sociedade. Diz Foucault: Marx mostrou que o poder patronal no local de trabalho é impermeável ao poder de Estado. E conclui a sua tese número um, afirmando: "A sociedade é um arquipélago de poderes diferentes" (Foucault, 1994). Nesse caso, concluímos nós, seria errôneo falar em poder de uma parcela da sociedade sobre a outra, como ocorre com a teoria das elites, que concebe o poder da elite sobre a massa, ou, o que nos interesse de perto, como ocorre com a teoria marxista, que concebe o poder da classe dominante sobre a classe dominada. O poder seria socialmente difuso.

Segunda tese: *esses diversos poderes não devem ser compreendidos como uma espécie de derivação de um suposto poder central.* Ao contrário, diz Foucault, foi a partir dessas pequenas regiões de poder – a propriedade, a escravidão, a fábrica moderna, o Exército – que puderam se formar, pouco a pouco, os grandes aparelhos de Estado. "A unidade

20 ARMANDO BOITO JR.

estatal é, no fundo, secundária em relação a esses poderes regionais específicos, os quais vêm em primeiro lugar" (Foucault, 2003, p.65). Apesar de os marxistas insistirem na centralidade do Estado, Marx, na obra *O capital*, estaria, segundo Foucault, próximo desse esquema que apresenta o poder como uma rede de poderes específicos. Nesse caso, concluímos, seria errôneo falar em concentração de poder na instituição do Estado. O poder *socialmente* difuso seria, também, *institucionalmente* disperso.

Terceira tese: *esses poderes específicos, locais e regionais, têm por função primordial produzir aptidão, eficiência. A função principal de tais poderes não é, portanto, a de proibir, de impedir, de dizer "você não deve"*. Falando da função produtiva da nova organização militar, que se desenvolveu na Europa ocidental entre os séculos XVI e XVII, Foucault destaca dois pontos. Primeiro, que a mudança organizacional das forças armadas foi provocada pela tecnologia – uma "descoberta técnica: o fuzil de tiro rápido" – e, segundo, que tal mudança visou à eficiência das "Forças Armadas como produtora de mortes" e "não, absolutamente, a proibição". Está subentendido que, segundo Foucault, a visão tradicional, burguesa e dos autores marxistas, considera erroneamente o poder como instituição fundamentalmente repressiva.

Quarta tese: *esses mecanismos de poder, esses procedimentos, devem ser considerados como técnicas, isto é, como procedimentos que foram inventados, aperfeiçoados, que não cessam de se desenvolver*. Conclui-se que a análise do poder deveria concentrar-se nos métodos utilizados para o exercício do poder e não no conteúdo das medidas tomadas, nos objetivos almejados pelo poder e na questão de saber quem são os beneficiados e os prejudicados por tais medidas. Os meios de exercício do poder, e não o seu conteúdo e objetivo, seriam o elemento mais importante no estudo do poder.

Na obra *La volonté de savoir*, livro publicado no mesmo ano da palestra proferida em Salvador da Bahia, Foucault apresenta uma definição de poder claramente consistente com as quatro teses que arrolei acima.

> Por poder ... eu não entendo um sistema geral de dominação exercido sobre um elemento ou um grupo sobre outro, e cujos efeitos, por sucessivas

derivações, atravessam o corpo social como um todo. A análise, em termos de poder, não deve postular, como pressupostos, a soberania do Estado, a forma da lei ou a unidade global de uma dominação; estas são apenas as formas terminais. Por poder, parece-me necessário compreender a multiplicidade de relações de força que são imanentes ao domínio em que elas são exercidas, e são constitutivas de sua organização; o jogo que, pela via das lutas e de enfrentamentos incessantes, as transforma, as reforça, as inverte. (Foucault, 1976, p.121-2)

Concentração institucional do poder no Estado: a repressão

Para comparar criticamente o conceito marxista de poder político com as teses de Michel Foucault sobre o conceito de poder, podemos proceder de duas maneiras distintas.

A primeira maneira consistiria em nos perguntarmos sobre a problemática teórica subjacente às considerações foucaultianas. Seria preciso contrastar essa problemática com a problemática marxista, e refletir sobre a eficiência de cada uma delas como terreno apropriado para a produção de conceitos pertinentes para o estudo do poder. Explicando-me: Foucault situa o poder no campo das relações interindividuais, enquanto Marx e a tradição marxista o situam no campo das relações de classes; o poder no marxismo está vinculado à reprodução de determinadas relações de produção e a transformação do poder é o instrumento da mudança histórica, ao passo que Foucault não está preocupado com a função social do poder e tampouco trabalha com uma teoria da história.[3] Há, portanto, uma heterogeneidade de problemáticas que aconselha cuidados especiais na comparação direta entre um e outro conceito de poder.

---

3 Foucault herda de Nietzsche sua concepção de história. Segundo Scarlett Marton, esse filósofo, inspirado nos moralistas franceses, como Montaigne, La Rochefoucauld, Vauvenargues e Chamfort, pensava a história como uma "... mistura desordenada de ações, eventos, situações morais, costumes, arranjos sociais, traços de caráter, [que] por certo não consideram uma ciência. Pouco lhes importa que tenha inteligibilidade ou não, o que conta é o seu uso para compreender o ser

22 ARMANDO BOITO JR.

Tal comparação é, contudo, possível. Os conceitos, mesmo pertencendo a problemáticas distintas, podem assentar-se num atributo comum. Podemos imaginar, para compreender isso, um desenho de uma árvore, com um tronco do qual se desprendem os galhos divergentes distribuídos em uma grande copa convexa. Começando pelo alto da copa e percorrendo o caminho que vai dos galhos mais finos aos mais grossos e, finalmente, atingindo o tronco para o qual convergem, talvez descubramos neste último um atributo comum dos conceitos comparados. Nesse tronco, que pode representar um plano mais geral e abstrato, penso que poderemos encontrar um terreno em que os conceitos de poder presentes em Foucault e em Marx falam uma mesma linguagem. É esse tronco comum que permite, até certo ponto, e observados certos cuidados, compararmos diretamente os conceitos de um e de outro, que é o caminho que escolhemos. Tal terreno comum é o seguinte: ambos os conceitos nomeiam, ainda que em problemáticas distintas, os mecanismos que induzem determinados comportamentos dos agentes sociais.

Esclarecido o procedimento que iremos adotar, tratemos de examinar as teses de Michel Foucault. Começaremos pela crítica da segunda e da terceira tese arroladas pelo autor em sua palestra. O poder encontra-se institucionalmente difuso ou disperso, como anuncia a tese número dois de Foucault? Nós entendemos que não. Marx e a tradição marxista estão, a nosso ver, corretos ao pensar o poder político concentrado institucionalmente no Estado. No desenvolvimento dessa ideia, dois elementos devem ser considerados: a existência do aparelho repressivo do Estado e a sua utilização na manutenção da ordem, fator que é minimizado ou negado por Michel Foucault na sua terceira tese, e a ideologia produzida e difundida por esse mesmo aparelho de Estado, fator

---

humano. ... tesouro inestimável de exemplos, a história é a mestra da vida. Se os moralistas franceses a ela recorrem não é para prever o futuro mas para sondar o ser humano" (Marton, 1993, p.61). Em seu texto "Nietzsche, a genealogia e a história", que constitui o primeiro ensaio da coletânea *Microfísica do poder* (Foucault, 1979), Michel Foucault reafirma esse caráter contingente e inesperado do acontecimento histórico e da própria história: a história como acúmulo de fatos variados e a sociedade como rede de atos. Isso é, evidentemente, muito diferente da tradição hegeliana, à qual se filia Marx, tradição que procura detectar a lógica da articulação e da reprodução das "civilizações" e a dinâmica do processo de mudança histórica.

ESTADO, POLÍTICA E CLASSES SOCIAIS **23**

que Foucault ignora por completo porque desconhecia grande parte da produção marxista sobre a teoria do Estado e do poder político, produção que já estava ao seu alcance na França, quando ele elaborou as teses que enumeramos.

Primeiro, uma palavra sobre a importância da repressão no exercício do poder, já que ela é descurada por Michel Foucault. Ele ignora que a simples a ameaça de repressão, ou a certeza de que a repressão virá se tal ou qual ação for praticada, dissuade as ações contrárias à ordem. Gerard Lebrun, polemizando com a visão edulcorada que Foucault apresenta do poder, recorda, com felicidade, o caso do *black-out* ocorrido em Nova York no ano de 1977. A população dos bairros populares, consciente de que a falta de energia elétrica impediria a polícia de agir com um mínimo de eficiência, saqueou em massa as lojas de bens duráveis como aparelhos de imagem e som, eletrodomésticos de cozinha e outros (Lebrun, 1981). A propriedade privada é respeitada também pelo medo da repressão. Ora, como Max Weber lembrava, para fins teóricos outros, o Estado, em situações de estabilidade política, detém o monopólio do uso legítimo da força. Além do efeito dissuasivo propiciado pela ostentação do seu aparato repressivo, o Estado usa de dois modos a força repressiva: de modo aberto e massivo, nos momentos críticos de enfrentamento com movimentos políticos e sociais, mas também de maneira molecular e pouco visível na contenção cotidiana dos atos de desobediência que ocorrem nos diversos centros de poder. Essa é uma questão tratada na bibliografia marxista, ainda que muito trabalho esteja para ser feito nessa matéria. Para nós, o importante é lembrar que o poder que se exerce na família, na escola, na empresa, nos hospitais ou na prisão é conferido ou regulamentado por normas legais estabelecidas e fiscalizadas pelo aparelho de Estado. Deixemos de lado a análise da função social e da importância, que variam muito, de cada um desses diversos centros de poder e, tomando a questão nos termos que o próprio Foucault a coloca, consideremos, mediante alguns exemplos, a dependência desses centros da instituição do Estado. Vamos travar a polêmica considerando apenas a sociedade e o Estado capitalista.

As relações de parentesco existem muito antes de existir Estado e capitalismo e são, efetivamente, relações de poder interindividual. Mas as relações de parentesco no capitalismo são relações de parentesco de um tipo histórico determinado e se encontram regulamentadas pelo Estado capitalista. São os tribunais que, em última instância, decidem sobre a validade das relações de parentesco, sobre a transmissão de herança, sobre a guarda de filhos e outros assuntos que estão na base da organização familiar burguesa, e cabem à parte prejudicada por tais decisões a obediência ou as sanções penais. A autoridade do professor ou do médico também é real, mas baseia-se no sistema escolar estabelecido e regulamentado pelo Estado – basicamente, na exigência legal do diploma para o exercício de determinadas profissões – e também nesse caso a transgressão implica sanção legal. Existe o poder patronal dentro da empresa capitalista, o que aparece, como bem sabem os trabalhadores, na capacidade do empregador para estabelecer o regulamento interno da empresa, isto é, as condições para a máxima utilização da força de trabalho. Mas esse poder patronal, que é um poder real, está regulamentado pelo Estado e procede, todo ele, do estatuto da propriedade privada, estatuto que o Estado capitalista criou e se incumbe de preservar. Foucault afirma, erroneamente, que o Estado não logra atingir o poder patronal na empresa. É certo que ele poderia arguir que o empregador pode afrontar decisões governamentais.[4] Marx mostrou, no longo capítulo sobre a luta pela regulamentação da jornada de trabalho no primeiro volume de *O capital*, a ampla margem de manobra que os capitalistas tinham no interior das fábricas para burlar a legislação que limitava a jornada de trabalho. No Brasil, tivemos um exemplo particular e esclarecedor de outras facetas do poder patronal, que é um poder real, na economia capitalista. Refiro-me ao Plano Cruzado, o plano econômico anti-inflacionário implantado pelo Governo Sarney em 1986. O Plano Cruzado congelou os preços da totalidade das mercadorias. Em pouco tempo, os capitalistas reagiram e de diversas formas: desrespeitando a lei e remarcando abertamente os preços, vendendo mercadorias no mercado negro ou, simplesmente, retendo a sua produção. O governo revelou-se incapaz de manter o tabelamento de preços numa economia

---

4 O autor marxista que analisa muito bem o trunfo que a autoridade patronal no interior da empresa representa para a classe capitalista na disputa pelo poder de Estado é Ralph Miliband, no seu livro *O Estado na sociedade capitalista* (1982, Capítulo 6, "Competição imperfeita", p.179-218).

capitalista e isso devido, justamente, ao controle molecular, exercido pelos capitalistas, sobre o tecido econômico. Porém, até essa capacidade de resistência do capitalista contra as decisões de um determinado *governo* depende do estatuto da propriedade privada estabelecido e assegurado pelo *Estado*. Cabe ainda lembrar que o poder patronal é testado pelos operários em situações de crise. Em caso de revolta operária que afronte o direito de propriedade, é o recurso do empregador à justiça e à repressão, isto é, ao Estado, que recoloca as relações de poder dentro da ordem capitalista.

Portanto, como conclusão geral, podemos afirmar que, embora o exercício do poder não se dê apenas no Estado, os diversos centros de poder dependem efetivamente da ação legisladora e repressiva do Estado para poderem funcionar como tais. Também faz parte do exercício do poder proibir, interditar e reprimir. A simples ostentação do aparelho repressivo do Estado é já um elemento de contenção das ações contestatórias ou de simples desobediência à ordem. Quanto à utilização efetiva desse aparelho, ela se dá, basicamente, de duas maneiras: de forma aberta e massiva contra as lutas sociais que transgridam os limites da propriedade privada e da ordem burguesa, e de forma molecular e oculta organizando e disciplinando o funcionamento cotidiano dos diversos centros de poder da sociedade capitalista.

Concentração institucional do poder no Estado: a ideologia

O mais importante é que Michel Foucault não percebe que o aparelho de Estado capitalista – suas normas jurídicas e suas instituições – produz e difunde ideologia e que essa ideologia é *condição necessária* para o funcionamento dos diversos centros de poder que Foucault estudou. Tais centros, além de dependerem da ação repressiva do Estado, dependem, também, da produção ideológica do aparelho estatal. Foucault atribui aos marxistas a concepção do poder como mera proibição e repressão e, no entanto, ele próprio pensa o Estado dessa forma: como um aparelho meramente repressor. É por isso que ele localiza a função "produtiva" ou "criativa" do poder alhures.

26 ARMANDO BOITO JR.

Michel Foucault, como já indicamos numa das citações que transcrevemos acima, refere-se de modo negligente à estrutura jurídico-política do Estado e considera o exame dessa estrutura algo de importância menor. Como já destacamos, estamos considerando, em nossa polêmica, apenas o poder no Estado capitalista. Pois bem, esse tipo de Estado reúne um direito e uma organização burocrática de tipo novo, direito e burocracia que foram frutos da revolução política burguesa, que produzem efeitos ideológicos precisos e fundamentais para a reprodução da ordem econômica e social capitalista. Tanto Marx quanto Lenin chamaram a atenção para a importância desse fenômeno. Foucault, ao contrário, não percebeu a sua complexidade e atribuiu, como já indicamos, a modernização da burocracia de Estado, isto é, a substituição da força repressiva organizada com base nos laços feudo-vassálicos pela força repressiva profissional, substituição que se iniciou de modo limitado sob o Estado absolutista, a uma exigência meramente técnica das novas armas de guerra. Depois de Marx e de Lenin, um dos primeiros autores marxistas a tomar esse problema (a nova organização capitalista do Estado) diretamente como objeto de estudo foi o jurista soviético Pashukanis, na década de 1920. Na década de 1960, Nicos Poulantzas, na sua obra *Pouvoir politique et classes sociales*, retomou a análise de Pashukanis e chegou a uma caracterização inovadora da estrutura do Estado capitalista.[5]

Na análise de Poulantzas, o direito capitalista iguala os agentes que ocupam posições socioeconômicas desiguais, assumindo, nessa medida, um caráter formalmente igualitário, e a burocracia, de modo consistente com a igualdade formal que é própria do direito capitalista, recruta seus agentes em todas as classes sociais, assumindo, nessa medida, um caráter aparentemente universalista. Nada disso ocorria nos Estados pré-capitalistas. No escravismo e no feudalismo, o direito tratava desigualmente

---

5 O livro maior de Pashukanis foi publicado na URSS em 1924. Há uma tradução francesa (Pashukanis, 1970). Há também uma tradução portuguesa. O livro de Poulatnzas foi publicado em 1968 pela antiga Éditions Maspero e possui traduções brasileira e portuguesa. Dez anos depois, ele publicou *L´État, le pouvoir et le socialisme* (1978). Nessa segunda obra, polemiza com Michel Foucault. Porém, tendo abandonado as teses do *Pouvoir politique et classes sociales*, as considerações que ele tecerá sobre Foucault são diferentes daquelas que apresentaremos aqui.

ESTADO, POLÍTICA E CLASSES SOCIAIS **27**

os desiguais, originando as ordens e os estamentos, e as instituições do Estado traziam marcado nas suas normas, na sua composição e no seu funcionamento seu caráter de classe – basta lembrar a organização dos Estados Gerais do absolutismo francês, que excluía os servos e separava, uns dos outros, os representantes do clero, da nobreza e dos plebeus. Já o aparente universalismo da burocracia capitalista desdobra-se nas demais instituições desse Estado, inclusive nas suas instituições representativas. Como lembrou Lenin, na sua conferência sobre o Estado, proferida em 1919 para os alunos da Universidade de Sverdlov, a democracia burguesa, em contraste com as democracias pré-burguesas, pode ser obrigada, pela própria estrutura do Estado burguês e dependendo da luta operária e popular, a acolher os trabalhadores como sujeitos de direito político. E Lenin indicou uma das possíveis consequências desse fato: a ilusão dos trabalhadores no potencial transformador das instituições da democracia burguesa (ver Lenin, 1980, p.176-189).

Foi esse tipo de análise que Poulantzas explorou, destacando que o direito formalmente igualitário e as instituições de Estado aparentemente universalistas produzem efeitos ideológicos muito importantes. A igualdade formal produz um *efeito de isolamento*, que oculta dos agentes sociais o seu pertencimento de classe e os induz a se pensarem como indivíduos atomizados e singulares; o universalismo aparente do Estado, por sua vez, produz um efeito ideológico que Poulantzas denomina *efeito de representação da unidade*, plasmado na figura ideológica do povo-nação. Portanto, ao contrário do que imagina Foucault, existe uma longa tradição marxista que considera sim o aspecto "produtivo" do poder, e não apenas o seu aspecto negativo ou repressivo. Na linha de Pashukanis e Poulantzas – para não falarmos da obra de Antonio Gramsci, que também destacou, embora de outra maneira, a função ideológica do Estado –, o poder burguês produz o "indivíduo-cidadão" moderno e o "Estado de todo o povo", que são as células, ao mesmo tempo reais e ilusórias, de toda política burguesa. *Pois bem, nossa hipótese é que os centros de poder existentes na sociedade capitalista dependem desses dois efeitos ideológicos básicos produzidos pelo Estado capitalista.* Tratemos de ilustrar essa tese.

A empresa capitalista, que Foucault apresenta como um poder impermeável à intervenção do "poder jurídico", depende, direta e

28 ARMANDO BOITO JR.

duplamente, dos efeitos ideológicos produzidos pelo Estado burguês. De um lado, já vimos, quando falamos da repressão, que a lei institui e garante a propriedade privada; caso grevistas ocupem uma fábrica ou trabalhadores rurais ocupem uma propriedade agrícola, o capitalista pode, através de uma ação jurídica de reintegração de posse, valer-se da força policial "pública" para expulsar os que atentam contra a propriedade. De outro lado, e aqui entramos na dimensão ideológica do problema, é o direito capitalista que, criando a igualdade formal, cria, no trabalhador, a ilusão de que a relação de exploração do seu trabalho é uma relação contratual entre partes livres e iguais. Sob o efeito dessa ilusão ideológica, o trabalhador pode conceber a sua presença na empresa e o trabalho que lá realiza como resultado de uma opção sua, e a exploração da força de trabalho pode se reproduzir de modo mais ou menos pacífico. A necessidade material pode obrigar o trabalhador a alugar a sua força de trabalho ao capitalista, mas é a ideologia jurídica burguesa que o convence de que esta é uma prática legítima ou natural. A autoridade patronal é legitimada, então, por esse efeito ideológico específico. Parece algo muito corriqueiro: o mesmo cidadão que, segundo o discurso ideológico burguês, detém a soberania política está impedido de gerir o local de trabalho onde atua ou mesmo de participar na escolha da direção da empresa ou do seu organismo diretor. Pode o mais, mas não pode o menos, porque o Estado é "público", mas a empresa é privada e nela deve reinar o seu proprietário. No início do primeiro volume de *O capital*, mais exatamente na passagem da segunda seção (*A transformação do dinheiro em capital*) para a terceira seção (*A produção da mais-valia absoluta*), Marx, analisando as relações entre o operário e o capitalista como relações entre vendedor e comprador de mercadoria, comenta essa ilusão contratual produzida pelo direito burguês. Os proprietários de mercadorias, inclusive o trabalhador que vende a sua força de trabalho, aparecem, todos, como homens livres, iguais e trocando equivalentes. O trabalhador assalariado é, de fato, juridicamente livre, o que o distingue do escravo e do servo. A proclamação de liberdade é, como diria Louis Althusser nos seus comentários sobre a ideologia, uma *alusão* à realidade. Mas essa mesma proclamação é, também e principalmente, uma *ilusão*, na medida em que oculta a relação de exploração e de dominação de classe – o trabalhador pode, no limite, escolher para qual capitalista irá

ESTADO, POLÍTICA E CLASSES SOCIAIS   29

trabalhar, mas não pode escolher se irá ou não trabalhar para a classe capitalista. A estrutura jurídico-política do Estado, negligenciada por Michel Foucault, age, através da ideologia, às espaldas dos agentes sociais – do capitalista e do operário –, assegurando que o poder do primeiro sobre o segundo possa se exercer de modo regular e mais ou menos pacífico.

Os efeitos ideológicos do Estado capitalista estão ativos, também, no funcionamento do sistema escolar e no exercício de poder que se verifica no interior da escola. Para desenvolver esse ponto, convém realizar uma apropriação-retificação, pelo marxismo, da sociologia que Pierre Bourdieu elaborou sobre o sistema escolar. São a ocultação da desigualdade socioeconômica pela igualdade jurídica formal e a ocultação do funcionamento de classe do Estado capitalista pelas suas instituições aparentemente universalistas que permitem que a corrida aos diplomas, na qual os filhos da burguesia e da alta classe média saem na frente e contam com as regras do jogo a seu favor, seja percebida como uma disputa justa e equilibrada, de modo a legitimar as desigualdades econômicas e sociais propiciadas pela escola (cf. Baudelot & Establet, 1980).[6] O diploma é fonte de poder dentro do sistema escolar e fora dele: nas grandes empresas públicas e privadas, nos ramos do aparelho de Estado, nos hospitais, nas prisões e em muitas outras instituições da sociedade capitalista. A ideologia jurídico-política produzida e difundida pelas instituições do Estado capitalista age de modo efetivo, ainda que oculto, para assegurar a legitimidade do sistema escolar e dos diplomas.

A minha hipótese é que considerações semelhantes a essas que fizemos para a empresa e para a escola capitalista poderiam ser feitas para o caso dos sindicatos de orientação ideológica capitalista, para o caso dos partidos políticos burgueses e pequeno-burgueses e para outras instituições da sociedade e do processo político no capitalismo. As figuras ideológicas típicas da ideologia política burguesa, produzidas pela estrutura do Estado capitalista, são pressupostas e, ao mesmo tempo, se realizam e se

---

6 Uma exposição abrangente e rigorosa do conjunto da produção de Pierre Bourdieu sobre a educação é feita por Nogueira & Nogueira (2004). Sobre a marginalização e os estigmas que o sistema escolar reserva aos indivíduos da classe operária, ver a monografia já clássica escrita pelos discípulos de Bourdieu (Beaud & Pialoux, 1999).

30 ARMANDO BOITO JR.

difundem nessas associações. Os partidos políticos burgueses e pequeno-
-burgueses podem apresentar-se como associações de cidadãos indis-
tintos que compartilhariam determinadas ideias e valores, e não como
organizações de classe, graças à estrutura jurídico-política típica do capitalismo;[7] os sindicatos de orientação ideológica capitalista podem funcionar
como mero negociadores da mercadoria força de trabalho graças à figura
jurídica do contrato de trabalho criada e mantida pelo Estado capitalista.[8]

Vamos concluir esta parte: se pensarmos, como sugerimos acima, a
dupla dimensão, repressiva e ideológica, do Estado capitalista, poderemos compreender que os centros de poder que existem na sociedade
capitalista, embora tenham sua eficácia e sua importância próprias,
gravitam em torno de um centro institucional que é o Estado capitalista.
Convém destacar que essa tese tem uma consequência teórico-política
importante. Do conceito de poder depende o conceito de ação política.
Se o poder está concentrado no Estado, a luta política também deve
ter por objetivo central o poder de Estado. Diferentemente do que dizia
Foucault e do que dizem hoje alguns intelectuais do movimento altermundialista, a questão da conquista do poder de Estado permanece uma
tarefa estratégica central dos movimentos que lutam pela transformação
revolucionária da sociedade capitalista. Se é falsa a tese segundo a qual
o poder encontra-se disperso, também é falsa a tese segundo a qual "tudo
é política". Propor, como faz Foucault, a dispersão da luta política, indistintamente, por todos os centros reais ou supostos de poder, ignorando
a centralidade estratégica da conquista do poder de Estado, é desviar as
classes populares da luta pela transformação da sociedade capitalista.[9]

Concentração social do poder na classe dominante

Passemos à crítica da primeira e da quarta tese arroladas por Foucault.

A primeira tese do autor sustenta que o poder seria socialmente difuso. Ora, no nosso entender, e seguindo a tradição marxista que sustenta

---

7 Sobre esse ponto, ver o capítulo 6 deste livro.
8 Sobre esse ponto, ver o capítulo 7 deste livro.
9 Sobre os "novos foucaultianos" do movimento altermundialista, ver Boron (2003,
p.203-30).

ESTADO, POLÍTICA E CLASSES SOCIAIS   31

a existência de uma classe dominante, consideramos ser possível argumentar que o Estado e os centros de poder periféricos são funcionais para a reprodução do capitalismo e, portanto, para a dominação de uma parte da sociedade sobre outra; no caso, para a dominação da burguesia sobre os trabalhadores. Nessa linha de argumentação, o poder deve ser considerado, portanto, algo concentrado não só *institucionalmente*, como também *socialmente*. Os exemplos que discutimos da empresa e da escola já indicam isso. A propriedade privada capitalista é implantada e garantida pelo Estado, enquanto a divisão capitalista do trabalho é legitimada pelo sistema escolar, ele próprio organizado pelo Estado. A empresa e a escola realizam e reproduzem, de modo particular cada uma delas, centros periféricos do poder de classe da burguesia. Nesse sentido, o poder seria sim, para utilizarmos um resumo feliz que Foucault fez da concepção que ele critica, "um sistema geral de dominação exercido por um elemento ou um grupo sobre outro, e cujos efeitos, por sucessivas derivações, atravessam todo o corpo social" (Foucault, 1976, p.121).

Contudo, na discussão da concentração social do poder interfere de modo direto e incontornável a diferença mais geral entre a problemática foucaultiana e a problemática marxista.

Como já indicamos, um suposto fundamental do conceito foucaultiano de poder é a ideia de que a relação de poder é uma relação interindividual. Embora esse suposto não tenha sido formulado em nenhuma das teses enumeradas pelo autor quando ele se pôs a refletir sobre o seu próprio conceito de poder, ele é um dos pilares dos quais depende toda sua argumentação. Tal suposto separa Focault de Marx e da tradição marxista, que concebem o poder como relação de classes. Essa diferença tornaria tais problemáticas incomunicáveis, ou incomensuráveis, como preferiria dizer Thomas Kuhn, e inviabilizaria um juízo sobre a superioridade de um ou de outro conceito de poder? Cremos que não.

Para se contrapor à ideia de que o poder expressaria a dominação de uma parte da sociedade sobre a outra, poder-se-ia argumentar, na linha foucaultiana, que o capitalista, a despeito de ser senhor na sua empresa, deve submeter-se, fora dela, ao policial ou ao guarda de trânsito, que são trabalhadores assalariados como aqueles que ele, o capitalista, comanda no interior do pequeno reino privado que é a empresa moderna. Teríamos um fluxo de relações de poder no qual se verificariam sucessivas inversões de posições e enfrentamentos, que fluiriam sem jamais fixar um grupo de indivíduos que ocuparia a posição dominante e outro que ocuparia a posição dominada. Para compreender isso, lembremos outro elemento da análise de Foucault. Além de individualizar a relação de poder, ele está interessado, como apontou na quarta tese que enumeramos no início deste texto, no modo como o poder se exerce, nos seus meios e métodos, descurando ou ignorando, acrescentamos nós, a análise do conteúdo das medidas e da relação desse conteúdo com interesses e valores particulares de setores sociais específicos. Enfim, e para fechar nossa comparação, temos, do lado de Foucault, o poder como relação entre indivíduos e cujo principal atributo seria o método ou meio que estabelece e mantém essa relação, de outro lado, no campo do marxismo, o poder como relação entre coletivos (de classe), relação cujo principal atributo seria o conteúdo das medidas implementadas pelo poder. Incomensurabilidade de problemáticas? Não, se pensarmos que, como toda análise científica, as análises da sociedade e as problemáticas que as sustentam não podem se esquivar da verificação empírica – a prova dos fatos.

As decisões tomadas pelo poder de Estado favorecem certos indivíduos em prejuízo de outros e isso de acordo com as posições ocupadas por uns e por outros na economia e na sociedade. Há uma estatística possível do efeito cumulativo reprodutor da desigualdade de classe. A política de Estado e a situação de classe condicionam os destinos pessoais no que respeita aos bens mais necessários à vida, ao bem-estar, à posição política e social que o indivíduo ocupa, ao acesso ao lazer e à cultura. Manter a paz ou declarar a guerra, preservar a propriedade privada ou socializar os meios de produção, aumentar o emprego ou diminuí-lo, distribuir a renda ou concentrá-la, democratizar o acesso ao lazer e à cultura ou mantê-los como privilégio, essas são questões fundamentais para a vida humana e não podem ser colocadas no mesmo nível que aquele referente ao controle do trânsito ou à autoridade dos adultos sobre as crianças. Foucault nivela tudo arbitrariamente:

> as relações de poder suscitam necessariamente ... abrem a possibilidade a uma resistência ... De modo que é mais a luta perpétua e multiforme que procuro fazer aparecer do que a dominação morna e estável de um aparelho

uniformizante. Em toda parte se está em luta – há, a cada instante, a revolta da criança que põe seu dedo no nariz à mesa, para aborrecer seus pais, o que é uma rebelião, se quiserem –, e, a cada instante, se vai da rebelião à dominação, da dominação à rebelião; e é toda essa agitação perpétua que gostaria de fazer aparecer. (in Motta, 2003)

Nosso argumento é que o controle do trânsito e da higiene à mesa, exercido por guardas e adultos, não pode ser nivelado ao controle da economia, da política internacional e do acesso ao lazer e à cultura. Se nivelarmos tudo, é claro que as trajetórias individuais irão zigue-zaguear, ao longo de um mesmo e único dia, da condição daquele que exerce o poder para a daquele que lhe resiste. O indivíduo, uma trabalhadora por exemplo, pode iniciar o dia exercendo "o poder" sobre seus filhos, passar a jornada de trabalho sofrendo a ação "do poder" do empregador, no final da jornada de trabalho parar num bar e dar ordens ao garçom, para, de volta para casa, receber ordens do cônjuge. Ocorre que a natureza e a importância social dessas quatro relações são diferentes e é essa diferença que o conceito genérico de "poder" de Foucault ignora e oculta. Há "poder" e "poder", mas o formalismo de Michel Foucault, que só considera os métodos de exercício do poder na análise desse fenômeno, esconde todas essas distinções. É o poder de influir nos rumos da economia, de decidir sobre a guerra e a paz e sobre a cultura aquilo que mais afeta a posição dos indivíduos na sociedade e suas condições de vida. Esse é um fato empiricamente observável. Nessas grandes questões, que estão a cargo da política de Estado e, também, de alguns centros periféricos de poder, notamos dois fenômenos importantes. Em primeiro lugar, que quem detém posição de poder numa esfera (por exemplo, a economia) possui um trunfo importante para disputar o poder em outra (por exemplo, a governamental). Mas Foucault se nega a refletir sobre as relações entre a política e a economia, apresentando essa negativa como uma diferença importante entre a sua concepção de poder e a do materialismo histórico (ver Foucault, 2003, p.253-66). O fenômeno da convergência entre os poderes ocorre porque as relações interindividuais são, na verdade, relações socialmente determinadas: o indivíduo que for abastado poderá utilizar sua riqueza para subornar um guarda de trânsito que ameace prendê-lo ou multá-lo, inibindo assim o exercício do poder deste

34   ARMANDO BOITO JR.

último; se a chefia numa seção de empresa estiver ocupada por alguém do sexo masculino, a autoridade conferida pelo machismo poderá se somar à autoridade do cargo para intimidar uma funcionária subalterna, que se encontrará duplamente em desvantagem, como funcionária subalterna e como mulher. É a recusa a refletir sobre a natureza das distintas relações de poder e sobre as relações que tais "poderes" mantêm entre si que permite a Foucault pensar o poder como algo tão fluido e indistinto. Em segundo lugar, as medidas do Estado são cumulativas, tanto positiva quanto negativamente, para os grupos que ocupam posições econômicas e sociais definidas como posições de classes. É por isso que o poder não é uma rede com fluxos moles, mas algo que estabelece divisões rígidas que separam, de modo regular, os indivíduos pertencentes aos grupos favorecidos daqueles pertencentes aos grupos prejudicados. Esse também é um fato que as pesquisas sociológicas demonstram estatisticamente.[10]

Considerações finais

O marxismo é um campo intelectual muito amplo e heterogêneo unificado apenas, em nosso entender, pela tese segundo a qual a história é um processo que, na sociedade capitalista, cria as condições para a transição ao socialismo. No mais, as tradições de pensamento no interior da herança marxista são muito variadas. O marxismo que Foucault conhecia e com o qual debateu foi apenas o marxismo soviético do período de Stálin. Foi o marxismo que ele estudou quando de sua passagem pelo Partido Comunista francês. Isso é muito pouco para polemizar, como pretendia Foucault, com a concepção marxista de poder, pois tal empreitada exigiria a consideração de um universo intelectual mais amplo. Duas das críticas que Foucault dirigia erroneamente ao marxismo em geral, nós consideramos que tinham alguma procedência, mas desde que dirigidas apenas ao marxismo soviético do período de Stálin. É verdade que esse marxismo considerou, de modo quase exclusivo, a repressão como fonte do poder e o poder como sediado apenas e tão-somente no Estado. Mas nós vimos que nem todos os marxistas concebiam o poder desse modo.

---

10   É interessante relembrar um livro pioneiro sobre essa matéria: Bertaux (1977b).

ESTADO, POLÍTICA E CLASSES SOCIAIS   35

No que diz respeito à questão da repressão, os autores marxistas que utilizamos, e que consideravam a ideologia como fator fundamental do poder, já eram muito conhecidos na França na década de 1970. É ainda mais estranho que Foucault não considerasse sequer a obra de Gramsci, cujo pensamento político está centralmente preocupado com o estudo da dimensão cultural, e não apenas repressiva, do poder; e Gramsci também era muito estudado, discutido e publicado na França de então. Cabe, aliás, um esclarecimento que permite ver uma insuspeitada proximidade entre Gramsci e essas teses de Foucault – e, pelas mesmas razões, entre o conceito de Aparelhos Ideológicos de Estado (AIE), cunhado por Althusser, e essas mesmas teses de Foucault. À sua maneira, Gramsci (e o Althusser dos AIE) também reduz indevidamente a importância do aparelho de Estado ("em sentido restrito") e, nesse plano institucional, aproxima-se de Foucault – embora dele se distancie no que respeita à consideração da função social (de classe) do poder. Esclareçamos que a tese que defendemos da precedência da ideologia jurídico-política burguesa, produzida e difundida pelo aparelho burocrático do Estado capitalista, sobre as associações políticas não estatais, como a escola, os partidos e os sindicatos, colide com a distinção gramsciana entre sociedade política e sociedade civil, distinção que se baseia, como é sabido, na ideia da prevalência da força no primeiro termo (sociedade política ou Estado em sentido restrito) e da prevalência da ideologia no segundo (sociedade civil ou aparelhos privados de hegemonia). O que sustentamos é que os pressupostos ideológicos básicos da hegemonia burguesa vêm não da esfera da "sociedade civil", mas, exatamente, daquilo que Gramsci denomina "sociedade política" ou "Estado em sentido restrito".

Sobre a ideia de que existem centros periféricos de poder organizados fora do Estado, havia uma grande discussão sobre a matéria entre os marxistas franceses do período, principalmente entre os maoístas, influenciados pela Revolução Cultural, e, em menor medida, entre os trotskistas da Liga Comunista Revolucionária (LCR). Discutia-se, então, a importância de, *após a conquista do poder de Estado*, iniciar um processo de transformação do poder na fábrica, substituindo a gestão dos especialistas pela gestão dos trabalhadores, na escola e em todo conjunto do tecido social. Discutia-se, ainda, a necessidade de desestatização do poder político na construção do socialismo – a transferência de competências estatais para organizações populares. Essa discussão dava-se dentro da problemática marxista, pensando a questão da transferência do poder da burguesia para os trabalhadores, e não da perspectiva antiautoritária genérica e individualista que é aquela de Foucault. Foucault conhecia alguns dos intelectuais marxistas envolvidos nesse debate, principalmente os maoístas aos quais concedeu entrevistas polêmicas, como aquela publicada no *Microfísica do poder*. Porém, quando ia debater com o marxismo, Foucault sempre retornava – ou se refugiava, somos tentados a dizer... – para a figura simples e simplificada do marxismo soviético gerado no período de Stálin. Foi esse marxismo simplificado que ele criticou.

As teses de Foucault sobre o poder retomam, como alguns autores já indicaram, o conceito de poder elaborado, antes dele, por Talcott Parsons na década de 1950. Parsons, diferentemente de Foucault, tem a ambição de construir uma teoria geral e sistemática da sociedade e insere o seu conceito de poder dentro dessa teoria. No seu funcionalismo normativo, os valores detêm o "comando cibernético" (Parsons) do sistema social, isto é, são o centro integrador do sistema (Quintaneiro & Oliveira, 2000). O poder e a política são os meios para a busca coletiva de objetivos que seriam comuns a toda sociedade, propiciados pelos valores comuns integradores. O seu terreno, portanto, é muito diferente daquele no qual Foucault trabalha, concebendo uma rede de poderes marcada pela luta, pelo enfrentamento e pela fluidez. Contudo, as aproximações entre Parsons e Foucault são muitas e causa estranheza o fato de Foucault e os foucaultianos de hoje não se referirem, salvo erro meu, ao predecessor estadunidense. Parsons também apresentou o poder como algo disperso tanto no plano institucional quanto no plano social, também descurou a importância da força no exercício do poder, apresentando, na avaliação dos seus críticos, uma visão edulcorada desse fenômeno e, por último, tal qual Foucault, ocultou as relações do poder político com o poder econômico (Parsons, 1969, p.353-404).[11]

O poder e a política, para Parsons – sendo mais preciso, na última fase da

---

11 Para uma crítica elucidativa aos conceitos de poder e de política em Parsons, ver Giddens (1998, p.241-61).

produção teórica de Parsons –, estão indistintamente presentes na empresa, na escola, no hospital ou no governo, sem hierarquia e sem centralidade do Estado ou de um grupo dominante (Parsons, 1970, p.95-147). Parsons admite apenas que o poder pode ser desigualmente distribuído, mas rejeita a ideia de um grupo social dominante e defende uma concepção pluralista de poder. No entanto, repetimos, a dispersão, a distribuição e a omissão da importância do uso da força são possíveis porque há um elemento central integrador no sistema parsoniano – os valores que seriam partilhados por toda a sociedade. No caso de Foucault, a questão de saber como é que o fluxo movediço de relações de poder e de enfrentamentos convive com uma relativa estabilidade da organização social, essa questão o filósofo francês se recusava a enfrentar.

2
O LUGAR DA POLÍTICA NA TEORIA MARXISTA DA HISTÓRIA[1]

O objetivo geral deste texto é retomar a discussão sobre a teoria marxista da história e sobre a transição ao socialismo, discussão que, infelizmente, foi praticamente esquecida por grande parte dos intelectuais marxistas. Nosso objetivo específico será apresentar uma reflexão sobre o lugar da política na teoria da história, recuperando parte do debate travado em torno do assunto nas décadas de 1960 e 1970.

A definição do lugar da *política* na teoria marxista da história, entendida aqui como a definição do lugar da *prática* política e da *estrutura* jurídico-política nos processos de transição de um modo de produção a outro modo de produção, necessita, para poder avançar, superar inúmeros obstáculos teóricos e ideológicos. Essa definição depara-se, há muitas décadas, com o obstáculo teórico-ideológico representado pelo economicismo, que foi hegemônico no marxismo da socialdemocracia e comunista do século XX e que ainda hoje é muito forte. O marxismo

---

1 Texto elaborado para apresentação no Grupo de Trabalho Marxismo durante o XI Encontro da Associação Nacional de Pós-Graduação em Filosofia, ocorrido em outubro de 2004, na cidade de Salvador, Bahia. A elaboração deste texto foi estimulada pelas discussões do Grupo de Estudos Althusserianos do Centro de Estudos Marxistas (Cemarx) da Unicamp, do qual participam os colegas Andriei Gutierrez, Ângela Lazagna, Anita Handfas, Eleonora Frenkel, Flávio de Castro, Jair Pinheiro, Luciano de Assis, Luziano Mendez, Paula Marcelino e Santiane Arias. Publicado na revista *Crítica Marxista*, n.19, Rio de Janeiro: Revan, segundo semestre de 2004.

40 ARMANDO BOITO JR.

economicista concebe a mudança histórica como simples reflexo de uma mudança econômica prévia e, no plano da estratégia política, tal marxismo pode rejeitar, em algumas de suas versões, a ideia de que a luta revolucionária pelo poder é pré-requisito para a transição ao socialismo; o marxismo economicista tende ao reformismo. Embora essa concepção do marxismo seja desautorizada, de modo amplo, multifacetado e rigoroso, pelo conjunto da obra de Marx, é certo, conforme veremos, que ela encontra guarida, pelo menos no que respeita à teoria da história, em um texto importante do fundador do materialismo histórico. Mais recentemente, desde o final do século XX e nesse início de século XXI, a definição do lugar da política na mudança histórica tem se deparado com novos obstáculos e interdições. Esses novos obstáculos têm origem e natureza diversas. Alguns deles foram fincados no debate teórico-ideológico pelas propostas políticas e organizativas de tendências neoutópicas, presentes no chamado movimento antiglobalização; outros, pelas teses filosóficas e teóricas do denominado materialismo aleatório, desenvolvido pelo "último Althusser".

O novo utopismo tem difundido a tese segundo a qual seria possível "mudar o mundo sem tomar o poder" – como afirma com rara clareza estilística o título de um livro que citaremos mais adiante. Para realizar tal proeza, bastaria que os trabalhadores exercitassem o socialismo nos interstícios da própria sociedade capitalista. Entre o velho economicismo e o novo utopismo, a despeito das especificidades de cada um, há uma aproximação pela negativa, já que ambos podem dispensar a revolução política, e há também algumas combinações positivas. Um exemplo são as ideias do economista brasileiro Paul Singer, atual secretário nacional da Economia Solidária no Governo Lula. Singer teoriza sobre a possibilidade de se construir gradativamente o socialismo nos interstícios da economia capitalista, desenvolvendo as cooperativas de produção e de consumo. Os trabalhadores deveriam abandonar a preparação da revolução política, tarefa que apenas estaria desviando os socialistas da implantação, aqui e agora, de células do socialismo, isto é, da realização efetiva daquilo que Singer denomina a revolução social. Outro teórico do neoutopismo é John Holloway, que teoriza a experiência do zapatismo em Chiapas. Holloway rejeita a luta pelo poder de Estado como caminho para a transição ao socialismo e também sustenta, como Singer,

ESTADO, POLÍTICA E CLASSES SOCIAIS **41**

a possibilidade de se começar a construir o socialismo aqui e agora (Singer, 1999; Holloway, 2003).[2]

Quanto ao "último Althusser", o seu materialismo aleatório substitui a problemática do materialismo histórico, que concebe a história como um processo cujas leis são cognoscíveis, por outra problemática, na qual a história é concebida como o reino da contingência (ver Althusser, 1994).[3] Enquanto os economicistas e os neoutópicos negam ou descuram a função da luta política pelo poder na transição ao socialismo, o materialismo aleatório desqualifica qualquer pretensão de se determinar o lugar da política na teoria da história, uma vez que não teria cabimento se colocar a tarefa de determinar lugares numa teoria que, para essa corrente, é inexistente e impensável. É interessante indicar que esse materialismo do contingente também deixa a porta aberta para o reformismo, pois não pode negar, em boa lógica, a possibilidade de se dispensar a revolução política para se transitar ao socialismo, já que ele só pode pensar a história como surpresa.

A problemática hegeliana e o economicismo no *Prefácio de 1859*

As hipóteses para uma teoria da história apresentadas por Marx no famoso *Prefácio* ao seu livro *Contribuição à crítica da economia política* assentam-se numa problemática muito próxima da problemática da filosofia da história desenvolvida por Hegel nas suas obras *Lições sobre a filosofia da história* e *Princípios de filosofia do direito*. A consequência teórica e política da utilização particular que Marx faz da problemática

---

2 Para uma crítica desses e de outros autores da corrente que estamos denominando neo-utópica, ver Boron (2003); Zarpelon (2003).

3 Edição brasileira: A corrente subterrânea do materialismo do encontro. *Crítica marxista*. n.20, 2005. Cabe aqui um esclarecimento vocabular: Althusser utiliza, alternadamente, os termos "aléatoire" e "rencontre"; é conveniente e correto, contudo, nos fixarmos, em português, no termo "aleatório", porque na língua francesa o termo "rencontre", ao contrário do termo português "encontro", sempre indica acaso. Agradeço a João Quartim de Moraes a troca de ideias sobre esse texto de Althusser.

42 ARMANDO BOITO JR.

hegeliana nesse texto é uma visão economicista da história que oculta o papel da política nos processos de transição.

Numa fórmula sintética, Louis Althusser afirma que a problemática é a "unidade profunda" de um pensamento teórico ou ideológico (ver Althusser, 1965).[4] A problemática é o conjunto de perguntas, ideias e suposições que delimitam o terreno no qual se produz determinada teoria, terreno que nem sempre é visível na superfície do discurso teórico, e que, no entanto, determina as condições e as possibilidades de enunciados desse discurso. Acrescentaríamos duas observações. A primeira é que teorias distintas podem ser construídas tendo por base uma mesma e única problemática, como estamos dizendo que ocorre com a filosofia da história de Hegel e a teoria da história esboçada no *Prefácio de 1859* de Marx, teorias que, apesar de distintas, se assentam, conforme veremos, sobre uma mesma problemática. A segunda observação consiste em que uma problemática deve ser escandida em níveis de abstração que formam uma espécie de pirâmide na qual cada novo degrau é, a partir do vértice que constitui o ponto elementar e mais abstrato da problemática, uma posição derivada e com um grau de concretude maior. Assim, a problemática hegeliana no *Lições de filosofia da história* tem como perguntas mais gerais e elementares, em primeiro lugar, aquela que versa sobre o Espírito universal, que é concebido como o único elemento ativo e livre, e, em seguida, aquelas que versam sobre o processo histórico, que é concebido como um todo ordenado, e sobre o movimento, que é concebido como resultado de uma única contradição. Marx nunca assumiu essa problemática na sua totalidade e também jamais rompeu completamente com ela, embora dela tenha se afastado mais, conforme veremos, nos textos da década de 1870.

Hegel, tanto no *Princípios*, que foi publicado em 1821, quanto no curso que ministrou em 1831 e que deu origem ao *Lições*, apresentara a

---

4 Uma vez que rejeitamos o "último Althusser" e que estamos agora utilizando conceitos desenvolvidos por esse mesmo autor nos livros *Pour Marx* e *Lire Le Capital*, ambos da década de 1960, convém apresentar um esclarecimento. Esse nosso procedimento, aparentemente contraditório, é, no entanto, coerente, porque, no nosso entender, há uma ruptura epistemológica que separa o Althusser dos anos 60 do "último Althusser" (anos 80). Essa ruptura foi provocada, justamente, pela introdução em sua obra da problemática do materialismo aleatório em substituição à do materialismo histórico, conforme já indicamos.

ESTADO, POLÍTICA E CLASSES SOCIAIS **43**

história como o processo contraditório de autodesenvolvimento do Espírito do mundo, enquanto Marx, escrevendo cerca de 25 anos mais tarde, apresentou-a como o processo de autodesenvolvimento contraditório das forças produtivas. Vejamos. De um lado, trata-se de um *autodesenvolvimento* porque, tanto num autor quanto noutro, a força que move a história é autônoma e única,[5] de outro lado, esse autodesenvolvimento é *contraditório* porque ambas as forças, o Espírito do mundo e as forças produtivas, existem e se expandem no interior de uma forma que, num dado momento do processo, se converte de estímulo em obstáculo ao seu desenvolvimento – em Hegel, a forma é o Espírito de um povo, aquele que pode desenvolver, até uma determinada etapa, as virtualidades do Espírito do mundo;[6] em Marx, essa forma são as relações de produção, aquela que pode desenvolver, até uma determinada etapa, as forças produtivas. Do mesmo modo que o Espírito do povo grego, em determinada etapa do desenvolvimento do Espírito do mundo, deixou de ser um estímulo para se converter em um obstáculo àquele desenvolvimento, perdendo o povo grego, em decorrência desse desajuste, o lugar de "povo dominante na história do mundo", assim também o modo de produção feudal, numa determinada etapa do desenvolvimento das forças produtivas, de estímulo converteu-se em obstáculo a tal desenvolvimento e foi, por isso, substituído por um modo de produção superior.

O Marx do *Prefácio de 1859*, literalmente, inverteu Hegel, como ele próprio diria mais tarde no Prefácio à segunda edição alemã de *O capital*: colocou a economia (forças produtivas e relações de produção) no lugar do Espírito (Espírito universal e Espírito de um povo), isto é, substituiu uma dialética idealista, que apresentaria o mundo de cabeça para

---

5 "[O Espírito] é o seu próprio produto, ele é o seu começo e o seu fim. ... Produzir-se, fazer-se objeto de si mesmo, conhecer-se a si mesmo: eis a atividade do Espírito." "A substância da história é o Espírito e o percurso de sua evolução." "A história é a explicitação e a realização do Espírito universal" (Hegel, 1965, citações extraídas, respectivamente, das p.76, 70 e 298).

6 "O povo que recebe tal elemento [isto é, o Espírito particular que expressa o Espírito universal na sua autoevolução] como princípio natural tem por missão realizá-lo no processo evolutivo da consciência de si do Espírito do mundo. [Esse povo é] o representante de determinado estágio do Espírito do mundo ..." (Hegel, 1965, p.300). "[Com o] nascimento de um princípio superior ... [Isto é, com] a passagem do Espírito a um novo princípio ... [a] história é entregue a um outro povo" (ibidem, p.300).

44 ARMANDO BOITO JR.

baixo, por outra materialista, que o apresentaria com os pés no chão. Porém, acrescentaríamos nós, inverter não significa sair do lugar. O texto de 1859 permaneceu prisioneiro da mesma dialética segundo a qual "tudo é um", isto é, segundo a qual toda história nada mais é que o desenvolvimento do Espírito (*Lições*) ou das forças produtivas (*Prefácio de 1859*).[7] No *Prefácio*, Marx, após afirmar a sua hipótese fundamental sobre o processo histórico, conclui apresentando o movimento da economia como causa necessária e suficiente da mudança histórica. Transcrevo uma passagem-chave e muito conhecida:

> Em certo estágio de desenvolvimento, as forças produtivas materiais da sociedade entram em contradição com as relações de produção existentes ou, o que é a sua expressão jurídica, com as relações de propriedade no seio das quais se tinham movido até então. De formas de desenvolvimento das forças produtivas, estas relações transformam-se no seu entrave. Surge então uma época de revolução social. *A transformação da base econômica altera, mais ou menos rapidamente, toda a imensa superestrutura.* (Marx, 1977b, p.10-1)[8]

A única ressalva contida nessa frase diz respeito à extensão do tempo que poderia transcorrer entre a causa (mudança econômica) e a consequência (mudança política). A política aparece apenas como epifenômeno.

Faremos mais duas observações, para qualificar melhor a proximidade entre os dois textos. A primeira observação aproxima-os ainda mais. Tanto em Hegel como no Marx de 1859, o processo histórico, refletindo seja o desenvolvimento do Espírito do mundo, seja o desenvolvimento das forças produtivas, *utiliza-se*, no seu desenvolvimento imanente, da ação dos homens – para Hegel, a ação humana, embora imprescindível para a realização do Espírito, é apenas o braço incons-

---

7 Comentando um fragmento de Tales de Mileto, Hegel (1973) diz que ele deve ser considerado o primeiro filósofo por ter sido o primeiro a estabelecer que "tudo é um".

8 G. A. Cohen afirma que o *Prefácio de 1859* é o texto definitivo de Marx sobre a teoria da história (Cohen, 1989). Convém lembrar, porém, que um ou dois anos antes de redigir o *Prefácio*, Marx dava um encaminhamento bem distinto para essa mesma questão. No conhecido texto dos *Grundrisse* em que examina as formas anteriores à produção capitalista, Marx apresenta diferentes vias de desenvolvimento histórico e não concebe esse desenvolvimento como resultante de uma causa única. Ver Marx & Hobsbawm (1971).

ciente do Espírito, ao passo que para o Marx do *Prefácio de 1859* os homens vivem o conflito entre as forças produtivas e as relações de produção no terreno da ideologia e agem, mesmo sem o saber, para resolvê-lo no terreno da ação política. Nos dois casos, portanto, são os homens que fazem a história, mas em nenhum deles o fazem como sujeitos. Essa constatação poderá parecer paradoxal às análises um tanto apressadas do problema.

De fato, em um artigo de crítica à obra de Louis Althusser, Michael Löwy recorda ao leitor duas teses que Althusser defendeu com igual insistência em diversos textos: a tese segundo a qual a história é um processo sem sujeito nem fim e a tese segundo a qual as massas fazem a história. Após alinhar essas duas teses, Löwy pergunta, com ironia, como é que um autor pode sustentar, em boa lógica, que as massas fazem a história e, ao mesmo tempo, que a história é um processo sem sujeito. Pareceu-lhe tão óbvio ter descoberto uma contradição na obra althusseriana, que ele se dispensou de demonstrar isso ao leitor e encerrou, em tom triunfante, o seu artigo (Löwy, 1999). Ora, o que estamos vendo nos textos de Hegel e de Marx que comentamos são diferentes formas de conceber a história como resultado da ação dos homens, sem que, por isso, os homens sejam os sujeitos da história.

Para que tal ideia fique mais clara, convém apresentar algumas ponderações. Na filosofia da história de Hegel, há uma tensão na questão referente ao sujeito da história e mais de uma possibilidade de leitura a esse respeito, mas nenhuma dessas leituras pode comportar a ideia de que os homens seriam o sujeito da história. Se pusermos acento na ideia de que o Espírito do mundo, que se realiza no ponto de chegada do processo histórico, já se encontra virtualmente pronto no início desse mesmo processo, teremos o Espírito como sujeito de uma história que se realiza apenas para realizá-lo – essa é a leitura de Jean Hyppolite no seu ensaio sobre a filosofia da história de Hegel. Se, ao contrário, acentuarmos que o Espírito se forma de fato no decorrer do próprio processo, o processo será o verdadeiro sujeito do Espírito. Ora, um processo que tem a si próprio como sujeito é, na verdade, um processo sem sujeito – esta é a leitura de Althusser na sua conferência sobre Hegel no Collège de France, conferência em que apresentou a tese segundo a qual a história é um processo sem sujeito nem fim. Em Hegel, portanto, pode-se sustentar que a história tem um sujeito, embora tal sujeito seja o Espírito universal e nunca os homens. Já no Marx de 1859, não há, em nenhuma hipótese, sujeito da história, uma vez que a dinâmica da história é dada pelo desenvolvimento cego e espontâneo das forças produtivas. Em quaisquer desses casos, porém, os homens fazem a história, mas nunca como sujeitos (ver Hyppolite, 1995; Altusser, 1979).

A segunda observação chama a atenção para o risco de o leitor se deixar levar por uma aproximação apenas aparente. Como o Marx de 1859 não se colocou a tarefa de explicar o porquê do desenvolvimento das forças produtivas ao longo da história, a sua hipótese fundamental pode parecer, numa leitura menos atenta, um postulado metafísico, igualando-se, dessa maneira, ao postulado metafísico da existência do Espírito do mundo na filosofia da história de Hegel. Essa aproximação, porém, é apenas formal porque o limite ou ponto cego de uma teoria científica não é a mesma coisa que um postulado metafísico – o limite é posto como tal, isto é, como uma fronteira a ser superada pelo desenvolvimento posterior da pesquisa, enquanto o postulado metafísico hegeliano é "inamovível". Ao final deste texto, voltaremos a esse ponto.

O quadro 1, apresentado a seguir, resume o que dissemos até aqui.

Quadro 1 – A ideia de processo histórico: homologia entre Marx de 1859 e Hegel

HEGEL (Introdução à *Lições de filosofia da história* e *Princípios de filosofia do direito*)	O que é o Espírito?	O Espírito é livre, ativo e transcendental. O processo de realização do Espírito é a história universal.	Povos (civilizações) sucessivos como etapas do desenvolvimento do Espírito.	Em determinada etapa do processo, o Espírito universal entra em contradição com o Espírito do povo no qual ele se realizava. Essa contradição produz a mudança histórica.	Os povos e os indivíduos agem perseguindo seus interesses particulares, mas, sem o saber, agem, ao mesmo tempo, como instrumentos do universal (o Espírito).

continuação

MARX (Prefácio à *Introdução à crítica da economia política*)	O que é a história?	A história é um processo determinado pelo desenvolvimento das forças produtivas.	Modos de produção sucessivos como etapas do desenvolvimento das forças produtivas.	Em determinada etapa do processo, as forças produtivas entram em contradição com as relações de produção nas quais elas se desenvolviam. Essa contradição produz a mudança do conjunto da superestrutura.	Os homens tomam consciência da contradição entre forças produtivas e relações de produção no terreno da ideologia e a resolvem através da luta de classes.

Esboço de uma nova problemática nos textos tardios de Marx

Contudo, como diversos estudos já mostraram, Marx não permaneceu fiel a essa problemática ao longo de toda a sua obra. Na fase conhecida como "tardia" de sua produção, Marx afastou-se dessa visão hegeliana da história – uma evolução espontânea resultante da contradição *imanente e única* da própria estrutura (consultar Costa Neto, 2003).

Vale a pena citar uma reflexão do Marx na década de 1870, contida numa de suas conhecidas cartas sobre a comuna agrária russa. Nessa carta, Marx afirma que a sua análise da evolução do feudalismo ao capitalismo deve ser vista como uma análise histórica e não como uma filosofia da história e tece outras considerações – grafarei em itálico as passagens mais importantes para a nossa discussão.

[O meu crítico] se sente obrigado a metamorfosear meu esboço histórico da gênese do capitalismo no Europa Ocidental em uma teoria histórico--filosófica da marcha geral fatalmente imposta a todos os povos, sejam quais forem *as circunstâncias históricas* em que se encontrem ... Mas, ele que me

48 ARMANDO BOITO JR.

perdoe: isso, ao mesmo tempo, muito me honra e muito me envergonha. Tomemos um exemplo.

Em diferentes passagens de *O capital* eu faço alusão ao destino dos plebeus da antiga Roma. Eram originariamente camponeses livres que cultivavam, cada um por sua conta, suas próprias parcelas de terra. No curso da história romana, eles foram expropriados. O mesmo movimento que os separou de seus meios de produção e de subsistência implicou não somente a formação da grande propriedade fundiária, mas também de *grandes capitais monetários*. Assim, um belo dia havia, de um lado, *homens livres, despojados de tudo*, exceto de sua força de trabalho e, de outro, para explorar esse trabalho, os detentores de todas as riquezas adquiridas. O que ocorreu? *Os proletários romanos transformaram-se não em trabalhadores assalariados, mas em "plebe" ociosa*, mais abjeta que os brancos pobres do Sul dos Estados Unidos, e junto a eles não se desenvolveu um modo de produção capitalista, mas escravista. Portanto, acontecimentos de uma surpreendente analogia, mas que ocorreram em meios *históricos diferentes*, levaram a resultados inteiramente distintos. Estudando cada uma dessas evoluções separadamente e comparando-as em seguida, encontraremos facilmente *a chave desse fenômeno*, mas nunca chegaríamos a ela com a *chave-mestra* [*passe-partout* no original] *de uma teoria histórico-filosófica geral*, cuja suprema virtude consiste em ser supra-histórica.[9]

Vários aspectos dessa passagem merecem reflexão para nos darmos conta de quanto ela se afasta da problemática na qual se assenta o *Prefácio de 1859*.

Não é mais possível pensar numa contradição imanente e única cujo desenvolvimento espontâneo produziria a totalidade do processo histórico; prova disso é que Marx não diz que o capitalismo não nasceu em Roma porque as forças produtivas não estavam suficientemente desenvolvidas; o que ele diz é que "meios históricos diferentes" levaram a resultados diferentes. Ora, a noção de meio histórico instaura, obrigatoriamente, a ideia de uma *pluralidade de causas* na origem de um determinado modo de produção. O capitalismo não nasceu na Roma Antiga, a despeito de lá terem surgido, de um lado, "grandes capitais

---

9 Trecho da carta de Marx, redigida em novembro de 1877, e dirigida ao redator de *Otietchestvienniie Zapiski*. Apud Fernandes (1982, p.167-8).

ESTADO, POLÍTICA E CLASSES SOCIAIS   49

monetários" acumulados em poucas mãos e, de outro lado, "homens livres despojados de tudo", porque faltou algo que induzisse esses dois elementos a se encontrarem, convertendo-os, respectivamente, em compradores e vendedores da força de trabalho, isto é, em capitalistas e operários – "os proletários romanos transformaram-se em plebe ociosa". Acrescentaríamos, seguindo a linha de raciocínio de Marx no texto citado acima, que, no final da Idade Média, ressurgiram o capital-dinheiro e o trabalhador livre sem propriedade, mas, desta vez, algo fez com que esses dois elementos se unissem e gerassem as figuras do capitalista e do moderno trabalhador assalariado. Logo, são vários os fatores necessários para que se forme a estrutura de um novo modo de produção e esses fatores podem apresentar histórias relativamente independentes.

O "Marx tardio" não rompe de todo com a tradição hegeliana. O texto citado mantém-se fiel à ideia de processo histórico, uma das ideias-força, como vimos, da problemática de Hegel. No entanto, ele rompe com a ideia de unicidade causal também presente naquela problemática e, consequentemente, rompe com a concepção de desenvolvimento unidirecional, inevitável e previsível que é corolário daquela. Se as causas são múltiplas, introduz-se uma abertura na concepção de processo histórico. A transição ao socialismo deve agora ser concebida como uma possibilidade histórica e não como uma necessidade inelutável. Marx não caminha, contudo, para a postura empiricista que consistiria em abandonar a ideia de uma teoria da história, imaginando a pluralidade de causas como um universo de circunstâncias infinitas. Vimos que Marx descarta a ideia de *chave-mestra* do processo histórico, mas não a ideia de que o processo histórico tenha uma chave explicativa, como deixa também claro no texto. Uma solução, então, é pensar essa pluralidade de causas como uma cadeia complexa e articulada de causas com eficiências desiguais.[10] Nesse ponto, podemos recorrer ao conceito althusseriano de sobredeterminação: conceito que pode servir para indicar o lugar da política num processo determinado, em última instância, pela economia. O "Marx tardio" não deve ser visto como um precursor de Max Weber. Ao preservar a ideia de que a história é um processo regido por leis cognoscíveis, que seriam o objeto de uma teoria da história, Marx ergue uma barreira entre as suas reflexões e aquela que viria a ser a teoria

---

10 Essa é uma contribuição do texto de Saes (1993).

50 ARMANDO BOITO JR.

de Weber, pois, para este, não é possível produzir uma teoria da história, pois esta deve ser pensada como resultado de uma infinidade de causas circunstanciais. Ao pesquisador caberia selecionar, informado por seus valores e, de certo modo, arbitrariamente, as causas e circunstâncias com as quais construirá a sua explicação. No pluralismo causal weberiano, não cabe, portanto, a ideia de uma cadeia complexa e articulada de causas com eficácias desiguais que permitiriam a formulação de uma teoria do processo histórico.[11]

Nos seminários realizados no Grupo de Estudos Althusserianos do Cemarx, surgiu uma possível contestação da afirmação que faço, segundo a qual os textos do "Marx tardio" romperiam com a problemática do *Prefácio de 1859*. A comparação direta desse *Prefácio* com a *Carta aos populistas russos* de 1877 não seria procedente, já que o primeiro desses textos trabalharia com um objeto supramodal, isto é, comum a todos os modos de produção e a todas transições, ao passo que a *Carta aos populistas* trataria de uma transição específica numa formação social também específica (Roma). Não consideramos procedente essa objeção.

Na elaboração teórica dos conceitos de modo de produção e de transição, podemos conceber três níveis de abstração hierarquicamente ordenados, do mais abstrato e simples ao mais concreto e complexo: a) o nível do modo de produção em geral e da transição em geral; b) o nível, mais concreto que o anterior, de um modo de produção específico e de sua transição a outro modo de produção também específico, por exemplo a transição do feudalismo ao capitalismo; e c) o nível, ainda mais concreto, das formações sociais, isto é, das sociedades realmente existentes e em cujo seio podem articular-se diferentes modos de produção, sociedades que podem apresentar características específicas em um mesmo tipo de transição – é neste último nível que se situam, por exemplo, as clássicas discussões sobre as diferentes vias de transição ao

---

11 Ver sobre a problemática weberiana da infinitude de causas e do arbítrio da seleção o excelente livro de Julien Freund, *A sociologia de Max Weber* (1980). Do mesmo modo que fazemos aqui, Gabriel Cohn também compara os conceitos althusserianos de determinação em última instância e de sobredeterminação com a explicação de tipo weberiano (Cohn, 1979, p.145ss.).

ESTADO, POLÍTICA E CLASSES SOCIAIS **51**

capitalismo (revolucionária, prussiana etc.) nas diferentes formações sociais feudais da Europa moderna. O argumento que questionava minha análise afirmava que a comparação direta entre o *Prefácio de 1859* e a *Carta aos populistas russos* seria incorreta porque, na hierarquia existente entre os níveis supramodal, modal e o das formações sociais, o *Prefácio* estaria situado no primeiro nível, e a *Carta*, no terceiro. Considero, no entanto, que na *Carta aos populistas russos* Marx, após tecer algumas considerações históricas sobre a Roma antiga, compara aquela formação social com a formação social da Europa moderna e extrai uma conclusão teórica que remete ao nível de abstração mais geral, o nível supramodal da enumeração acima. A conclusão da *Carta* está situada no mesmo nível em que se situa o *Prefácio*.

A contribuição dos marxistas althusserianos

Na década de 1960, o coletivo de autores que produzia, sob a direção de Louis Althusser, a obra *Lire Le capital* incumbiu Etienne Balibar de examinar o tema da transição. Ele partiu, como se sabe, da crítica ao *Prefácio de 1859* (Balibar, 1996).[12] Balibar sustentou que esse texto continha um desajuste entre a problemática hegeliana, na qual Marx ainda se apoiaria, e os novos conceitos e teses que ele apenas começava a produzir. Balibar apoiou-se em outros textos de Marx, parte deles produzida na década de 1870, isto é, no "período tardio". Os textos mais utilizados foram aqueles em que Marx discute, com os revolucionários russos, a possibilidade de a transição socialista na Rússia reaproveitar a comuna agrária subsistente naquele país, principalmente as cartas de Marx a Mikhailovski e a Vera Zassulitch, o capítulo "A acumulação primitiva" no volume I de *O capital* e o *Formas que precedem a produção capitalista*.[13]

---

12 Ver Althusser et al. (1996, p.419-568). Ver, particularmente o último item desse texto – "Eléments pour une théorie du passage", p.520-68. Secundariamente, utilizamos também Althusser (1993), particularmente o capítulo IV, "Temps et progrès: encore une philosophie de l'histoire?".

13 A correspondência entre Marx, Mikhailovski e Vera Zassulitch foi publicada no já citado *Dilemas do socialismo:* a controvérsia entre Marx, Engels e os populistas russos (Fernandes, 1982, p.157-88).

52   ARMANDO BOITO JR.

O texto de Balibar desenvolve-se em dois planos distintos – no plano epistemológico, tratando da problemática na qual se deve pensar uma teoria marxista da transição, isto é, uma teoria marxista da história, e no plano da teoria, quando o autor apresenta as suas teses sobre o período de transição. Nós entendemos que, introduzindo algumas retificações no texto de Balibar e retomando a teoria marxista do poder político e do Estado, poderemos avançar na reflexão sobre o lugar da política na teoria marxista da história.

A proposição epistemológica geral do autor é que é preciso pensar a transição fora da problemática hegeliana da evolução espontânea da estrutura movida por sua própria contradição interna, originária e única. Uma estrutura nova não nasce, ao contrário do que supõe a concepção historicista (evolucionista e teleológica), de dentro da estrutura anterior. Existem contradições internas e originárias da estrutura, mas essas permanecem dentro dos limites estruturais do modo de produção. Balibar exemplifica com as crises econômicas cíclicas do capitalismo. Elas resultam das contradições da estrutura da economia capitalista, mas, por si só, apenas reproduzem o capitalismo em outra escala. É certo que elas obrigam a pensar o modo de produção capitalista na sua dinâmica (reprodução ampliada), e não de modo estático, como se faz na análise sincrônica (reprodução simples). Balibar, porém, introduz uma distinção entre a dinâmica do modo de produção capitalista (reprodução ampliada) e a sua diacronia (transição). Como a transição não resulta da evolução espontânea da contradição originária única e interna da estrutura, as leis da transição de um modo de produção qualquer a outro modo de produção (leis da diacronia) são, obrigatoriamente, distintas das leis de reprodução de um modo de produção qualquer (leis da sincronia, para a reprodução simples, e da dinâmica, para a reprodução ampliada): reprodução e transição são dois objetos pertencentes a duas teorias regionais distintas.

Se a transição pode ser objeto de uma teoria da transição, isso significa que esse texto de Balibar, embora abandone a problemática hegeliana, não pode ser identificado com o materialismo aleatório do último Althusser. Refletindo da perspectiva desse materialismo da contingência, Althusser sustenta que o encontro dos dois elementos necessários para o desenvolvimento da economia capitalista, a concentração de grandes

ESTADO, POLÍTICA E CLASSES SOCIAIS **53**

capitais monetários em poucas mãos e a existência de uma massa de trabalhadores livres e despossuídos, que são os elementos citados na *Carta aos populistas russos de 1877*, conforme já vimos, é um encontro aleatório. Esses dois elementos não se encontraram na Roma antiga, mas poderiam ter se encontrado, e feito assim aparecer as relações de produção capitalistas antes do surgimento do feudalismo; cerca de dez séculos mais tarde, esses mesmos dois elementos encontraram-se no período de declínio do feudalismo, dando origem à estrutura econômica capitalista; mas, lembra-nos Althusser, poderiam não ter se encontrado. De resto, o materialismo aleatório de Althusser é por ele aplicado tanto à transição quanto à reprodução do modo de produção. A repetição no tempo do encontro desses dois elementos, repetição que caracteriza a reprodução do modo de produção capitalista já plenamente desenvolvido, é necessária apenas na aparência; na verdade, a qualquer momento, sem que possamos prever, o encontro poderá não ocorrer. O materialismo aleatório é, em toda a sua extensão, o reino da contingência, e não o das leis necessárias (Morfino, 2002).

Voltemos ao texto de Balibar, que trabalha sob a influência da problemática althusseriana dos anos 60. Se a estrutura não evolui espontaneamente graças a uma contradição interna originária e única, como pode ocorrer a transição? Por uma contradição vinda de fora? Não é essa a resposta de Balibar. O que ocorre é que a reprodução ampliada, isto é, a dinâmica do modo de produção, gera efeitos contraditórios que, esses sim, poderão dar origem aos elementos do futuro modo de produção. "A contradição é derivada, e não originária", diz Balibar, isto é, não está na estrutura, mas nos efeitos da estrutura. O capital-dinheiro concentrado em poucas mãos e o trabalhador livre expropriado surgiram, diz Balibar utilizando o capítulo "A acumulação primitiva", no período em que dominava o modo de produção feudal como efeito derivado da dinâmica desse modo de produção; a concentração e centralização do capital e a socialização do trabalho são efeitos da dinâmica do modo de produção capitalista. Mas a concentração e a socialização no capitalismo são, ambas, de tipo capitalista, elas não são germes de socialismo crescendo dentro da sociedade capitalista. A genealogia desses elementos não é ainda a história do capitalismo, mas a sua *pré-história* – Balibar serve-se, abundantemente, do capítulo "A acumulação primitiva". Essa pré-história, que corresponde às origens do novo modo de produção, à formação de cada um dos seus elementos componentes, está separada de outro fenômeno que é o *início* da sua estrutura, isto é, da sua história: o surgimento da nova totalidade estrutural. A formação dessa estrutura é, de fato, o começo de um novo modo de produção e, portanto, do objeto da teoria da transição.

Estabelecidas essas proposições epistemológicas gerais, Balibar apresenta as suas teses teóricas sobre a transição. As fases de transição, segundo Balibar, seriam caracterizadas por dois desajustes. No nível da estrutura econômica, a não correspondência entre as relações de propriedade e as relações de apropriação material. O exemplo é o período da manufatura onde teríamos uma não correspondência entre, de um lado, a propriedade (já) capitalista e o controle técnico da produção (ainda) nas mãos do trabalhador. A propriedade privada capitalista (relação de propriedade) mina o controle técnico do produtor sobre o processo de produção (relação de apropriação material), induzindo a substituição da manufatura pela grande indústria. Essa, instaurando a subsunção real do trabalho ao capital, restaura a correspondência entre propriedade e apropriação material. No nível da estrutura social total, a não correspondência entre os diferentes níveis estruturais verificar-se-ia graças a um desajuste por antecipação do político ("o direito, a política e o Estado") em relação ao econômico. Balibar não abandona a tese segundo a qual o desenvolvimento das forças produtivas está na base da mudança histórica.[14] O que se pode depreender de seu texto é que o desenvolvimento dá-se sem alterar a natureza da estrutura econômica vigente. O político se antecipa porque, graças às possibilidades abertas pelo desenvolvimento das forças produtivas, o Estado pode mudar a natureza de sua política quando a economia permanece socialmente vinculada às relações de produção anteriores. Falando da transição ao capitalismo, Balibar faz referências genéricas à violência do Estado e à manipulação da lei para tocar adiante o processo de acumulação primitiva. Sugere que o Estado Absolutista era um Estado cuja política induziria o desenvolvimento da economia capitalista então apenas nascente. Pois bem, a não correspondência,

---

14 Foi Ângela Lazagna que, nas discussões do Cemarx, me chamou a atenção para esse ponto.

ESTADO, POLÍTICA E CLASSES SOCIAIS **55**

ou desajuste, entre, de um lado, relação de propriedade e relação de apropriação material e, de outro lado, entre política e economia, faz com que as diferentes estruturas e as diferentes relações, em vez de reproduzirem as condições de reprodução das demais, interfiram no seu funcionamento alterando-as. Essa seria a dinâmica do processo de transição.

Em primeiro lugar, Balibar não diz qual é a relação entre os dois tipos de não correspondência, ou desajuste, que ele apresenta – o desajuste na economia e o desajuste na estrutura social total. Em segundo lugar, Balibar apresenta como desajuste por antecipação do político em relação ao econômico a intervenção política do Estado na acumulação primitiva, acumulação que, dentro da problemática balibariana, deveria ser considerada a história dos elementos constitutivos do modo de produção capitalista, isto é, a pré-história desse modo de produção, e não o processo de transição, que é do que se trata aqui. Seguindo a tese geral de Balibar sobre o desajuste por antecipação do político, mas caracterizando esse desajuste de outra maneira, nós proporemos que a transição se inicia pelo desajuste entre o Estado e a economia, vale dizer, se inicia pelo desajuste entre, de um lado, a estrutura jurídico-política do Estado que "avançou" como resultado de uma revolução e, de outro lado, a estrutura da economia que ficou "para trás", presa ao modo de produção anterior. Ilustraremos essa tese referindo-nos à transição do feudalismo ao capitalismo e à transição do capitalismo ao socialismo.

O Estado é o principal fator de coesão das formações sociais divididas em classes, graças à sua função repressiva e a outro aspecto, quase sempre ignorado, que é a sua função ideológica. De um lado, esse organismo detém o monopólio da força organizada, força que ostenta e mobiliza, cotidianamente, para a manutenção das relações de produção. Em situações de crise, essa força é utilizada de modo amplo e como último recurso para impedir a mudança social. De outro lado, o Estado secreta, permanentemente, as figuras ideológicas fundamentais para a reprodução mais ou menos pacífica das relações de produção. A existência jurídica das ordens e dos estamentos era a fonte da ideologia aristocrática que legitimava o trabalho compulsório dos camponeses servos no feudalismo, do mesmo modo que o direito formalmente igualitário no capitalismo é a fonte da ideologia contratual que encobre a relação de exploração entre o capitalista e o operário. O direito formalmente igualitário e as instituições estatais aparentemente universalistas a ele ligadas são também a fonte da moderna ideologia da representação popular no Estado. Se fôssemos utilizar a terminologia gramsciana, diríamos, até para indicar como esta colocação diverge do grande marxista italiano, que tanto a dominação (repressão) quanto a hegemonia (direção moral) têm como centro principal o aparelho de Estado (em sentido estrito) da classe dominante. Sendo o Estado o principal fator de coesão de uma formação social dividida em classes, a transição exige uma mudança prévia do Estado.

No exame da transição ao capitalismo, o tratamento dispensado pelos historiadores e teóricos marxistas está muito marcado pelo economicismo. Na quase totalidade dos casos, conceberam essa transição como resultado de um desenvolvimento espontâneo e cumulativo da economia capitalista dentro do próprio modo de produção feudal, desenvolvimento que, ao atingir certo nível, levaria a uma mudança política que apenas "oficializaria", no plano da política, o capitalismo, que já seria um "fato" no plano da economia – nos termos do *Prefácio de 1859*: *"A transformação da base econômica altera, mais ou menos rapidamente, toda a imensa superestrutura"*. Nossa análise, como já deve ter ficado claro, vai noutra direção. No processo de revolução política burguesa, que *abre o período de transição ao capitalismo*, o Estado burguês criado pela revolução, graças ao seu direito formalmente igualitário, impulsiona a substituição do trabalho compulsório, que está vinculado à hierarquia jurídica feudal das ordens e estamentos, pelo trabalho livre. A declaração dos direitos do homem e do cidadão é o ato revolucionário por excelência que torna o Estado nascido da revolução incompatível com a servidão e, ao mesmo tempo, indutor da formação do mercado de (força de) trabalho, elemento imprescindível para o futuro desenvolvimento da economia capitalista. Sim, porque, em nossa análise, a economia que precede a revolução política burguesa não é uma economia de tipo capitalista, mas sim uma economia feudal – agricultura feudal, manufatura baseada no trabalho compulsório e de tipo feudal e comércio adstrito ao feudalismo.

Essa poderá parecer uma visão que valoriza unilateralmente a mudança política, impressão que desaparece, contudo, se consideramos que as classes sociais que tiveram interesse e capacidade política para

ESTADO, POLÍTICA E CLASSES SOCIAIS   57

dirigir o processo de revolução política burguesa tiveram, como causa de sua formação, o processo de desenvolvimento (feudal) do comércio, das cidades e da manufatura que caracterizou o feudalismo europeu nos últimos séculos de sua existência (Saes, 1985a).[15] Nesse ponto, retomamos Balibar: o desenvolvimento das forças produtivas abre possibilidades novas. O que estamos acrescentando é que é a revolução política que, ao criar um novo tipo de Estado, irá, caso seja vitoriosa, tornar tal possibilidade efetiva.

Consideremos, agora, nessa mesma ótica, o processo de transição ao socialismo. Na análise desse tema, o impacto do economicismo na historiografia e na teoria marxista talvez tenha sido menor. Desde o texto inaugural redigido por Karl Marx para a Associação Internacional dos Trabalhadores, a AIT, até os textos e programas escritos por Lenin e pelos principais dirigentes marxistas da Internacional Comunista, a ideia segundo a qual a classe operária necessita, primeiro, tomar o poder político para, depois, iniciar a construção do socialismo é uma ideia amplamente presente na literatura marxista. Contudo, isso não significa que concepções diferentes não tenham vicejado no campo socialista. Inúmeros textos da Segunda Internacional sugerem que alguns aspectos do capitalismo monopolista são, já, elementos de socialismo dentro do capitalismo e, mais recentemente, tem se desenvolvido a corrente que denominamos novo socialismo utópico, que, como vimos, pretende transitar para o socialismo dispensando a luta pelo poder, isto é, fazendo economia da revolução política.

Ora, a revolução política é o início incontornável do processo de transição ao socialismo porque apenas o Estado operário, que deve ser já um semi-Estado, pode iniciar o processo de socialização dos meios de produção. Essa nova forma de organização do poder político se caracteriza por uma democracia de massa de novo tipo: execução de tarefas administrativas, judiciais e repressivas, anteriormente monopolizadas pela burocracia de Estado, por organizações de massa; indicação dos burocratas remanescentes por via da eleição popular e não por cooptação; mandato imperativo para todo cargo administrativo, judicial e de representação política; igualização dos soldos dos funcionários e dos

---

15 Ver o próximo capítulo deste livro (Estado e transição ao capitalismo).

58 ARMANDO BOITO JR.

operários etc. Pois bem, apenas esse semi-Estado pode se constituir numa barreira ao controle privado dos meios de produção e impulsionar, graças àquilo que podemos denominar a socialização do poder político, a socialização dos meios de produção: planejamento democrático unificado no centro e gestão operária da produção na base. É esse processo de supressão da propriedade privada e de instauração do controle coletivo do produtor direto sobre os meios de produção, iniciado pela revolução política, que pode restaurar a correspondência entre política e economia – ao fazer com que a socialização da economia avance até corresponder à socialização do poder político produzida pela revolução política do operariado. É exatamente essa dinâmica que Marx tem em vista em seus escritos sobre a Comuna de Paris de 1871. Marx caracterizou a Comuna como a primeira experiência de poder operário, baseada num novo tipo de poder "socializado", que permaneceu em desajuste com a economia ainda capitalista e que só poderia estabilizar-se caso fosse "complementado" pela socialização da economia (Boito Jr., 2002b; Martorano, 2002).[16]

Retomando a carta de Marx aos populistas russos, diríamos que o "algo" que faltou na Roma antiga foi, entre outros elementos, o *agente social da revolução* política burguesa, revolução sem a qual, como indicamos acima, não se inicia nem o processo de construção do capitalismo, nem o do socialismo. A Europa moderna, diferentemente de Roma, tinha acumulado, graças ao desenvolvimento das forças produtivas, uma gama de agentes populares da revolução política burguesa (regra geral, a burguesia não demonstrou disposição para desencadear e manter um processo revolucionário): os artesãos urbanos, os pequenos lojistas e comerciantes e a nova "classe média" ligada ao trabalho não manual nos serviços e no Estado. A Roma antiga chegou a dispor de algo semelhante? Parece-nos que não: os camponeses romanos e gregos eram cidadãos

---

16 Cito uma frase com a qual Marx indica esse fenômeno do desajuste entre o político e o econômico e a dinâmica da transição daí decorrente: "A dominação política dos produtores *é incompatível* com a perpetuação de sua escravidão social. Portanto, a Comuna *teria de servir* de alavanca para extirpar o cimento econômico sobre o qual descansa a existência das classes e, por conseguinte, a dominação de classe" (Marx, 1977c, p.67).

e podiam possuir escravos. Trata-se, porém, aqui de mera indicação de um caminho para se refletir sobre o problema: o caminho que considera seriamente a revolução política como requisito da transição de um modo de produção a outro.

Questões em aberto

Partimos do exame da unidade de problemáticas entre o *Lições de filosofia da história* de Hegel e as teses para uma teoria da história do *Prefácio de 1859* de Marx: a mudança histórica concebida como resultado de uma causa única, de uma contradição originária inscrita desde o início no interior da totalidade social, e a consequente concepção do processo histórico como evolução inevitável e previsível. Nos textos de Marx da década de 1870, constatamos a existência de um esboço de outra problemática: a ideia de causalidade múltipla, que consideramos que deve ser pensada como um todo articulado de causas desiguais. Vimos, em seguida, que Balibar pensou um lugar para a política no processo de transição: a transição inicia-se com um desajuste por antecipação do político em relação ao econômico. Qualificamos o fator político, que no texto de Balibar era indicado de modo insuficiente e problemático, como a mudança na estrutura do Estado, o que faz da revolução política o ponto inicial de todo processo de transição – fizemos, nesse ponto, uma referência crítica ao novo utopismo que pretende "mudar o mundo sem tomar o poder". O movimento básico segue sendo o movimento da economia. É ele que oferece a base para o processo de mudança. Nessa nova formulação, o jogo entre a economia e a política no processo de transição altera a concepção do processo histórico, que passa a ser pensado como um quadro de possibilidades e não mais como necessidades inelutáveis.

Essas poucas colocações que fizemos estão muito longe de abarcar todas as complexas questões envolvidas na elaboração de uma teoria marxista da história. Não discutimos o papel desempenhado pelas forças produtivas, pela luta de classes e pela ideologia. T. B. Bottomore, na década de 1960, respondendo à crítica dos teóricos elitistas aos marxismos, observou:

60 ARMANDO BOITO JR.

Marx não disse que todas mudanças sociais e culturais podiam ser explicadas por fatores econômicos. Pretendia estabelecer que os principais tipos de sociedade, principalmente os compreendidos dentro da área de civilização europeia, poderiam ser distinguidos através do seu sistema econômico e que as mudanças sociais mais importantes de um tipo de sociedade para outro encontrariam a sua melhor expressão nas mudanças de atividades econômicas, trazendo consigo novos grupos sociais com novos interesses. (Bottomore, 1965, p.24)

Temos aí uma das maneiras de se pensar a relação entre o movimento econômico da sociedade e a luta de classes. De qualquer modo as relações entre os poucos elementos que discutimos e todos esses outros que enumeramos agora dependem, simultaneamente, do aprofundamento da reflexão teórica e da pesquisa histórica da parte dos marxistas. No plano histórico, basta lembrar a discussão que indicamos sobre as relações do Estado absolutista com o feudalismo para se vislumbrar as dificuldades da empreitada. Como ficaria a discussão da transição do escravismo antigo para o feudalismo na Europa Ocidental? Vale a pena lembrar que os marxistas, informados pela visão economicista presente no *Prefácio de 1859*, sempre rejeitaram o argumento segundo o qual a servidão e a vassalagem teriam nascido de mudanças políticas. Ora, tendo em vista o que dissemos neste texto, e seguindo Balibar, essa rejeição pode ser reexaminada, do mesmo modo que indicamos um caminho para reexaminar a tese segundo a qual a revolução política burguesa na Europa apenas consagraria o desenvolvimento da economia (que seria já capitalista) nos principais países europeus. No plano da teoria, abre-se, entre outras coisas, a necessidade de se pensar teoricamente o tipo de relações que se estabelecem entre os fatores econômicos, políticos e ideológicos no processo de transição (ver Martorano, 2004).

Voltemos, para encerrar esse percurso, à questão do limite da teoria da história. Na citação acima de Bottomore é possível verificar que estão supostas duas ideias fundamentais e, ao mesmo tempo, insuficientemente discutidas por Marx: por que ocorre (ou pode ocorrer) um desenvolvimento das forças produtivas ao longo da história? Por que as novas classes sociais que expressam esse desenvolvimento dispõem, para o marxismo, de um poderoso trunfo na luta histórica? Essas perguntas não estão de todo respondidas. Porém, esse limite da teoria marxista não diminui em nada a sua qualidade científica. Grandes cientistas, que propiciaram saltos qualitativos na história da ciência, formularam suas teorias conscientes dos limites que elas continham e do fato de que dificilmente poderiam, eles próprios em sua época, superar tais limites. Comparando as hipóteses para uma teoria da história presentes no *Prefácio de 1859* com outros domínios do conhecimento científico, poderíamos lembrar que Charles Darwin formulou a teoria da origem das espécies pela via da seleção natural, na qual a transmissão de caracteres de uma geração para outra desempenha papel central, sem conhecer os fundamentos da genética, e que Sigmund Freud formulou a sua teoria das neuroses como manifestações deformadas de pulsões recalcadas, principalmente sexuais, sem ter podido explicar as razões da importância de tais pulsões (Howard, 1981, p.109 e 115; Laplanche & Pontalis, s.d., p.404).

Talvez a explicação para a primazia do desenvolvimento das forças produtivas deva recorrer tanto ao caráter variável dos processos históricos quanto a alguns atributos permanentes da espécie humana como espécie animal.[17]

---

17 É o próprio Louis Althusser, crítico rigoroso do humanismo teórico especulativo, que alerta para a necessidade de os marxistas desenvolverem o estudo científico da espécie humana. Gerald A. Cohen, um dos fundadores do marxismo analítico, procura fundamentar a tese do *Prefácio de 1859* argumentando que o desenvolvimento das forças produtivas e sua primazia sobre as relações de produção decorrem da racionalidade da espécie humana. Mera especulação filosófica ou tese cientificamente fundada? Ver Althusser (2002); Bracaleti (2002).

3
ESTADO E TRANSIÇÃO AO CAPITALISMO: FEUDALISMO, ABSOLUTISMO E REVOLUÇÃO POLÍTICA BURGUESA[1]

A obra *Pouvoir politique et classes sociales*, de Nicos Poulantzas, foi publicada em Paris, pela Editora François Maspero, em 1968. Hoje, esse é um trabalho pouco discutido pelos marxistas. É uma pena. O livro de Poulantzas é, em nossa opinião, uma das principais obras de teoria política produzidas pelos marxistas na segunda metade do século XX e um dos mais ambiciosos tratados de toda a ciência política contemporânea.

Poulantzas foi, como é sabido, um teórico filiado à leitura estrutural do marxismo, leitura essa inaugurada por Louis Althusser. Por isso, imaginei que esta Giornate di Studio sul Pensiero di Louis Althusser poderia ser uma boa oportunidade para se fazer um balanço da originalidade, do avanço teórico, da influência e também dos problemas desse grande tratado de teoria política marxista.

Imbuídos desse espírito, vamos abordar, neste ensaio, um tema histórico presente nessa obra de Poulantzas: o da natureza de classe do Estado absolutista. O Estado absolutista seria, como pretende Poulantzas, um Estado capitalista? Ao abordar essa questão de ordem histórica, iremos

---

1 Texto apresentado no seminário internacional Giornate di Studio sul Pensiero di Louis Althusser, promovido pelo departamento de história da Università Ca´Foscari de Veneza, em fevereiro de 2004. O texto é uma versão ampliada do artigo "Os tipos de Estado e os problemas da análise poulantziana do Estado absolutista', publicado na revista *Crítica Marxista*, n.7, São Paulo: Xamã, 1998.

64   ARMANDO BOITO JR.

adentrar o campo da discussão teórica, pois a caracterização do Estado absolutista depende dos conceitos de Estado feudal e Estado capitalista que se utilizam, e tal caracterização tem, também, consequências não só para a análise da transição do feudalismo para o capitalismo como também para a própria teoria da transição. Para discutir a natureza de classe do Estado absolutista, portanto, tocaremos na discussão da teoria do Estado e da teoria da transição.

Para falar da teoria do Estado, nossa referência fundamental é a própria obra de Poulantzas que estamos comentando. A sistematização do conceito de Estado capitalista constitui uma das contribuições decisivas do *Pouvoir politique et classes sociales* para a teoria política marxista. Nessa obra, Poulantzas vincula a natureza de classe de todo e qualquer Estado à sua estrutura jurídico-política. A natureza de classe de um tipo de Estado (escravista, feudal ou capitalista) está inscrita na própria estrutura desse Estado, e não apenas na política implementada por ele. Mais do que isso, a política de Estado, isto é, as medidas econômicas, sociais e repressivas implementadas pelos agentes governamentais, está, ela própria, limitada pela estrutura do Estado. Justamente, um dos problemas que vemos na análise que Poulantzas elabora do Estado absolutista no *Pouvoir politique et classes sociales* é que ela se afasta de aspectos centrais da teoria do Estado que ele próprio apresentara em capítulos anteriores de seu livro. De nossa parte, entendemos que o Estado absolutista não "cabe" no conceito poulantziano de Estado capitalista.

Para discutir a transição, nossa referência principal é o texto de Etienne Balibar na obra coletiva do grupo althusseriano *Lire le capital*. Desse texto de Balibar, denominado, como se sabe, "Sur les concepts fondamentaux du matérialisme historique", interessam-nos duas teses básicas sobre a transição (Balibar, 1996, p.429-568). Em primeiro lugar, interessa-nos a tese que sustenta a necessidade de se separar a dinâmica da *reprodução* de um modo de produção da dinâmica da *transição* de um modo de produção para outro. Esse procedimento rompe com a tradição da filosofia da história de Hegel, na qual as contradições internas do Espírito universal, desdobrado em Espírito do mundo e Espírito de um povo, criam, mecanicamente e em etapas sucessivas, os impérios e as civilizações. Essa separação entre a dinâmica da *reprodução* e a *dinâmica* da transição rompe, também, com a concepção presente no *Prefácio de 1859* de Marx, no qual as contradições internas da economia, desdobrada em forças produtivas e relações de produção, geram, também mecanicamente e em etapas sucessivas, os modos de produção.

Em segundo lugar, iremos reter a tese de Balibar segundo a qual, no período de transição, ocorre um desajuste por antecipação do político em relação ao econômico. A transição é desencadeada por uma mudança política que se adianta à economia. Balibar caracteriza, contudo, de modo um tanto vago essa antecipação do político; de nossa parte, nós a designaremos com o conceito de revolução política: a mudança tanto no poder de Estado (interesse de classe representado no Estado) quanto no aparelho de Estado (estrutura jurídico-política) que eleva uma nova classe social à condição de classe dominante. Essa tese obriga-nos a uma revisão, conforme indicaremos em grande parte das análises sobre a transição do feudalismo ao capitalismo.

A tese de Poulantzas sobre o caráter capitalista do Estado absolutista e a historiografia marxista

Entre os autores marxistas existem, basicamente, dois tipos de análise sobre o caráter de classe do Estado absolutista.

De um lado, e em posição aparentemente minoritária, encontram-se autores, como Poulantzas, que, seguindo indicações de Engels, sustentam a tese de que o Estado absolutista é um Estado capitalista (Poulantzas, 1968, p.169-80; Engels, 1981, p.180-93). Algumas passagens de Marx, como o trecho dedicado ao Estado absolutista em seu *18 Brumário de Louis Bonaparte*, também autorizam, pelo menos indiretamente, essa tese.[2] Os procedimentos de Marx, Engels e Poulantzas nos textos citados têm, no geral, um ponto em comum: eles consideram, na análise, tanto a estrutura jurídico-política do Estado Absolutista – o direito e o modo de organização do corpo de funcionários civis e militares do Estado – quanto a política desse Estado para, então, concluir pela

---

2 "Esse poder executivo", diz Marx, "com a sua imensa organização burocrática e militar ... constituiu-se à época da monarquia absoluta, época de declínio da feudalidade, que ele ajudou liquidar" (Marx, 1976, p.124-5).

66 ARMANDO BOITO JR.

adequação desses dois aspectos – estrutura e política – aos interesses do capitalismo nascente.

Engels refere-se ao renascimento do direito romano a partir do século XIII – direito que consagra a propriedade privada em oposição à propriedade condicional de tipo feudal, e que fornece normas desenvolvidas no âmbito do direito comercial – e à centralização político-administrativa, efetuada pelo Estado absolutista, como elementos fundamentais para a afirmação da burguesia. Refere-se, ainda, ao surgimento do exército permanente que, por oposição ao exército arregimentado ocasionalmente e fundado nos laços feudo-vassálicos, representaria, já, a constituição de um exército de tipo burguês.

Poulantzas vai na mesma direção. Destaca, em primeiro lugar, o caráter centralizado do Estado absolutista, em oposição à descentralização do Estado medieval, para fundamentar sua natureza capitalista.[3] Sustenta, a seguir, no que diz respeito à estrutura jurídico-política do Estado absolutista, o caráter burguês do direito sob o absolutismo – nível de formalização e de generalização já avançado desse direito – e o caráter também burguês da burocracia desse mesmo Estado – as funções de Estado teriam superado o particularismo classista, típico da Idade Média, e adquirido o caráter de "funções públicas".[4] Dotado de um direito que apresentaria "os caracteres de abstração, de generalidade e de formalidade do sistema jurídico moderno" e de um corpo de funcionários recrutado em todas as classes sociais, o Estado absolutista estaria em condições de, ao contrário dos Estados de tipo pré-capitalista, produzir a ideia de interesse geral, de "povo-nação", e de apresentar-se como representante desse coletivo nacional.[5] No que diz respeito à política do

---

3 "Diferentemente do tipo de Estado feudal ..., o Estado absolutista apresenta-se como um Estado fortemente centralizado" (Poulantzas, 1968, p.175).

4 "O papel [da burocracia] no aparelho de Estado é no entanto determinado pelas estruturas capitalistas do Estado Absolutista: assiste-se aqui ao nascimento da burocracia na moderna acepção do termo. Os diversos cargos públicos já não estão diretamente ligados à qualidade dos seus ocupantes enquanto membros de classes 'castas'; tais cargos assumem progressivamente o caráter de funções políticas do Estado" (Poulantzas, 1968, p.177).

5 "Assiste-se à formação dos conceitos de 'povo' e de 'nação' como princípios constitutivos de um Estado que é considerado como representante do 'interesse geral'" (Poulantzas, 1968, p.175).

ESTADO, POLÍTICA E CLASSES SOCIAIS 67

Estado absolutista, Poulantzas refere-se ao mercantilismo, cuja função seria a de dirigir a acumulação primitiva de capital – expropriação generalizada dos pequenos proprietários e fornecimento de fundos para uma industrialização de tipo capitalista. Em suma, pela sua estrutura e pela sua política, *a função social do Estado Absolutista seria, segundo Poulantzas, a de "destruir as antigas relações de produção feudais" e instaurar as relações de produção de tipo capitalista.*

De outro lado, e em posição aparentemente majoritária, encontram-se os autores marxistas para os quais a função do Estado absolutista seria, ao contrário do que sustenta Poulantzas, justamente, preservar as relações de produção feudais. O Estado absolutista seria, portanto, um Estado feudal, cuja destruição pelas revoluções políticas burguesas foi um pré-requisito para o desenvolvimento do modo de produção capitalista na Europa. Contam entre os autores que defendem essa tese vários historiadores soviéticos, como Porchenev, historiadores ingleses, como C. Hill, e, também, o filósofo francês Louis Althusser (Porchenev, 1972; Hill, 1972, p.159-67; Althusser, 1972).[6] Esses autores, da mesma forma que Poulantzas, operam com o conceito marxista de Estado (Estado = aparelho que organiza a dominação política de classe), porém o fazem de um modo distinto e, no nosso entender, incompleto. Eles consideram apenas a política do Estado absolutista; deixam de lado a estrutura jurídico-política desse Estado ao procurar demonstrar a funcionalidade do absolutismo em relação aos interesses políticos dos proprietários feudais. Voltaremos, logo à frente, a essa crítica conceitual. Por ora, precisemos melhor os argumentos desses autores.

Alguns deles destacam que a forma desse Estado feudal é distinta da forma que assumira o Estado feudal durante a Idade Média. Porém, alertam que essa mudança de forma, sintetizada no termo *absolutismo*, não altera o caráter de classe do Estado. Pelo contrário, a forma despótica que adquire o processo decisório e a centralização político-administrativa são apresentadas, por vários desses autores, como exigências para a manutenção do feudalismo num período de recrudescimento das revoltas populares, tanto no meio rural quanto nas cidades, e de expansão

---

6 Outro historiador que caracteriza o Estado absolutista como feudal é o francês François Hincker. Ver Hincker (1978, p.65-71).

68 ARMANDO BOITO JR.

comercial e concorrência entre as potências europeias. A funcionalidade do Estado absolutista para a manutenção das relações de produção feudais não deixaria de ser um fato, lembra-nos Althusser, apenas porque os proprietários feudais mostravam-se insatisfeitos com o declínio de algumas de suas antigas prerrogativas fiscais, judiciárias e militares, em decorrência da centralização monárquica. A centralização do Estado absolutista não é dimensionada, como em Poulantzas, como indicador da mudança do tipo de Estado – feudal para capitalista. A insatisfação dos proprietários feudais para com o monarca refletiria, apenas, um conflito superficial: o conflito entre os interesses particulares dos proprietários feudais e as medidas necessárias para assegurar o interesse geral do conjunto dessa classe – a manutenção das relações feudais de produção.

Como se situa este nosso ensaio no interior desse debate? Tentaremos defender a tese segundo a qual o Estado absolutista é um Estado feudal. Logo, a nossa tese não é, no essencial, uma tese original. Em um aspecto importante, contudo, ela é, salvo engano, inovadora. Iremos considerar não apenas a política de Estado, que é o que fazem os defensores citados da tese de que o Estado absolutista é um Estado feudal, mas também a estrutura jurídico-política do Estado absolutista.[7] Tentaremos mostrar o caráter feudal dessa estrutura jurídico-política que, à primeira vista, pode ser confundida com a burocracia e com o direito de tipo burguês. Ademais, aplicaremos, para demonstrar o caráter feudal do Estado absolutista, um conceito de Estado no qual as opções de política de Estado são limitadas, não só pela correlação política de forças entre as classes sociais, mas também pela própria estrutura jurídico-política desse Estado. Por tudo isso, podemos afirmar que partiremos do conceito de Estado presente no tratado de Poulantzas, o *Poder político e classes sociais*, mas para chegar, na análise do Estado absolutista, a um resultado diferente daquele a que o próprio Poulantzas chegou nessa obra.

---

7 Perry Anderson é, salvo engano, o único autor marxista que, ao sustentar a tese do caráter feudal do Estado absolutista, toma em consideração a estrutura jurídico--política desse Estado. Nessa medida, representa uma exceção. Os conceitos e as análises que Anderson apresenta do direito e do burocratismo feudal são, contudo, distintos daqueles que apresentaremos neste ensaio. Ver Anderson (1982).

ESTADO, POLÍTICA E CLASSES SOCIAIS 69

Indicações mínimas para um esboço do conceito de Estado feudal extraídas da obra de Poulantzas

Nicos Poulantzas, em sua citada obra, efetuou um salto na teoria política marxista ao desenvolver, de modo sistemático, o conceito de Estado burguês, centrado na análise da estrutura jurídico-política desse tipo de Estado. Da análise de Poulantzas, é possível extrair, por analogia e ainda que de modo precário, elementos para a caracterização teórica da estrutura jurídico-política dos vários tipos de Estado pré-capitalistas (despótico-orientais, escravistas e feudais). Foi justamente isso o que fez Décio Saes em seu trabalho sobre a formação do Estado burguês no Brasil (Saes, 1985a, p.22-51). Para esboçarmos algumas das características do tipo de Estado feudal, estabelecendo as referências conceituais a partir das quais analisaremos o Estado absolutista, nós nos apoiaremos essencialmente, exceção feita a alguns desenvolvimentos secundários, no trabalho de Poulantzas e no desenvolvimento agregado a esse trabalho por Décio Saes.

O conceito de tipos de Estado, tal qual o usamos aqui, filia-se a uma problemática mais geral: aquela que compreende o conceito de modo de produção como uma articulação entre estrutura econômica (relações de produção mais forças produtivas) e estrutura jurídico-política (o Estado) e sustenta que o conteúdo dessa articulação é a função do Estado de reproduzir as relações de produção. Cada tipo de Estado (despótico-oriental, escravista, feudal, burguês) é, portanto, uma estrutura jurídico-política particular cuja função é reproduzir, de modo também particular, determinadas relações de produção.

É possível distinguir dois conjuntos de tipos de Estado. De um lado, formando um conjunto de um só elemento, o Estado burguês e, de outro, um conjunto que reúne todos os outros tipos de Estado de classes exploradoras, os Estados pré-capitalistas. O que opõe o Estado burguês aos Estados pré-capitalistas é a aparente universalidade de suas instituições, o que permite a esse Estado apresentar-se como o representante de um suposto interesse geral da sociedade. Contrapostos a esse tipo de Estado, o conjunto dos Estados pré-capitalistas afirmam abertamente o caráter particularista de suas instituições, apresentam-se, abertamente, como Estados de classe. Cada um desses dois tipos de estrutura jurídico-política (Estado burguês e Estados pré-capitalistas) corresponde a relações de produção determinadas (capitalistas e pré-capitalistas). O esforço para elaborar o conceito de Estado feudal deve considerar portanto a situação desse tipo de Estado dentro de um conjunto maior: o conjunto dos Estados pré-capitalistas.

A estrutura do Estado representa uma articulação entre o direito e o burocratismo: vejamos o que significa isso, ainda que de maneira muito breve e sem extrapolar os limites impostos pelas necessidades deste ensaio.

O direito burguês caracteriza-se pelo "tratamento igual aos desiguais": igualdade de direitos civis para agentes sociais que ocupam posições desiguais (antagônicas) no processo produtivo. O efeito ideológico produzido por esse tipo de direito consiste no fato de que, no modo de produção capitalista, a relação de exploração do produtor direto pelo proprietário dos meios de produção aparece como uma relação contratual em que partes livres e iguais realizam uma troca – salário por trabalho. A produção dessa ilusão é o modo específico pelo qual o direito burguês contribui para a reprodução das relações de produção capitalistas.

O direito pré-burguês, ao contrário, e em correspondência com as relações de produção pré-capitalistas que ele tem por função reproduzir, é um direito essencialmente inigualitário. Se o direito burguês converte os produtores diretos em sujeitos plenos de direito, equiparando-os à condição jurídica dos proprietários dos meios de produção, já o direito escravista nega personalidade jurídica ao escravo, e o direito feudal, por seu turno, embora conceda personalidade jurídica ao servo, o faz de maneira limitada. Tanto o direito escravista quanto o direito feudal, portanto, são inigualitários: o primeiro em termos absolutos, o segundo em termos relativos (Foignet, 1946, p.163; ver também Villey, 1949, p.52-4). O direito feudal, que é o que nos interessa diretamente aqui, corresponde, portanto, a um sistema de normas e a setores mais ou menos especializados do aparelho de Estado que distribuem os agentes da produção – proprietários dos meios de produção e produtores diretos – num sistema desigual, fundado numa cadeia de obrigações e de privilégios. As ordens (homens livres e servos) e os estamentos (nobreza, clero e plebe), e não a figura do indivíduo-cidadão, são a criação característica desse tipo de direito. O direito feudal coage o camponês servo de gleba a prestar serviços e pagar tributos ao proprietário feudal, e é esse o modo específico pelo qual esse tipo de direito contribui para a reprodução das relações de produção feudais: a ideologia jurídica feudal não oculta a exploração, ela a apresenta como necessária.

O burocratismo do Estado burguês – modo de organização dos funcionários do Estado – é regido por duas normas básicas: a) acesso formalmente assegurado às tarefas de Estado a todos os agentes da produção; b) hierarquização das tarefas de Estado pelo critério da competência.[8] A primeira dessas duas regras é a regra fundamental. Ela assegura a todos os cidadãos, indivíduos livres e iguais criados pelo direito burguês, a capacidade jurídica para o exercício das funções de Estado, produzindo, desse modo, a aparência universalista típica das instituições do Estado burguês. É o que Poulantzas denomina efeito de representação da unidade: o Estado burguês aparece não como um Estado de classe, mas como o representante do "povo-nação". É desse modo, antepondo à virtual unidade de classe do proletariado a ideologia da unidade nacional, que o burocratismo burguês contribui para a reprodução das relações de produção capitalistas.

É outra a forma de organização dos Estados de tipo pré-capitalista. A regra básica de suas instituições constitui, justamente, o monopólio formal e expresso das funções de comando do Estado pelos membros da classe dominante. Os produtores diretos, classificados numa ordem subalterna pelo direito pré-capitalista, não possuem capacidade jurídica

---

8 Nicos Poulantzas, em *Pouvoir politique et classes sociales* (1968), apresenta uma *enumeração* das normas do burocratismo burguês – cf. Capítulo V, "Sur la bureaucratie et les elites", p.351-92. Décio Saes, em seu livro *A formação do estado Burguês no Brasil* (1985a), trabalha sobre essa enumeração, chegando a hierarquizar essas normas numa totalidade articulada. Saes apresenta seis normas secundárias, derivando-as das duas normas que considera as normas básicas do burocratismo burguês – acesso universal aos cargos de Estado, isto é, não monopolização dos cargos de Estado pela classe dominante e hierarquização das tarefas de Estado pelo critério da competência. Uma norma secundária do burocratismo burguês que nos interessará de perto é a norma da separação entre os recursos materiais do Estado e os bens de propriedade dos membros da classe dominante, norma decorrente da não monopolização dos cargos de Estado pela classe dominante. Veremos que no Estado absolutista essa separação, típica de um Estado burguês, não se verifica.

para o exercício das funções de Estado. As instituições de um Estado pré-capitalista afirmam, abertamente, o seu caráter de classe. Tal qual o direito, essa norma do burocratismo pré-capitalista proclama a inferioridade social do produtor direto, modo específico de contribuir para a reprodução de um tipo de relação de produção que se assenta não na ilusão da troca, mas na aceitação, pelo produtor direto, da exploração como uma necessidade (natural, religiosa ou social).

Atendo-nos, agora, ao burocratismo feudal, que é o que mais nos interessa aqui, cabe notar que a hierarquização das tarefas de Estado não se dá, num Estado feudal, tendo por base o critério da competência. A hierarquia do corpo de funcionários de Estado reproduz, de alguma maneira, a hierarquia estabelecida pelos laços feudo-vassálicos. O caso do exército feudal é, desse ponto de vista, típico. E nós veremos a crise que se produziu no seio do exército absolutista quando a hierarquia desse exército passou a combinar, como critérios fundadores, a situação estamental com o critério da competência, introduzido pelas academias militares.

Ao apresentarmos, de maneira sumária, algumas características básicas do direito e do burocratismo feudal, contrapondo-os ao direito e ao burocratismo de tipo burguês, pudemos já indicar a unidade entre o direito e o burocratismo na estrutura jurídico-política do Estado. Vimos que as regras básicas do burocratismo pré-capitalista e do burocratismo burguês (monopólio ou não monopólio dos cargos de Estado) pressupõem, cada uma delas, um tipo particular de direito (inigualitário no primeiro caso, igualitário no segundo). Falta frisar que também o direito pressupõe um tipo de burocratismo: apenas um judiciário aparentemente universalista pode corporificar as normas de um direito igualitário, do mesmo modo que um direito inigualitário como o feudal requer, para a sua aplicação, um judiciário monopolizado pelos membros da classe dominante. Essa unidade interna de cada tipo de Estado é condição para que se mantenha a unidade entre o Estado e as relações de produção que esse Estado permite reproduzir. Décio Saes, no trabalho já citado, desenvolvendo as formulações de Poulantzas, indicou que as várias modalidades de rompimento da unidade interna do Estado podem gerar diferentes tipos de crise do Estado. E nós veremos que o Estado absolutista é um Estado feudal que, em situações determinadas, conhece, pelo rompimento de sua unidade interna, situações de crise no seu funcionamento.

O caráter feudal do Estado absolutista: contestação da análise de Poulantzas

Nossa tentativa de indicar o caráter de classe do Estado absolutista esbarra em algumas limitações. Em primeiro lugar, as indicações teóricas sistematizadas acima não podem suprir plenamente a falta que faz o conceito de Estado feudal, ainda pouco desenvolvido na bibliografia marxista. Em segundo lugar, a essa deficiência teórica da bibliografia marxista vem somar-se uma deficiência historiográfica de ordem pessoal. Nossa referência predominante será o absolutismo francês, acima de tudo por se tratar do caso que conhecemos melhor – embora se possa lembrar em favor do nosso procedimento que a monarquia francesa foi um caso exemplar de Estado absolutista. De qualquer modo, tais limitações conferem às teses que iremos apresentar um caráter tentativo e provisório.

O direito

O caráter essencialmente feudal do sistema jurídico do Estado absolutista aparece, em nosso modo de ver, na manutenção, sob o absolutismo, das ordens e dos estamentos existentes desde a Idade Média. De fato, tanto as ordens quanto os estamentos representam desigualdades estabelecidas no terreno jurídico e não, como ocorre com as classes sociais, no terreno do processo produtivo.[9] A divisão da sociedade em ordens é fruto da desigualdade civil que o sistema jurídico impõe aos agentes da produção. Desse modo, o proprietário feudal, como membro da ordem dos homens livres, possui, para retomar a fórmula utilizada por

---

9 Eu sigo aqui a tese de G. Lemarchand (1978, p.91-110), para quem a Europa moderna é, ao mesmo tempo, uma sociedade de classes *e* de ordens. Acrescento que a situação (jurídica) de ordem não é alheia à situação (econômica) de classe. Mas não precisaremos desenvolver, aqui, as complexas relações que se estabelecem entre ordem e classe social.

74 ARMANDO BOITO JR.

Foignet, capacidade jurídica plena, enquanto o camponês, se é um servo, possui capacidade jurídica restrita: o camponês servo de gleba não usufrui da liberdade de locomoção (ele está adstrito à gleba), não possui plena capacidade de constituir família (direito de *formariage*) e não exerce plenamente o direito de propriedade (seus bens pessoais podem estar sujeitos à "mão morta"; a parte que lhe cabe do produto do seu trabalho tem o seu uso sujeito a determinações do senhor feudal – as *banalités*). Os membros da ordem dos homens livres, embora possuam condição jurídica civil comum, encontram-se subdivididos em estamentos (nobreza, clero e plebe), em decorrência de privilégios políticos, fiscais e honoríficos atribuídos aos estamentos superiores (nobreza e clero). Porém, a divisão estamental é uma característica derivada e secundária do direito feudal, pois é a divisão em ordens, fundada na desigualdade civil, que incide diretamente sobre a posição dos agentes no processo produtivo – é a inferioridade civil que constrange o camponês servo de gleba a fornecer trabalho excedente ao proprietário feudal do solo.

A grande maioria dos historiadores – talvez por influência do jurista feudal Charles Loyseau, que em 1610 publicou o seu muitas vezes reeditado *Cinq Livres du Droit des Offices, Suivi du Livre des Seigneuries et de Celui des Ordres* – considera apenas a divisão estamental (nobreza, clero e plebe), ignorando que essa divisão se instaura no interior de uma unidade maior – a ordem dos homens livres. Sem considerar o estamento como uma subunidade da ordem, torna-se difícil explicar o posicionamento das forças sociais na crise do Estado absolutista. A burguesia francesa, em agosto de 1789, defendeu, simultaneamente, a supressão dos estamentos – organização de uma assembleia de caráter nacional – e a manutenção das ordens – decreto dito de extinção dos direitos feudais, de 4 de agosto de 1789, que, na verdade, manteve a situação servil do camponês, na medida em que impôs o pagamento de indenização para a sua liberação. Esse entrave à revolução provocará uma guerra civil no campo, que só será resolvida, a favor dos camponeses, pelo governo jacobino em 1793.

Nossa análise do direito sob o absolutismo choca-se com uma tese muito corrente, defendida, entre outros, pelo historiador Marc Bloch, segundo a qual teria ocorrido, a partir do século XIII, um processo de extinção gradativa da servidão na França (Bloch, 1976, esp. cap. III,

IV e V).[10] Essa tese é encampada por vários autores marxistas. Tal tese sustenta-se graças a uma concepção restrita da situação servil, identificada com a servidão *pessoal*, fundamentalmente, com a existência da prática da corveia. Ora, a partir do século XIII, segundo mostram os estudos mais reconhecidos, declina acentuadamente a prática da corveia – de uma média de 150 dias de trabalho gratuito por ano, calcula-se que, no século XVII, a corveia encontrava-se reduzida para uma média de apenas quinze dias por ano. Além disso, na mesma época, alguns direitos do senhor feudal sobre os bens pessoais e sobre a família dos servos caem em desuso – como o direito de mão morta e a *formariage*. Tais mudanças levam esses autores a falar em extinção da servidão.

Parece-nos necessário, contudo, operar com um conceito mais amplo de servidão. Entender a situação servil como a propriedade *limitada* do senhor sobre o produtor direto (Parrain, 1978, p.22-39), contrapartida da restrição à personalidade jurídica do servo. Tal conceito de servidão contempla, pelo seu próprio conteúdo, a possibilidade de *variações de grau* na situação servil – Engels, por exemplo, falará em servidão pesada e servidão atenuada (carta a Marx de 22 de dezembro de 1882). Dessa perspectiva, e retomando a polêmica com a análise de Marc Bloch para o caso francês, o movimento das alforrias, que se estende do século XIII a meados do século XVI, representou, para inúmeras regiões rurais, o fim da servidão pessoal, mas não o da servidão *tout court*.[11] A redução da corveia e a extinção de direitos como a mão morta e a

---

10 Outros autores procuram negar a existência da servidão na França moderna aludindo seja à monetarização dos tributos pagos pelo camponês ao senhor feudal, seja à finalidade, cada vez mais mercantil, da produção agrícola nesse período. Não convém alongar-me sobre esse ponto. Quero apenas deixar registrados os motivos pelos quais não aceito tais argumentos. Os dois argumentos desviam a análise da relação existente entre os agentes no processo produtivo para aspectos que, na problemática dos modos de produção, podem ser considerados secundários. O meio de pagamento (trabalho, produto ou dinheiro) não determina o caráter social da renda da terra, e nem a finalidade da produção (mercado) constitui a diferença específica de uma economia de tipo capitalista.

11 O caso francês tem comportado polêmicas. Mas para a Europa central e oriental é difícil tentar dissociar o absolutismo da servidão: nessa área da Europa, a formação do Estado absolutista foi acompanhada do desenvolvimento da chamada "segunda servidão". Ver, sobre a "segunda servidão", Dobb (1969).

76 ARMANDO BOITO JR.

formariage são acompanhadas do surgimento da figura jurídica, oriunda justamente do direito romano, do servo de gleba – o servo preso à gleba e não mais, diretamente, à pessoa do senhor feudal. De resto, convém lembrar que, no caso francês, ocorre um processo de regressão, ainda que parcial, à servidão pesada ao longo da segunda metade do século XVIII. Os estudos de Albert Soboul mostraram a existência de um movimento, em grande parte exitoso, dos proprietários feudais para recuperar inúmeros direitos feudais que tinham caído em desuso a partir do século XIII. Esse movimento reacionário, tradicionalmente conhecido como reação feudal, afetou também, conforme veremos, a estrutura do Estado absolutista.

A essa manutenção, ainda que atenuada, da subordinação pessoal do servo ao proprietário feudal do solo, que detém a propriedade da gleba à qual o servo está vinculado, isto é, essa manutenção da norma jurídica servil, corresponde a preservação, durante o período absolutista, da justiça senhorial, isto é, das jurisdições senhoriais existentes em cada feudo. Como demonstra Edmond Seligman, apesar de o Estado absolutista ter centralizado o poder judiciário, reduzindo a esfera de competência das jurisdições senhoriais, essas não foram jamais abolidas sob o absolutismo. Assim, a estrutura do judiciário, sob o absolutismo, em correspondência com a manutenção da norma jurídica da servidão, preserva, também, esse aparelho de justiça privada do senhor feudal que são os tribunais senhoriais (Seligman, 1901).

O sistema jurídico do Estado absolutista, na medida em que distribui de maneira desigual os agentes da produção num sistema hierárquico de ordens e estamentos e que se corporifica em instituições particularistas, bloqueia, justamente, e ao contrário do que afirma Poulantzas, a formação da ideologia da cidadania e da figura ideológica do "povo-nação", efeitos particulares de um Estado de tipo burguês. Sob o Estado absolutista, a ideologia do igualitarismo jurídico e do "povo-nação", isto é, a ideologia da cidadania e do discurso nacional, forma-se, precisamente, em contraposição a esse Estado e será um componente de sua crise final. O sistema jurídico inigualitário e particularista do Estado absolutista não permite a conclusão de Poulantzas segundo a qual tal sistema já se caracterizaria por um nível avançado de formalismo e de generalização.

O burocratismo

O burocratismo do Estado absolutista, tal qual o direito, também é de caráter feudal. Dois fenômenos muito estudados pelos historiadores do período absolutista, o caráter estamental do exército e a venalidade de cargos do Estado, ilustram, de modo exemplar, nossa afirmação.

As forças armadas representam um setor fundamental da burocracia de qualquer aparelho de Estado. Em todos os Estados absolutistas europeus, o acesso à condição de oficial na instituição militar esteve vedado aos membros da ordem dos servos, o que incapacita a classe dominada fundamental, os camponeses servos de gleba, para o exercício das funções de comando nesse ramo do aparelho de Estado.[12] Bastaria esse fato para provar que esses Estados estão organizados de acordo com a regra fundamental do burocratismo de tipo pré-capitalista (e feudal): o monopólio dos cargos de mando no aparelho de Estado pelos membros da classe dominante. Porém, o caráter particularista dos exércitos absolutistas apresenta-se ainda mais acentuado quando, em épocas e países diversos, a seleção para a oficialidade passa a basear-se não mais apenas no critério de pertencimento de ordem, mas, também, na situação estamental do indivíduo. É justamente esse o caso da França na segunda metade do século XVIII, quando acabou quase por restringir o acesso à oficialidade do exército a apenas um setor restrito de um dos estamentos da ordem dos homens livres – a nobreza de espada. Eis algo que contradiz frontalmente as análises que, como a efetuada por Tocqueville, insistem na suposta vocação modernizadora do absolutismo francês (Tocqueville, 1979).

O processo conhecido como a reação feudal no exército francês inicia-se com o edito real de 1758, que estabelece a exigência de título de nobreza para os candidatos às escolas militares. Em 1776, a monarquia francesa proíbe a venalidade de cargos no exército, cortando o caminho que restava, a partir do edito de 1758, aos burgueses plebeus para ingressarem na oficialidade. E, finalmente, em 1781, o regulamento do ministro Segur estabelece a exigência de quatro graus de nobreza para os

---

12 A mesma interdição vigora para a burocracia civil – administração e judiciário. Porém, minha análise restringir-se-á às forças armadas do Estado absolutista.

78 ARMANDO BOITO JR.

candidatos às escolas militares, barrando, agora, o acesso da própria nobreza de toga recente ao oficialato. Às vésperas da Revolução de 1789, o caráter estamental da instituição militar encontra-se enrijecido.[13]

A venalidade de ofícios é outra característica indicadora do caráter pré-burguês da estrutura dos Estados absolutistas, e ela é uma prática corrente em toda a Europa (Goubert, 1953). É o monopólio das funções de Estado pelos membros da classe dominante norma básica do burocratismo pré-burguês, que possibilita a existência da venalidade de ofícios, prática que atesta a vigência, nos Estados absolutistas, de uma das normas secundárias do burocratismo pré-burguês, que é a não separação entre os recursos materiais do Estado e os bens pertencentes aos membros da classe dominante. De fato, apenas instituições estatais particularistas podem fundir os cargos e os recursos do Estado com o patrimônio privado dos seus ocupantes, que aparecem, então, como "funcionários- -proprietários" do Estado. Tal fusão é inviável em instituições estatais formalmente universalistas, isto é, burguesas.[14]

A venalidade de ofícios, tal qual o caráter estamental do exército, amplia-se (crescimento do número de cargos venais) e se aprofunda (a propriedade do ocupante sobre o cargo torna-se plena) justamente sob o Estado absolutista. No caso francês, pelos editos de 1467 e de 1520, o titular do ofício é declarado inamovível, salvo nos casos em que seja paga uma vultosa soma a título de reembolso pelo cargo perdido, ou nos casos em que a destituição é autorizada após um longo e complexo processo judicial. Em 1524, Francisco I cria o Tesouro das Partes Casuais e Ino- pinadas, que servia como uma espécie de "loja para a venda dessa nova mercadoria", no dizer de R. Mousnier, autor de um livro clássico sobre a venalidade de ofícios. E finalmente, em 1604, o decreto do ministro Paulet instaura a hereditariedade plena do ofício. O resultado dessa

---

13 Segue existindo, é verdade, o ingresso de plebeus no oficialato, pela via da carreira realizada na tropa – os chamados "oficiais de fortuna". Contudo, o número de plebeus entre os oficiais é pequeno. Em 1789, 90% dos oficiais do exército francês eram nobres – 9.000 num total de 10.000 oficiais em serviço. Nesses 9.000 deve existir um contingente de pessoas enobrecidas através da aquisição, permitida até 1776, de um cargo de oficial (Bertaud, 1979).

14 Sobre a venalidade de ofícios, consultar: Chaunu (1979); Febvre (1948); Durand (1969); Lapeyere (1979); Goubert (1953).

ESTADO, POLÍTICA E CLASSES SOCIAIS 79

evolução legislativa é que na França do século XVII nada menos que dois terços dos cargos de Estado são venais e ocupados por *officiers*. A afirmação progressiva, sob o absolutismo, de um sistema no qual o cargo de Estado é propriedade privada passível de comercialização e de transmissão por herança é outra tendência a contradizer as análises que insistem na vocação modernizadora do Estado absolutista.

Outra prática dos Estados absolutistas que ilustra essa não separação entre os recursos do Estado e os bens de propriedade da classe dominante é aquilo que na França era chamado de sistema de arrematação. Consistia, esse sistema, na outorga da autoridade fiscal do Estado a companhias particulares. Nem a venalidade de ofícios nem o sistema de arrematação foram objeto, salvo engano, de uma análise que rompesse com o empirismo. Na verdade, falta aos historiadores o conceito de burocratismo pré-capitalista para a análise desses fenômenos. No caso da venalidade de ofícios, ela é "explicada" pela necessidade que o Estado absolutista tem de aumentar suas receitas. Entre a necessidade de dinheiro e a decisão da monarquia de ampliar a venda de ofícios é omitido o elo fundamental da explicação: a estrutura de Estado que permite que o rei lance mão da venda de cargos do Estado. Em certas pesquisas, a ausência do conceito de burocratismo pré-capitalista leva os autores a um moralismo anacrônico. Eles passam a denunciar a "institucionalização da corrupção" permitida pela prática da venalidade de ofícios. Nada mais nada menos do que examinar o Estado feudal com os óculos fornecidos pela ideologia burguesa do Estado.

Não é possível falar, ao contrário do que pretende Poulantzas, em "funções públicas" para caracterizar as instituições e funções do Estado absolutista. Do mesmo modo que na análise do direito, Poulantzas parece confundir a descentralização medieval com particularismo e a centralização absolutista com universalismo, quando esta última se deu sob o signo do monopólio dos cargos de Estado pelos membros da classe dominante. De resto, Engels também parece ter incorrido nesse amálgama, ao opor o exército arregimentado ocasionalmente pelo senhor feudal ao caráter permanente do exército monárquico, que seria, enquanto instituição permanente, uma instituição de tipo burguês.

O Estado absolutista, com seu direito inigualitário e com suas instituições particularistas, desempenha a função de reproduzir as relações

80 ARMANDO BOITO JR.

de produção feudais. Um governo que procurasse implementar uma política de transição ao capitalismo esbarraria num limite estrutural preciso: o Estado absolutista impede o desenvolvimento de um mercado de trabalho, pois isso supõe a existência de um direito igualitário, isto é, a existência de um Estado cuja estrutura é distinta da estrutura do Estado absolutista. Daí a estrutura do Estado absolutista determinar o caráter (feudal) das políticas que esse Estado está apto a implementar.

A política mercantilista

A tese de que a estrutura (feudal) do Estado absolutista determina o caráter (também feudal) da política desse mesmo Estado traz imediatamente ao espírito a existência do mercantilismo, política correntemente tomada como expressão de um projeto estatal de transição para o capitalismo. O mercantilismo não representa o conjunto da política de desenvolvimento do Estado absolutista, mas é apresentado, correntemente, como a prova maior da natureza capitalista desse Estado. É ao mercantilismo que Poulantzas se refere quando sustenta que a política do Estado absolutista destrói as relações de produção feudais e desenvolve as relações de produção capitalistas. Isso nos obriga a tecer algumas considerações sobre esse ponto.[15]

A assimilação, muito comum, do mercantilismo a uma política de transição para o capitalismo está, acredito, associada a dois equívocos. De um lado, a um equívoco historiográfico: a maioria dos historiadores imputa à política mercantilista prática que ela, de fato, não parece ter ensejado. Alguns historiadores têm se dedicado a corrigir esse erro factual. Procuram mostrar que a política mercantilista reiterou as relações de produção feudais, em vez de ensejar, como correntemente se supõe, a prática do assalariamento do produtor direto. De outro lado, parece-me que a caracterização do mercantilismo como uma política de transição para o capitalismo está associada a um equívoco teórico: a identificação

---

15 O chamado despotismo esclarecido é outro aspecto da política absolutista que costuma ser associado a um projeto de transição (no caso, uma transição conservadora, pelo alto) para o capitalismo. Não desenvolveremos, aqui, a crítica dessa tese. Albert Soboul (s.d.) já o fez de modo convincente.

ESTADO, POLÍTICA E CLASSES SOCIAIS   81

da genealogia dos elementos de um modo de produção com a implantação da estrutura desse modo de produção. Vejamos.

O mercantilismo é a política de desenvolvimento comercial e "manufatureiro" implementada, em épocas distintas, pelos diversos Estados absolutistas. O caráter feudal dessa política aparece nestes seus dois aspectos. Em primeiro lugar, e o mais importante, aparece no plano das relações de produção: as chamadas manufaturas criadas graças aos incentivos da política mercantilista não merecem, na grande maioria dos casos, essa denominação, pois são estabelecimentos que utilizam o trabalho servil, e não o trabalho assalariado, como demonstram as investigações do historiador soviético Joseph Koulischer (1931). Em segundo lugar, o caráter feudal dessa política aparece no plano do desenvolvimento comercial: o comércio é estimulado pela política mercantilista apenas dentro dos limites permitidos pelas relações de produção e pela estrutura jurídico-política feudais.

A prática corrente na França, na Alemanha e na Rússia absolutistas é a utilização do trabalho compulsório nas "manufaturas". Vagabundos, mendigos, criminosos, soldados, idosos, doentes e crianças são submetidos, por instituições ocupadas de sua tutela, como casas de caridade, cadeias, quartéis, asilos, hospitais e orfanatos, ao trabalho compulsório numa "manufatura" a serviço de um "empresário". Koulischer mostra a existência de verdadeiros "asilo-manufatura", "orfanato-manufatura", "hospital-manufatura" etc. Cita documentos que atestam que essas instituições são criadas com a finalidade expressa de fornecer trabalho servil às "manufaturas" que as monarquias absolutistas visavam estimular. É também muito comum, principalmente na Alemanha e na Rússia, a figura do "servo de ganho", o camponês servo de gleba que é alugado, pelo senhor, a um proprietário de "manufatura". A dominância do trabalho compulsório nesses estabelecimentos não decorre simplesmente dos costumes da época. Resulta, isto sim, do funcionamento da estrutura jurídico-política feudal do Estado absolutista, obstáculo ao desenvolvimento do trabalho livre assalariado. Diante disso, é difícil aceitar a tese de Poulantzas segundo a qual o Estado absolutista difunde as relações de produção capitalistas.

Nicos Poulantzas alude, também, à prática do cercamento dos campos na Inglaterra, os *enclosures*, quando sustenta o caráter pró-capitalista

82 ARMANDO BOITO JR.

da política do Estado absolutista. Esse é, de resto, um argumento muito comum. A julgar pelo capítulo de Marx sobre a acumulação primitiva, existe nesse argumento um erro factual. Antes da Revolução Inglesa de 1640, o Estado estabelece uma série de leis que inibem a prática dos *enclosures*. Marx fala que, sob o absolutismo, o cercamento é uma prática privada e desestimulada pelo Estado. É apenas após a revolução, isto é, após o fim do Estado absolutista, que o Estado passará a estimular o cercamento dos campos. Tal se dá, principalmente, a partir da Revolução de 1688. Marx falará então dos cercamentos como uma prática legal, estimulada pelo Estado (Marx, 1973).

Quanto ao desenvolvimento comercial, o segundo aspecto da política mercantilista, são as limitações que lhe são impostas que indicam o caráter feudal desse desenvolvimento. O Estado absolutista não removeu as barreiras que o modo de produção feudal antepunha ao comércio. A ausência de um mercado nacional unificado (manutenção das alfândegas internas, fortalecimento e ampliação das corporações e dos monopólios locais) e a ideologia feudal (lei da usura, estigmatização das atividades mercantis, consideradas aviltantes) limitavam a expansão mercantil e desviavam parte do capital acumulado no comércio para a compra de ofícios e de terras nobres – as vias comuns de enobrecimento de uma burguesia limitada em sua ação e atraída pelo mundo feudal. O resultado disso é aquilo que muitos historiadores caracterizam como a "artificialidade" do desenvolvimento "manufatureiro" e mercantil propiciado pelo mercantilismo. Grande parte das companhias e "manufaturas" criadas na França, na Prússia e na Rússia não sobreviveu a Colbert, a Frederico o Grande e a Pedro o Grande. Situação que contrasta com a consolidação do desenvolvimento comercial e manufatureiro que se verifica na Inglaterra e na Holanda, isto é, justamente nos dois países em que o Estado feudal absolutista havia sido destruído por revoluções políticas burguesas já no século XVII.

Nada disso significa que, apesar dos limites apontados, o mercantilismo não tenha permitido a acumulação de capitais em poucas mãos e, desse modo, dado origem a um dos elementos do modo capitalista de produção. Porém, tal fato não pode ser apresentado como prova do caráter capitalista do mercantilismo. O mercantilismo permite a acumulação primitiva de capital, mas, justamente, essa é uma acumulação

ESTADO, POLÍTICA E CLASSES SOCIAIS   83

que precede a acumulação de tipo especificamente capitalista. Ao mesmo tempo em que propicia o aparecimento de um dos elementos do modo capitalista de produção, o mercantilismo orienta esse capital acumulado no comércio para uma aplicação não capitalista – a exploração do trabalho servil. O mercantilismo contribuiu para a formação de um dos elementos do modo de produção capitalista, mas, ao mesmo tempo, bloqueou a formação da estrutura do modo capitalista de produção. É nesse ponto que eu considero haver um equívoco teórico entre os estudiosos do Estado absolutista. A gênese de um elemento do modo de produção não pode ser confundida com o processo de formação de sua estrutura. O comércio e a concentração de capital em poucas mãos também ocorreram em outras formações sociais, como aquelas dominadas pelo escravismo antigo, e graças à política do Estado escravista, sem que, por isso, o modo de produção capitalista tenha se formado no declínio da Antiguidade. É a formação da estrutura de um modo de produção, e não a gênese de cada um de seus elementos, que configura o processo de transição para esse modo de produção (Balibar, 1996).

A crise do Estado absolutista

Um mesmo tipo de Estado pode apresentar características secundárias distintas nas diferentes formações econômico-sociais. A caracterização do Estado absolutista como um Estado de tipo feudal não implica negar que esse Estado tenha apresentado diferenças importantes em relação ao Estado, também de tipo feudal, do período medieval. O próprio termo *absolutismo* indica uma dessas diferenças. O Estado absolutista, ao contrário do Estado feudal do período medieval, no qual funciona uma democracia para o conjunto da classe dos proprietários feudais, é um Estado feudal que assume a forma ditatorial: o poder decisório está concentrado nas mãos do monarca, cuja indicação para o comando do Estado não depende de nenhuma consulta ao conjunto dos proprietários feudais e que representa, diretamente, apenas uma fração da classe dominante, aquela que integra a chamada nobreza da corte.[16] No entanto,

---

16 Sobre o funcionamento do parlamento medieval como instrumento da democracia dos proprietários feudais, consultar Poggi (1981, cap.II e III). O fato de o Estado

84 ARMANDO BOITO JR.

uma diferença dessa natureza não diz respeito ao tipo de Estado, e pode ser considerada como uma variação no interior de uma mesma estrutura feudal de Estado. A mesma afirmação é válida para a *relativa* unificação territorial e para a centralização do processo decisório – fenômeno que não se identifica com o despotismo monárquico – também propiciadas pelo absolutismo.

A transformação que, esta sim, produziu contradições na estrutura do Estado absolutista foi o surgimento de componentes profissionalizante-burocratizantes na estrutura desse Estado. O Estado absolutista segue sendo um Estado feudal, mas, à diferença do Estado medieval, ele é um Estado feudal contaminado pelo germe do burocratismo burguês. A estrutura do Estado absolutista desenvolve normas contraditórias de organização. Essa contradição será um dos fatores ativos na crise do Estado absolutista no período das revoluções políticas burguesas.

Essa existência de normas contraditórias não permite, contudo, que se caracterize o Estado absolutista como um Estado nem feudal, nem capitalista, tese que poderia ser sugerida por algumas passagens da análise de Poulantzas. De fato, numa passagem do seu texto, à p.186, Poulantzas refere-se ao Estado absolutista como um "Estado com traços marcadamente capitalistas", embora, ao longo de todo o texto, ele o caracterize como Estado capitalista e utilize, regularmente, esta última denominação. Vale a pena observar que Max Weber também sustenta, a partir de outra problemática teórica, uma ideia homóloga. Para ele, no Estado absolutista, teríamos um equilíbrio entre componentes contraditórios – patrimoniais (arcaicos) e burocráticos (modernos) (ver Weber, 1972, p.186-239). A improcedência da caracterização do Estado absolutista como um Estado nem feudal, nem capitalista, deve-se, a nosso ver, a dois fatores. Primeiro, os componentes de burocratismo burguês presentes na estrutura desse Estado nunca se desenvolveram de modo a burocratizar plenamente qualquer ramo do aparelho de Estado.

---

absolutista ser uma ditadura (Hill, 1972) que representa a hegemonia política dos grandes proprietários feudais (Lemarchand, 1978) explica os conflitos e divergências que surgem, de um lado, entre a pequena nobreza de província e a nobreza da corte e, de outro lado, entre essa e o governo na crise revolucionária aberta em 1789 (Soboul, 1974).

ESTADO, POLÍTICA E CLASSES SOCIAIS **85**

A burocratização existiu apenas em germe. Segundo, a função social que esse Estado desempenha não é a de dirigir, como estamos tentando demonstrar, a transição para o capitalismo. Ilustraremos, mais uma vez, com o caso do absolutismo francês. François Hincker e Perry Anderson (Hincker, 1978; Anderson, 1982, p.82ss., 115ss.) são convincentes ao atribuir o esboço de burocratização das instituições do Estado feudal absolutista aos conflitos comerciais e militares, que ocorrem na chamada Idade Moderna, entre as classes dominantes feudais europeias. É a Guerra dos Cem Anos (1337-1453) que impõe, na França, a criação da *taille royale* (1439) – o primeiro imposto importante de amplitude nacional arrecadado pela monarquia – e a formação das Compagnies d´Ordonnance de Carlos VII, o embrião, com um contingente ainda modesto de cerca de doze mil homens, de um exército permanente. A Guerra dos Trinta Anos (1618-1648) impõe a triplicação da receita do Estado. Durante o reinado de Louis XIV (1661-1714), os conflitos militares sucessivos impõem o aprofundamento da tendência à profissionalização-burocratização do exército monárquico--feudal francês: a função de oficial passa a apresentar características de uma profissão. São criadas as academias militares, são introduzidos o pagamento regular e o uniforme. O contingente permanente do exército salta de cinquenta mil para trezentos mil homens.

Devemos nos precaver, contudo, contra uma visão unilinear da evolução das instituições do Estado absolutista. À tendência burocratizante opõe-se outra tendência: a do revigoramento da estrutura feudal desse Estado. De um lado, como já vimos anteriormente, a reação feudal no exército logrou, na segunda metade do século XVIII, retomar posições perdidas para o processo embrionário de profissionalização dos oficiais. De outro lado, as mesmas causas que geram a tendência profissionalizante, isto é, a concorrência comercial e os conflitos militares, produzem, também, um efeito oposto. As guerras aumentam a necessidade de receita do Estado absolutista e levam-no a recorrer, de forma crescente, como meio para obtenção do equilíbrio orçamentário, à venda de ofícios, permitida por sua estrutura feudal. Uma mesma e única causa produz efeitos contraditórios e aprofunda, dessa maneira, a contradição inscrita na estrutura do Estado absolutista. Tal contradição estrutural reflete-se no nível da prática dos agentes do Estado.

86 ARMANDO BOITO JR.

Surgem, no seio do exército absolutista, dois tipos distintos de oficiais. De um lado, os oficiais plebeus que aspiram pela reforma do regulamento do exército. Sua palavra de ordem é: os cargos devem ser destinados ao talento e ao mérito. O atendimento dessa aspiração exigiria que se completasse a profissionalização embrionária existente no exército, passando o recrutamento e a promoção na carreira de oficial a serem baseados exclusivamente no critério da competência, e não mais no critério da filiação estamental. Trata-se de uma aspiração, portanto, que implica a transformação das instituições particularistas do Estado absolutista em instituições formalmente universalistas. Os oficiais plebeus objetivam, em decorrência de motivações específicas oriundas de sua situação na estrutura do Estado, a formação de um Estado de tipo burguês. De outro lado, temos os oficiais nobres, vinculados à classe dominante feudal, que, justamente, se opõem, como mostram as leis que configuram a denominada reação feudal, à pressão pela profissionalização do exército.

Essa luta entre dois tipos de agentes do Estado em torno das normas de organização do próprio aparelho de Estado é um dos fatores ativos na produção da crise de funcionamento do Estado feudal na conjuntura de 1789. De fato, a monarquia francesa não pôde reprimir de modo eficaz as insurreições populares antifeudais de maio-julho de 1789 porque, entre outras razões, os oficiais plebeus negaram-se a reprimir um movimento no qual viam, justamente, a possibilidade de implantar a completa profissionalização do exército.[17] A duplicidade de critérios na qual se assentava a estrutura do Estado absolutista – componentes profissionalizantes *versus* critério estamental – introduz uma contradição no seio desse Estado. Essa contradição eclode, sob a forma de crise do Estado, no final do século XVIII, impedindo o Estado absolutista de cumprir a sua função fundamental de defesa da ordem feudal ameaçada pela revolução.

---

17 "'Os cargos ao talento e ao mérito', 'Igualdade! Igualdade!'. A reivindicação do Terceiro Estado percorreu, no exército, as camadas do baixo oficialato e dos oficiais de fortuna saídos da plebe. As lutas que agitaram o corpo civil ocorreram da mesma forma nos regimentos e impediram o poder de usar o exército como força repressiva" (Bertaud, 1979, p.35).

ESTADO, POLÍTICA E CLASSES SOCIAIS   87

Nessa crise do Estado absolutista, devem-se distinguir dois tipos de contradição. Uma, já analisada, que opõe oficiais plebeus aos oficiais nobres e que diz respeito à luta pela completa profissionalização do exército. Outra contradição é a que corta horizontalmente a instituição militar, opondo a sua base popular, a massa dos soldados, ao conjunto dos oficiais. Os soldados resistem à ordem de reprimir as massas revolucionárias não em decorrência de motivações provenientes da posição que ocupavam no aparelho de Estado, como ocorre com os oficiais que lutam pela profissionalização, mas, sim, devido aos interesses correspondentes à sua situação de classe – camponeses, artesãos e lojistas (conforme Bertaud, 1979, p.35-46). Essa segunda contradição é, portanto, um simples reflexo no interior do Estado da contradição de classe que atravessa a sociedade, e não uma contradição oriunda, como a primeira, do conflito entre normas internas de organização do Estado.

Conclusão: revolução política e transição

Estas notas devem ser lidas como um ensaio cercado de limitações teóricas (o desenvolvimento incipiente do conceito de Estado feudal) e historiográficas (nosso conhecimento limitado da história do absolutismo). Se decidimos, apesar disso, apresentá-las, é porque acreditamos que nossa hipótese combina, de modo original, parte da reflexão teórica e do material historiográfico disponíveis. Feita essa advertência, apresentamos nossa conclusão.

O Estado absolutista foi, pela sua estrutura jurídico-política e pela política que implementou, um Estado pré-capitalista de tipo feudal. Chegamos a essa conclusão, ainda que provisória, operando com os conceitos poulantzianos de tipos de Estado e contrariando a análise que o próprio Poulantzas faz do Estado absolutista no *Pouvoir politique et classes sociales*. Poulantzas caracterizou o Estado absolutista como um Estado de tipo capitalista, tanto por se afastar do seu próprio conceito de Estado capitalista, apresentando a (relativa) centralização política e administrativa operada pela monarquia absoluta como índice ou prova da mudança de tipo de Estado, quanto por possuir uma compreensão

88 ARMANDO BOITO JR.

equivocada de fatos e de processos históricos relativos à estrutura jurídico-política e à política do Estado absolutista.

Para nós, enquanto Estado feudal, o Estado absolutista reproduzia a estrutura econômica feudal e bloqueava um desenvolvimento de tipo capitalista. Dessa perspectiva, a revolução política burguesa, entendida como um processo político de transformação da estrutura do Estado e da correspondente mudança da classe social que detém o poder de Estado, adquire importância decisiva na transição ao capitalismo. Se se considera, ao contrário, que o Estado absolutista é um Estado capitalista, surgem duas opções na abordagem da revolução. A primeira opção é aquela representada por Alexis de Tocqueville, que considera o Estado absolutista um Estado "moderno". Para Tocqueville, a Revolução Francesa nada mais fez do que dar continuidade à obra de modernização política que teria sido iniciada pela monarquia absolutista. Rigorosamente falando, e tomando o conceito marxista de revolução, para Tocqueville não teria ocorrido uma revolução na França em 1789-1794. Poulantzas apresenta outro enfoque. Ele considera que houve um processo de revolução burguesa e que tal processo foi necessário. Isso porque, para ele, no Estado absolutista, *a nobreza feudal seria a classe politicamente dominante* (Poulantzas, 1968, p.178-80). Chegamos, então, ao seguinte: o Estado absolutista, que é um Estado capitalista e tem a função de destruir as relações feudais de produção, organiza a dominação política da nobreza feudal. Assim, o preço que Poulantzas pagou para manter a tese de que as revoluções burguesas destruíram o Estado absolutista foi o de enredar-se numa contradição: o Estado absolutista seria um Estado capitalista que organiza a dominação da classe feudal.

Ora, é porque o Estado absolutista era um Estado feudal, apropriado para a reprodução das relações de produção feudais, que foi necessária uma revolução política burguesa para realizar a transição ao modo de produção capitalista. Essa revolução criou o Estado burguês e, ao fazê-lo, fundiu elementos tecnológicos (revolução agrícola, manufatura), econômicos e sociais novos (desenvolvimento do comércio e das cidades, concentração da riqueza, desapropriação dos trabalhadores, aglutinação de novos interesses e ideologias), forjados por um longo desenvolvimento histórico, numa unidade estrutural nova: o modo de produção capitalista.

4
ESTADO E TRANSIÇÃO AO SOCIALISMO: A COMUNA DE PARIS FOI UM PODER OPERÁRIO?[1]

Diversos aspectos relativos à Comuna de Paris de 1871 e às suas consequências foram e são, até os dias de hoje, motivo de discussão. Um tema particularmente importante é a questão mais geral de saber qual foi a natureza econômica, política e social da Comuna de Paris, questão essa que é, ao mesmo tempo, teórica, historiográfica e política.

Eco do século XVIII ou prenúncio do século XX?

A tradição socialista apresentou a Comuna de Paris como o primeiro governo operário da história. Essa caracterização fora feita pelo próprio Karl Marx no calor dos acontecimentos, em textos reunidos posteriormente num livro que se tornou célebre intitulado *A Guerra Civil na França*. Marx era teórico e dirigente da Associação Internacional dos Trabalhadores (AIT), cuja seção francesa teve papel destacado na revolução e no governo da Comuna de Paris.

---

1 Este texto foi preparado para o Seminário Internacional 130 Anos da Comuna de Paris, organizado pelo Centro de Estudos Marxistas (Cemarx) da Unicamp em maio de 2001. Foi publicado no livro que traz o material do seminário com o título "Comuna republicana ou Comuna operária? A tese de Marx posta à prova" (Boito Jr., 2001a).

90   ARMANDO BOITO JR.

Vinte e três anos antes da Comuna de Paris, Marx e Engels haviam prognosticado, no *Manifesto do Partido Comunista*, a iminência de uma revolução operária no continente europeu. Três anos depois de terem escrito o *Manifesto*, Marx e Engels, nas análises e balanços que fizeram das revoluções de 1848, prosseguiram afirmando que uma revolução operária estava em marcha. Na análise que Marx faz da Revolução de 1848 na França, em seus textos *O Dezoito Brumário de Luís Bonaparte* e *As lutas de classes na França*, o episódio da insurreição operária de junho de 1848 em Paris é interpretado como a primeira ação na qual o proletariado teria emergido como força política independente numa luta revolucionária contra a burguesia. O motivo imediato dessa insurreição fora a ameaça de fechamento, pelo governo, das oficinas nacionais, unidades produtivas que o Estado francês criara, sob pressão do operariado de Paris, para propiciar emprego aos trabalhadores desempregados. Cerca de vinte anos depois, quando ocorreu a Comuna de Paris, Marx prontamente reconheceu nela a revolução operária que ele e Engels vinham anunciando havia algum tempo. Na verdade, não se tratava de uma caracterização surpreendente dos acontecimentos de Paris, que pudesse ter causado muita estranheza e espanto aos observadores informados. O próprio Comitê Central da Guarda Nacional, órgão eleito pela população trabalhadora de Paris, ao dirigir a insurreição de 18 de março de 1871 e dar início ao governo da Comuna, proclamou, com a pompa e a solenidade que os franceses sabem emprestar a seus atos políticos, que organizava a insurreição na condição de representante do "proletariado de Paris". Pois bem, a teoria que Marx e Engels vinham elaborando em estreita conexão com o desenrolar da história europeia ter-lhes-ia permitido, desde a década de 1840, antever os fatos ou, ao contrário, eles trataram de amoldar o episódio da Comuna segundo as conveniências de uma teoria equivocada?

Não se pode ignorar o fato de que a caracterização da Comuna como um governo operário tem consequências políticas. Nas ciências humanas, é possível ser objetivo, mas não é possível ser neutro. As consequências da tese de Marx são claras. Se a Comuna foi um governo operário, isso sugere que, no final do século XIX, a classe operária podia ser considerada uma "classe social ascendente", teria demonstrado capacidade para elaborar um programa político próprio, organizar-se em torno

ESTADO, POLÍTICA E CLASSES SOCIAIS   91

dele, e assumir o governo da "capital do mundo". Significa, também, que a teoria e as teses dos teóricos e dirigentes da Associação Internacional dos Trabalhadores (AIT) estavam corretas. É compreensível que essa análise viesse a receber boa acolhida no movimento socialista e incomodasse muito os ideólogos burgueses.

Podemos dizer, se deixarmos de lado os escritos reacionários meramente panfletários, que somente um século depois, na década de 1960, começou a se desenvolver outra caracterização da Comuna de Paris. O historiador francês Jacques Rougerie, pesquisando os processos movidos pelas forças vitoriosas da reação contra os *communards* sobreviventes, passou a sustentar a tese de que a revolução e o governo da Comuna teriam sido o último capítulo das revoluções burguesas dos séculos XVIII e XIX, e não o primeiro capítulo de um processo emergente de revolução operária (Rougerie, 1964). Essa tese empolgou o meio acadêmico; ela indicava o caminho para desconstruir o "mito socialista" da Comuna. Surgiu, também, uma bibliografia anglo-saxã, apresentando a Comuna como fruto de uma luta de alguns bairros de Paris, luta que congregaria, indistintamente, indivíduos de todas as classes sociais (Tombs, 1997, p.105). Resumindo um pouco, poderíamos dizer que o historiador Roger V. Gould sustenta que a Comuna foi uma luta de bairros, e não uma luta de classes – uma luta travada por alguns bairros cujas populações teriam um forte sentimento identitário supraclassista.[2] Para desconstruir o "mito socialista" da Comuna, contudo, a formulação que prosperou nos meios acadêmicos franceses foi a formulação colocada por Jacques Rougerie nos seguintes termos: "Comuna-crepúsculo" ou "Comuna--aurora"? E o próprio Rougerie respondeu, no *Le procès des communards*, que se trataria de uma revolução crepuscular, último espasmo das revoluções românticas dos séculos XVIII e XIX.[3]

---

2 O livro de Gould (1995) é resumido e criticado no artigo de Tombs (1997) citado acima. Tombs mostra a inconsistência dos dados de Gould.

3 Convém alertar o leitor para o fato de que, segundo a nossa interpretação dos escritos de Jacques Rougerie, ele relativizou, poucos anos depois, essa sua tese e, um pouco mais tarde ainda, acabou por abandoná-la. Falaremos disso mais adiante, até porque iremos nos apoiar amplamente nas pesquisas mais recentes do próprio Rougerie. Por ora, lembramos que Robert Tombs (1997), no artigo citado, e Danielle Tartakowsk (2001) continuam defendendo a tese original de Rougerie, que vê na Comuna o último episódio da Revolução de 1789.

Negar a natureza operária da Comuna de Paris também tem consequências políticas, embora distintas, é claro, das consequências políticas da tese anterior. Essa negação significa diminuir, e muito, a presença política da classe operária na Europa do século XIX e lançar dúvidas sobre a capacidade política do operariado. Não há nada de estranho, portanto, no fato de a tese da "revolução-crepúsculo" ter sido muito bem aceita entre os liberais. Ademais, essa tese fornecia, de quebra, a base para uma crítica aos escritos políticos de Karl Marx. Os teóricos da revolução crepuscular sustentam ou sugerem que Marx distorceu os fatos relativos à Comuna para que esses pudessem caber na teoria que ele e Engels vinham elaborando.

Estamos sugerindo que cada qual deve escolher, de acordo com suas preferências políticas, a tese que melhor lhe convém? Os socialistas deveriam assumir a defesa incondicional do caráter operário da Comuna, cabendo, compreensivelmente, aos liberais a tarefa de desconstruir, a todo custo, esse "mito socialista"? Seguramente, esse modo de resolver por vias políticas uma questão historiográfica não seria um bom procedimento metodológico, ao menos para os historiadores marxistas e para os intelectuais e militantes socialistas. É necessário ter consciência das consequências políticas de cada tese em presença não para tomar partido arbitrariamente, mas, sim, entre outras razões, para poder controlar os efeitos de nossas preferências políticas na discussão de um tema que é antes de tudo historiográfico.

Precisamos ir além da metáfora astronômica formulada nos termos *crepúsculo versus aurora*. Podemos começar a sair dessa metáfora utilizando, num primeiro momento, os seus próprios termos. O historiador francês Claude Willard, presidente da associação Les Amis de la Commune, afirmou, numa das palestras que proferiu no Brasil por ocasião do colóquio internacional 130 Anos da Comuna de Paris: a Comuna se alimentou tanto do sol poente quanto do sol nascente. A Comuna é, ao mesmo tempo, herdeira de 1789 e anunciadora das revoluções operárias do século XX.

É herdeira de 1789 num duplo sentido. Em primeiro lugar, porque, conforme veremos, a revolução burguesa não cumprira tudo aquilo que colocara como promessa. Um movimento revolucionário que quisesse ir além das tarefas burguesas poderia se ver, e esse foi o caso da Comuna, na contingência de, numa primeira fase, realizar, sem meias palavras, essas promessas não cumpridas. Em segundo lugar, porque as tradições revolucionárias das classes trabalhadoras dos modos de produção pré-capitalistas podem, de inúmeras maneiras, ser incorporadas, no contexto de um programa novo, pelo proletariado. É sabido que a revolução de 1789 é uma revolução burguesa fortemente marcada pela luta do elemento popular. Mais ainda, nota-se a presença precoce e embrionária de um elemento estritamente proletário. Friedrich Engels sempre destacou o papel de Babeuf, dirigente da Conspiração dos Iguais, na revolução burguesa na França, e o papel de Winstanley, organizador dos *diggers*, na revolução burguesa na Inglaterra. Engels considerava esses dirigentes e esses movimentos a ala proletária, *avant la lettre*, dessas revoluções burguesas. Logo, podemos completar os termos do problema: devemos nos perguntar não só pelo que há de burguês na Comuna de Paris, como também pelo que há de popular – passível de reaproveitamento pelo movimento socialista – e até de proletário na Revolução Francesa de 1789. As duas perguntas são pertinentes. No entanto, se o sol poente e o sol nascente são sempre o mesmo e único sol, variando apenas o ponto de vista do observador, tal não se dá com as revoluções. É preciso se perguntar sobre a natureza de 1871, sobre o seu elemento dominante.

Entendemos que a Comuna de Paris foi, como escreveu Karl Marx, uma insurreição e um governo da classe operária, a primeira experiência de um poder operário, e, como tal, uma "revolução-aurora", anunciadora do movimento e das revoluções operárias que iriam moldar a história do século XX. Por que pensamos assim? Por que consideramos que a análise de Marx resistiu à pesquisa historiográfica contemporânea?

Responderemos essa questão em dois tempos. Num primeiro momento, indicaremos a situação do movimento operário na França à época da Comuna, suas ideias e organizações, e a composição social dos órgãos de poder da Comuna de Paris. Retomaremos, para tanto, algumas informações bem conhecidas, mas realçaremos também uma pesquisa pouco divulgada sobre essa matéria e que fortalece a tese do caráter operário do movimento que resultou na Comuna de Paris. Num segundo momento, indicaremos, recorrendo ao conceito ampliado de modo de produção e à problemática da transição ao socialismo, o componente socialista da Comuna de Paris, questão que é motivo de acalorada discussão

94 ARMANDO BOITO JR.

entre os historiadores, e como esse componente socialista influenciou no curso dos acontecimentos. Nessa parte, indicaremos, também, qual é o conteúdo exato da tese de Marx sobre a natureza operária da Comuna, já que sobre esse ponto existem muitas incompreensões, e como esse conteúdo foi confirmado, inclusive nos detalhes e nas nuanças, pela pesquisa historiográfica posterior.

Insurreição e governo operário

Os homens e mulheres que fizeram a Comuna de Paris eram de extração social operária e vinham organizando-se em torno de ideias que tendiam ao socialismo.

Os trabalhadores de Paris da década de 1870 não podem ser assimilados aos artesãos, lojistas e companheiros que compunham o movimento *sans-culottes* da grande Revolução Francesa de 1789. Dois terços da população economicamente ativa da cidade eram compostos de assalariados, principalmente trabalhadores assalariados manuais, e mais da metade dessa mesma população ativa trabalhavam na indústria. Paris convertera-se, ao longo do Segundo Império (1852-1870), numa cidade industrial e de assalariados. A cidade tinha um milhão de habitantes em 1850 e atingiu quase dois milhões em 1870. Em 1866, foram recenseados 455.000 operários e operárias, 120.000 empregados, 100.000 trabalhadores domésticos e 140.000 patrões. Os ramos que mais empregavam eram a indústria de roupas e confecções, a de produtos de arte e de luxo, a construção civil e a metalurgia. Grande parte desses assalariados trabalhava em pequenas empresas, mas um contingente significativo já era o típico trabalhador assalariado moderno produzido pela revolução industrial – a construção civil e a metalurgia cresceram muito sob o Segundo Império e funcionavam em padrões capitalistas modernos para a época. Havia duas fábricas de locomotivas e de material ferroviário que possuíam mais de 1.500 operários cada uma e as oficinas ferroviárias do norte de Paris eram, desde 1848, consideradas "fortalezas operárias" (Rougerie, 1997, p.12).

Em 1870, a classe operária parisiense já possuía organizações de massa e ideias próprias. Estava organizada sindicalmente na Federação

ESTADO, POLÍTICA E CLASSES SOCIAIS   95

das Associações Operárias de Paris, que reunia então cerca de 40.000 membros (Gacon, s.d.). A seção francesa da Associação Internacional dos Trabalhadores (AIT) tinha presença política importante nesse movimento operário nascente. A massa operária realizou grandes greves nos anos de 1868, 1869 e 1870, marcadas por enfrentamentos com a polícia imperial. A greve é um método de luta que, por definição, não pode ser usado pelos pequenos proprietários ou pela "plebe urbana". Ademais, essa massa operária teve, no ocaso do Segundo Império, a sua "escola de socialismo".

Os historiadores Alain Dalotel, Alain Faure e Jean-Claude Freiermuth, usando uma documentação inédita formada por detalhados relatórios policiais, fizeram um estudo importante e cuidadoso das reuniões públicas do período de crise do regime político imperial (Dalotel et al., 1980). Esse estudo mostra que a oposição operária e popular ao Segundo Império já era forte antes do desastre da Guerra Franco-Prussiana de 1870. Mostra também que o conteúdo político e ideológico dessa oposição ia muito além do republicanismo democrático-burguês. Um verdadeiro programa de construção de uma economia socialista vai se esboçando nos grandes salões de reuniões públicas dos bairros populares de Paris. Fazem parte desse programa em gestação alguns pontos fundamentais e apresentados de modo articulado: igualdade socioeconômica, eliminação da propriedade privada dos meios de produção, instauração da propriedade coletiva e utilização da ação revolucionária para alcançar esses objetivos. Vê-se que se trata de um programa coletivista, que deixou para trás o igualitarismo de pequeno proprietário (= dividir a propriedade privada), típico dos *sans-culottes* do século XVIII.

Como a classe operária não é uma mera coleção de indivíduos que ocupam o mesmo lugar no processo de produção, mas sim um coletivo organizado de trabalhadores assalariados que luta contra o capitalismo, convém nos determos um pouco na forma como era apresentado o programa comunista que se discute e se esboça nas reuniões públicas do final do Segundo Império. Vale a pena escutar os oradores de então.

O escritor Alphonse Humbert, blanquista, discursando em novembro de 1868 na sala Grand Pavvillon Ménilmontant, afirma: "A igualdade, eu a quero integral"; Gaudoin, discursando na sala Molière, defende "o estabelecimento da Comuna igualitária"; Lefrançais, outro orador importante dessas reuniões públicas, demonstra, segundo consta do re-

96 ARMANDO BOITO JR.

latório da polícia, que, "longe de destruir a igualdade humana, a Comuna revolucionária a desenvolverá".[4] Essa igualdade não é, de modo algum, pensada pelos comunistas, à maneira do pequeno proprietário, como divisão da propriedade: "O remédio é o comunismo, a propriedade coletiva"; depois de evocar Babeuf na sala La Redoute, o orador Lefrançais "prega a substituição da propriedade individual pela propriedade coletiva"; o vendedor de flores Louis Moreau, na sala do Vieux-Chêne, declara: "Eu sou comunista e não quero a propriedade individual. O remédio que nós propomos não é a destruição da propriedade, é a propriedade coletiva, a propriedade para todos e não a propriedade explorada por alguns às custas de outro". O caminho para se chegar à propriedade coletiva, por sua vez, é a luta de classes: "É preciso cindir as classes"; "O comunismo representa o futuro, ele não faz concessões nem estabelece compromissos com nossos inimigos. Com eles, guerra mortal; guerra mortal e impiedosa (aplausos)"; "É necessário ser duro e suprimir a burguesia" (Dalotel et al., 1980, p.242-5). Pode-se imaginar o efeito de discursos como esses junto à burguesia e aos policiais que acompanhavam e relatavam as discussões das reuniões públicas.

Esses salões de reuniões públicas iriam, logo após a queda do Segundo Império e a proclamação da República em setembro de 1870, dar origem aos clubes operários e populares, muitos deles dispondo de jornais próprios, que formariam uma rede de organizações de massa dos trabalhadores de Paris. Os clubes mais ativos eram, justamente, aqueles dos bairros operários e populares de Paris, formando um arco que ia do norte ao sudeste da cidade, passando pela sua região leste: Batignolles, Montmartre, Belleville, os distritos XI, XII e XIII. Antes mesmo da insurreição de 18 de março de 1871, esses bairros e distritos, com seus clubes, jornais e batalhões da Guarda Nacional, haviam escapado da autoridade do Estado e se autoadministravam. Foi essa massa operária que fez a revolução de 1871.

O perfil socioeconômico dos militantes e dos combatentes da Comuna prova a afirmação acima. A presença do trabalhador manual é amplamente majoritária, sendo que os novos setores tipicamente operários

---

4 *Reuniões Públicas em Paris*, relatório, 800 páginas manuscritas, Bibliothèque Historique de la Ville de Paris, documento NA 155, apud Dalotel et al. (1980, p.240).

ESTADO, POLÍTICA E CLASSES SOCIAIS **97**

(construção civil, metalurgia, diaristas sem especialização) têm uma presença bem superior ao seu peso na população ativa de Paris. Durante a Semana Sangrenta e logo após a derrota da Comuna, foram presos pelas tropas de Versalhes mais de 35.000 parisienses que tinham participado da revolução. Entre esses, mais de cinco mil eram operários da construção civil, mais de quatro mil eram diaristas sem especialização, outros quatro mil eram operários metalúrgicos, e milhares de outros eram operários de diferentes setores econômicos. Ao todo, cerca de 90% dos prisioneiros eram de origem operária e popular. Chama a atenção a participação dos trabalhadores que compunham o moderno operariado de então. Os operários da construção civil, metalúrgicos e diaristas sem especialização somados representam 39% dos prisioneiros e 45% do contingente de prisioneiros que foram condenados à deportação. Esse levantamento foi feito pelo próprio Jacques Rougerie, quinze anos depois de ter lançado seu primeiro livro sobre o tema, no qual ele tinha procurado desconstruir o "mito socialista" da Comuna. Nessa nova pesquisa, Rougerie reviu, ainda que sem o dizer, sua análise anterior. Concluiu, após o exame dos dados, que a Comuna foi a "revolução da Paris do trabalho" (Rougerie, 1997).

Além da predominância nas organizações de massa e nos combates da Comuna, os operários parisienses tiveram papel destacado na insurreição e no governo de Paris.

O órgão que comandou a insurreição de 18 de março de 1871, dando origem à Comuna de Paris, foi o Comitê Central da Guarda Nacional. Esse comitê era composto por 38 delegados eleitos nos bairros de Paris, sendo que 21 desses delegados eram operários; cerca de vinte deles eram filiados à seção francesa da Associação Internacional de Trabalhadores (AIT) e às Câmaras Sindicais de Paris. Além da maioria de operários, havia dez escritores, artistas e profissionais liberais, três empregados, três pequenos fabricantes e um rentista (ibidem, p.50). Do ponto de vista de sua composição social, compreende-se que o Comitê Central da Guarda Nacional tenha proclamado que assumia o poder em nome do proletariado de Paris.

O órgão político maior da Comuna de Paris, o Conselho da Comuna, eleito em 26 de março, oito dias após a insurreição, também era composto por uma maioria de operários e de filiados à Associação Internacional dos Trabalhadores e às Câmaras Sindicais. Esse Conselho contava, nominalmente, com 79 membros, dos quais apenas cerca de cinquenta compareciam às sessões. Nada menos que 33 dos conselheiros eleitos eram operários; o restante eram intelectuais, pequenos proprietários e profissionais liberais. Jacques Rougerie, na obra citada mais acima, calcula que a maioria do Conselho da Comuna – cerca de quarenta de seus membros – pertencia à AIT e às Câmaras Sindicais.[5] O Conselho da Comuna era um conselho de trabalhadores.

Junto ao Conselho da Comuna, que era a assembleia municipal eleita pelos habitantes de Paris, operava o "braço executivo" da revolução, as comissões, que poderíamos denominar comissões ministeriais. Nesses organismos, a componente proletária era marcante. Logo abaixo das comissões ministeriais, estão os grandes serviços públicos e de infraestrutura, onde os operários de Paris também tiveram atuação destacada. Trabalhadores assalariados manuais, membros da AIT e das Câmaras Sindicais, dirigiram as comissões ministeriais de finanças e de subsistência (Varlin), do trabalho (Frankel) e a comissão ministerial de ensino (Vaillant). Vaillant apoiou-se na atuação dos membros da AIT que ocupavam subprefeituras de distrito na cidade de Paris para iniciar a implantação do sistema de ensino público, gratuito, laico, obrigatório e aberto a ambos os sexos – as meninas encontravam-se, até então, excluídas do sistema escolar.

No primeiro corpo executivo, que se manteve até 21 de abril de 1871, data em que foi renovado, consideradas as nove comissões ministeriais, os blanquistas eram majoritários, segundo o balanço de Jacques Rougerie. Aqui, cabe uma ponderação. Essa corrente ficou marcada, na memória do movimento operário, como uma corrente pequeno-burguesa. Engels e Lenin insistiram particularmente nesse aspecto: os blanquistas defendiam como estratégia a formação de uma vanguarda muito disciplinada que tomaria, através da insurreição, o poder em nome da classe operária

---

5 Outras Comunas foram proclamadas na França em 1871, como em Lião e Marselha. Mas nem todas tiveram uma classe operária organizada de modo independente. Esse foi o caso da Comuna de Creusot – cidade da região leste da França, próxima à Suíça, típica e tradicional região operária voltada para a mineração e a fundição. A classe operária de Creusot, ainda debilmente organizada, agiu como a ala socialista de um partido republicano. Ver Ponsot (1957).

ESTADO, POLÍTICA E CLASSES SOCIAIS **99**

e em seu lugar, para governar, de modo ditatorial e centralizado, até que os operários se educassem politicamente. Essa é, de fato, a componente pequeno-burguesa do blanquismo. Contudo, Marx afirmou, em sua correspondência com Louis Watteau, considerar Auguste Blanqui "a cabeça e o coração do partido proletariado na França".[6] Para que essa avaliação torne-se compreensível devemos considerar, além dos métodos de organização e de luta dos blanquistas, o seu programa econômico e social, que propunha uma sociedade igualitária, sem dominação de classe e baseada na propriedade coletiva dos meios de produção. Por isso, é incorreto identificar, a partir de semelhanças formais nos métodos de ação política revolucionária e centralizadora, os blanquistas com os jacobinos.

Vale a pena apresentar alguns fatos a esse respeito. Nas grandes reuniões públicas do final do II Império, os blanquistas eram muito ativos, principalmente nos salões dos bairros operários do norte e do leste de Paris. Falando para um público que não raro ultrapassava três mil pessoas, os blanquistas se autodenominavam comunistas, criticavam os socialistas pela sua posição reformista e pregavam a necessidade da tomada do poder político para implantar a "Comuna revolucionária". Ao contrário do que sugerem ou afirmam muitos, a proposta de lutar pela Comuna estava presente no movimento operário antes da Guerra Franco-Prussiana, foi amplamente discutida nas reuniões públicas e era entendida, ao mesmo tempo, como organização de um poder local e de uma sociedade igualitária. A proposta de Comuna revolucionária unificava diversas correntes do movimento operário francês.[7] A tomada do poder

---

6 Ver o verbete "Blanquisme" in Labica & Bensussan (1985, p.101-2).

7 Discordamos, por isso, da tese muito difundida na França segundo a qual a Comuna de Paris teria sido uma "revolução involuntária". No Brasil, o historiador Daniel Aarão, em texto que circulou pela internet por ocasião do evento 130 Anos da Comuna de Paris, defendeu essa ideia (Reis Filho, 2001.). Ora, as circunstâncias desempenham um papel importante em qualquer revolução. Nenhuma revolução é a realização *integral* de um *projeto* elaborado por um *sujeito* que teria desvendado a suposta *marcha da história*. A Comuna de Paris, nessa medida, também pode ser considerada filha das circunstâncias, mas não involuntária. A pesquisa histórica já citada de Dalotel, Faure e Freiermuth mostra que nas reuniões públicas do período final do Segundo Império forjou-se uma *plataforma socialista de massa*. Essa plataforma incluía como um de seus pontos centrais, que, ao contrário de outros, unificava quase todas as tendências, a luta pela "Comuna social". Nos anos de 1868, 1869 e 1870,

100 ARMANDO BOITO JR.

era, para os blanquistas, o meio para se poder eliminar a propriedade privada dos meios de produção, transformá-los em propriedade coletiva e atingir a igualdade social. Foram esses militantes blanquistas, que muito apropriadamente se autodenominavam comunistas, que formaram a maioria no "braço executivo" do Conselho da Comuna até o final de abril.[8]

No que respeita aos grandes serviços públicos e de infraestrutura, foram operários organizados nos sindicatos ou na Internacional que administraram a Imprensa Nacional (Debock), a Casa da Moeda (Camélinat) e os Correios (Theisz). Theisz foi um exemplo de talento e dinamismo, tendo garantido o bom funcionamento do serviço de correio em plena revolução e a despeito do boicote da direção dos correios, que fugiu para Versalhes, e de parte de seus funcionários.[9]

A Comuna é socialista? Economia e política no período de transição

Podemos afirmar, portanto, que a composição social dos combatentes de base e dos dirigentes da Comuna de Paris foi marcadamente operária. Não eram apenas operários. Os profissionais liberais, pequenos proprietários, lojistas e artesãos, que eram muito numerosos na população de Paris, tiveram, como indicamos de passagem, participação importante nos órgãos de governo da Comuna. Aliás, Marx fala em "governo *essencialmente* operário", e não em governo operário sem mais.

---

essa Comuna, que "se administrará a si própria", toda Paris proletária debateu e almejou. Ela não foi mero produto imprevisível da Guerra Franco-Prussiana. Ver Dalotel et al. (1980, p.257ss.)

8 Os blanquistas estavam como peixe na água nos salões dos distritos proletários de Paris. No décimo oitavo, décimo novo e vigésimo distritos intervinham nos salões sala dos Martyrs, Bal de la Reine-Blanche, Salle de la Révolution, Salle de la Marseillaise, Folies-Belleville, Grand Pavillon Ménilmontant e outros. São blanquistas, e se declaram comunistas, os oradores das salas de reuniões como Emile--Victor Duval, forjador, 30 anos, membro da AIT; Louis-Eugène Moreau, operário metalúrgico, 23 anos; Emmanuel Chauvrière, empregado, 19 anos; Abel Peyrouton, advogado, 29 anos; Raoul Rigault, estudante de Medicina, 23 anos; Alphonse Humbert, escritor, 26 anos, e muitos outros.

9 Ver Paul Chauvet (s.d.) e Jean Gacon (s.d.).

Continuando. Pelos dados apresentados, também é legítimo dizer que os operários estavam absorvendo e desenvolvendo, com a intervenção, principalmente, das vanguardas blanquista e internacionalista, da AIT, uma concepção de mundo anticapitalista na conjuntura da crise do II Império e se valendo da extraordinária experiência revolucionária dos trabalhadores de Paris. Essas duas constatações são fundamentais, tendo em vista a atual operação de "desconstrução" do "mito socialista" da Comuna. Mas elas não encerram a questão. Pois resta saber o que foi a política implementada pela Comuna de Paris. Ela foi pura e simplesmente uma política republicana burguesa? Ou uma política republicana burguesa acrescida de medidas de reforma social – uma espécie de esboço de um Estado de bem-estar *avant la lettre*? Ou será que a Comuna implantou mesmo uma política socialista?

Os *communards* lutaram pela "república social", tomaram diversas medidas de proteção ao trabalho e à população pobre, mas poucas medidas que prenunciavam uma economia de tipo socialista. A medida socializante mais citada, e de fato muito importante, foi o decreto que determinou que toda fábrica abandonada pelo proprietário – fenômeno comum em tempo de revolução – passasse para o controle dos operários que nela trabalhavam. Mas isso é pouco para afirmar que o governo da Comuna foi socialista. O historiador francês Ernest Labrousse insistiu, no decorrer de um debate por ocasião do centenário da Comuna de Paris, num ponto importante: nenhum documento oficial da Comuna de Paris faz uma proclamação doutrinária e solene apresentando o socialismo como objetivo de governo (Labrousse, 1971, p.79ss.).

O próprio Karl Marx, cuja tese sobre a natureza operária da Comuna é o motivo de toda essa discussão historiográfica e política, ao voltar ao tema da Comuna, cerca de dez anos após os acontecimentos de Paris, observou, em carta a um correspondente, que a maioria dos dirigentes da Comuna de Paris sequer era socialista. Alguns estudiosos, comentando essa carta de Marx, afirmam que ele estaria, com essa observação, revendo a análise que fizera no já citado *Guerra Civil na França*. Essa obra, escrita no calor da hora, estaria irremediavelmente contaminada por um entusiasmo irrealista e pelos objetivos políticos da AIT. Nós discordamos dessa avaliação. É preciso ler com atenção as obras e os autores que se pretende comentar. Marx afirmou em *Guerra Civil na*

França que a Comuna foi a primeira experiência de um governo operário, mas não disse que ela foi um governo socialista. O máximo que Marx afirma é que a Comuna "trazia em si" o socialismo, caminhava tendencialmente para ele. Vejamos como podemos entender a coexistência da tese do governo da classe operária com a ideia segundo a qual a Comuna seria apenas tendencialmente socialista.

Não se pode perder de vista um fato elementar: o objetivo imediato da Comuna de Paris foi depor um governo de traição nacional e com inclinação monarquista. Por temor ao proletariado de Paris, que se encontrava organizado e em armas, o governo francês aceitara uma paz forçada com a Prússia, paz que restringia a soberania da França e mutilava o seu território. Quanto aos monarquistas, pregando a assinatura do tratado de paz a uma população cansada dos horrores da guerra, conquistaram a maioria na eleição parlamentar de fevereiro de 1871. A Comuna tinha pela frente, portanto, as tarefas de assegurar a soberania nacional, ameaçada pela ocupação prussiana e pelo armistício, e impedir a restauração da monarquia dos Bourbon, ou seja, tinha pela frente tarefas tipicamente burguesas. Tinha pela frente, também, outras tarefas burguesas que apareceram como promessa na Revolução de 1789 e que não tinham sido cumpridas. Exemplos mais importantes dessas tarefas não realizadas, ou apenas parcialmente realizadas, eram a separação da Igreja e do Estado e a implantação do ensino público, gratuito, obrigatório, laico e aberto ao sexo feminino. O desenvolvimento do princípio da cidadania, criatura típica da revolução burguesa, depende da implementação de medidas como essas e a Comuna tratou de realizar essas duas tarefas. Em resumo, a Comuna tinha de levar adiante as transformações burguesas inacabadas para, como disse Engels, "aplainar o terreno" para poder iniciar a obra de transformação socialista da velha sociedade.[10] Para essa tarefa de "aplainar o terreno" foi possível contar com grande parte da pequena burguesia de Paris, dos artistas, dos

---

10 "Uma parte de seus [da Comuna] decretos eram reformas que a burguesia republicana, por vil covardia, não havia ousado implantar, e assentavam os fundamentos indispensáveis para a livre ação da classe operária, como, por exemplo, a implantação do princípio de que *com respeito ao Estado*, a religião é um assunto estritamente privado. ..." Friedrich Engels, introdução escrita em 1891 para a publicação de *Guerra Civil na França*. Citação retirada de Karl Marx (1977c, p.13).

ESTADO, POLÍTICA E CLASSES SOCIAIS **103**

profissionais liberais e de alguns setores radicalizados do republicanismo burguês. Muitos defendiam a Comuna pura e simplesmente para defender a pátria ocupada. É por isso que, quando Marx apresenta sua caracterização da Comuna de Paris, ele usa a expressão um "governo *essencialmente* operário", indicando a existência de um governo de frente popular, dominantemente operário, na Comuna.

Mas a Comuna de Paris não é apenas uma revolução popular que herda e assume tarefas das ondas revolucionárias que abalaram a França em 1789, 1793, 1830 e 1848. Há, também, um importante componente socialista presente na política da Comuna. Esse componente é conhecido como fato histórico, mas mal dimensionado nos planos teórico e político. Os estudiosos, em grande parte, deparam-se com esse fato mas não o pensam como parte integrante do projeto socialista de transformação social. Estou me referindo à nova forma de organização do poder político, à democracia de novo tipo criada pela Comuna e que Lenin chamará de um "semi-Estado". Grande parte dos marxistas e dos historiadores que discutem a Comuna é tributária de uma concepção economicista de socialismo, concepção ainda hoje amplamente hegemônica. Tal hegemonia faz com que os historiadores procurem o socialismo da Comuna apenas na sua política econômica. Ora, o novo tipo de democracia que a Comuna de Paris estabeleceu também é parte integrante e incontornável do socialismo. Esse novo tipo de democracia representa uma socialização do poder político que, como tal, possibilita e induz a socialização dos meios de produção (a política e a economia devem ser vistas, nesse caso, como faces de uma mesma moeda). E isso é verdade independentemente da consciência que os dirigentes da Comuna tivessem desse fato.[11]

---

11 Poucos tinham essa consciência. Quem conseguiu ver esse fato foi Marx. Mesmo assim, Marx hesitou na terminologia. Apresentou a "forma política enfim descoberta", isto é, a democracia de novo tipo, como condição para o socialismo, e não, rigorosamente, como parte integrante dele. Apesar dessa hesitação, na verdade mais terminológica que conceitual, Marx mostrou aos combatentes da Comuna o conteúdo profundo da ação deles. Após a Comuna de Paris, todos os dirigentes e combatentes que refletiram sobre os acontecimentos e publicaram análises e memórias sobre os eventos de 1871 consideraram que a Comuna caminhava para o socialismo. É o que conclui Jean Bruhat após fazer um balanço dos escritos dos dirigentes e combatentes da Comuna. Ver Bruhat (1971, p.115-22).

104 ARMANDO BOITO JR.

Vale a pena arrolar as medidas que configuraram essa democracia de tipo novo: eleição, não só para os cargos governamentais, como também para os cargos militares, administrativos e judiciários do Estado; mandato imperativo, revogável a qualquer momento pelos eleitores; dissolução do Exército permanente e criação de uma milícia operária; transferência de inúmeras outras tarefas do Estado para a população trabalhadora organizada; salário dos funcionários públicos não superior ao salário médio dos operários (a Comuna foi o "governo mais barato" da história). Eram essas e outras medidas que configuravam a democracia de tipo novo, que combinava democracia representativa com democracia direta, e representava o início do processo de extinção da burocracia e do próprio aparelho de Estado, enquanto aparelho especial colocado acima da sociedade.

A questão é pertinente numa teoria da transição ao socialismo porque esse aparelho é um obstáculo intransponível à socialização dos meios de produção. A burocracia de Estado tende a converter sua autoridade e influência política em vantagens materiais, expropriando os trabalhadores manuais dos meios de produção que esses procuram socializar. Sua destruição pela Comuna de Paris e o início do processo de extinção do Estado em geral removeu esse obstáculo e, ao mesmo tempo, estimulou, como veremos a seguir, uma política que esboçou um processo de socialização dos meios de produção. Foi esse *esboço*, essa *tendência* à socialização da economia, que Marx vislumbrou no desenrolar dos acontecimentos e para cuja explicação forneceu a chave teórica.

Vejamos como Marx resumiu sua tese sobre a Comuna de Paris no livro *Guerra Civil na França*.

> Eis o seu verdadeiro segredo: a Comuna era, *essencialmente*, um *governo da classe operária*, fruto da luta da classe produtora contra a classe apropriadora, a *forma política* enfim descoberta para levar adiante *dentro de si* a *emancipação econômica* do trabalho. ...
>
> A dominação política dos produtores *é incompatível* com a perpetuação de sua escravidão social. Portanto, a Comuna *teria de servir* de alavanca para extirpar o cimento econômico sobre o qual descansa a existência das classes e, por conseguinte, a dominação de classe. (Marx, 1977c, p.67)

Lendo o texto acima, observa-se que se trata de uma forma política que traz "dentro de si" a "emancipação econômica do trabalho". Ou seja,

ESTADO, POLÍTICA E CLASSES SOCIAIS **105**

a socialização do poder induz a socialização dos meios de produção. Com o movimento operário exercendo democraticamente o poder (mandato imperativo, dissolução do exército permanente etc.) pode-se afirmar que se cria um desajuste – ou desequilíbrio, ou contradição – entre o poder socializado, de um lado, e a economia capitalista baseada na propriedade privada, de outro. Esse desajuste é formulado nos seguintes termos por Marx: a "dominação política dos trabalhadores" é "incompatível" com sua "escravidão social". Daí ser possível fundamentar teoricamente a análise prospectiva que segue o raciocínio de Marx: a Comuna (realidade política) "teria de servir" (tempo futuro) de "alavanca" para a eliminação da exploração de classe (realidade econômica).

Essa análise prospectiva, isso que aparece em Marx como indicação de uma tendência teoricamente fundamentada, foi plenamente confirmada pelas pesquisas históricas mais sofisticadas e detalhadas dos historiadores do século XX. Um desses historiadores é, justamente, Jacques Rougerie. Convidado em 1971 para proferir uma conferência no Colóquio Universitário em Comemoração ao Centenário da Comuna, realizado em Paris em maio de 1971, Jacques Rougerie, baseado nos documentos dos arquivos históricos da Guerra Franco-Prussiana, sustentou que as medidas da "Comissão Ministerial do Trabalho e da Troca", dirigida por Frankel, membro da Associação Internacional dos Trabalhadores, estava, indubitavelmente, esboçando um caminho de socialização dos meios de produção. Jacques Rougerie citou aprovativamente, após o exame dos documentos, os trechos do *Guerra Civil na França* em que Marx sustentou, no calor dos acontecimentos, a *tendência* da Comuna para implantar o socialismo. Diríamos nós, a tendência da Comuna, que já estava organizada em padrões socialistas no *plano político*, a sua tendência para implantar uma *economia socialista* baseada na socialização dos meios de produção.[12]

---

12 A revista *Crítica Marxista* publicou uma tradução dessa importantíssima conferência de Jacques Rougerie. O valor historiográfico e inclusive histórico desse texto é tanto maior porque, além da conferência, temos, a seguir, um debate acalorado entre Jacques Rougerie e outros grandes historiadores franceses, como Albert Soboul e Ernest Labrousse. Este último pretende, baseado no fato de que o governo da Comuna não se proclamou socialista, que o correto é afirmar que a Comuna foi um governo operário, mas não socialista. Ver *Crítica Marxista*, n.13, São Paulo, Boitempo, 2001.

106 ARMANDO BOITO JR.

Essa tendência a organizar uma economia socialista não pode ser confundida com as medidas tomadas pela Comuna para atender os interesses *imediatos* dos trabalhadores parisienses: a suspensão do vencimento dos aluguéis e de dívidas, a devolução gratuita dos bens penhorados pelos pobres, a proibição do trabalho noturno dos padeiros, a implantação de um seguro para os desempregados, o início do processo de implantação de uma escola pública, gratuita, laica, obrigatória e aberta a ambos os sexos. Tais medidas, embora importantes e urgentes, podem apontar, no máximo, para um Estado de bem-estar, não para o socialismo. Podem indicar a presença de um pessoal de origem operária exercendo funções de governo, mas não a existência de uma forma socialista de organização do poder político.

A tendência para o socialismo aparece na política da "Comissão Ministerial" do Trabalho e da Troca de colocar a produção sob controle das associações operárias – cooperativas operárias e sindicatos. O historiador Jacques Rougerie caracteriza essa política como uma política de socialização dos meios de produção pela via da "sindicalização dos meios de produção". Essa via de socialização pode ter limites e contradições. Mas a colocação da produção sob controle das associações operárias não deve ser vista pura e simplesmente como uma forma embrionária, ainda "artesanal", de conceber uma economia socialista. Ao contrário, o leitor do século XX deve ser mais humilde no exame da experiência da Comuna. O socialismo pautado pelo modelo da União Soviética perdeu-se justamente por seu estatismo, por identificar socialização com estatização dos meios de produção.

A "sindicalização dos meios de produção" era reivindicada por todas as associações cooperativas e sindicais. Reivindicavam que o Conselho da Comuna entregasse o trabalho de que dispunha para as associações cooperativas e sindicais. Faziam essa reivindicação as associações de encadernadores, alfaiates, sapateiros, trabalhadores do sebo, trabalhadores do couro e de peles. A Comissão do Trabalho da Comuna acolheu essas propostas operárias, que apontavam para uma reorganização geral da economia. Parecia imperar a ideia de que, com o apoio político e financeiro do Conselho da Comuna, as associações operárias imporiam uma socialização gradativa dos meios de produção. Jacques Rougerie conclui:

A Comissão do Trabalho obedeceu, se assim posso me expressar. Calculei, pelo menos, dez associações às quais passou o trabalho, através de atestado. O movimento deveria continuar. Uma realização socialista estava aqui em curso. ... Faltou tempo.

Outro fato a ser lembrado é o decreto de 16 de abril, que autorizava as Câmaras Sindicais a organizar os operários para que recolocassem em marcha as fábricas abandonadas por capitalistas que fugiam para Versalhes. As associações operárias viram nesse decreto o início do processo de implantação do socialismo. Transcrevo algumas das reações provocadas pelo decreto de 16 de abril.

Nunca uma ocasião mais favorável foi oferecida por um governo à classe dos trabalhadores. Não participar será trair a causa da emancipação do trabalho ... (Câmara Sindical dos Alfaiates).
... Para nós, trabalhadores, esta é uma das grandes oportunidades de nos constituir definitivamente e, enfim, colocar em prática nossos perseverantes e trabalhosos estudos dos últimos anos ... (Câmara dos Mecânicos).
No momento em que o socialismo se afirma com um vigor desconhecido até agora, é impossível que nós, operários de uma profissão que sofreu em mais alto grau o peso da exploração e do capital, permaneçamos impassíveis ao movimento de emancipação ... (Câmara dos Joalheiros).

Após o decreto, e em decorrência dele, as Câmaras Sindicais organizaram-se, no mês de maio, na Comissão de Investigação e Organização do Trabalho. O governo da Comuna e as Câmaras atribuíam a essa Comissão as seguintes incumbências.

Acabar com a exploração do homem pelo homem, última forma de escravidão. Organizar o trabalho por meio de associações solidárias de capital coletivo e inalienável.

Segundo Jacques Rougerie, dez sindicatos chegaram a realizar o trabalho de levantamento das oficinas abandonadas. Ocorre que a Comissão de Investigação e Organização do Trabalho concluiu seu processo de constituição, com elaboração de estatutos e demais formalidades, em 18 de maio de 1871, quando ia começar o massacre da Semana Sangrenta. A derrota da Comuna interrompeu um caminho já iniciado.

108 ARMANDO BOITO JR.

É possível, portanto, fundamentar teoricamente e detectar empiricamente a existência de uma tendência da Comuna para dirigir um processo de transição ao socialismo, completando a obra de socialização do poder político com a obra de socialização dos meios de produção. E é possível afirmar, também, que a tendência era de o Conselho de Comuna e as organizações operárias irem tomando cada vez mais consciência do processo que estavam, dentro de certa medida, inventando. Por isso é correto repetir, 130 anos depois, a ideia de Marx segundo a qual a Comuna de Paris continha "dentro de si", ou "trazia em si", o socialismo. Foi isso que Marx afirmou, com a acuidade e a precisão que caracterizam seu trabalho.

5

O CONCEITO DE CRISE REVOLUCIONÁRIA: A FRANÇA DE 1789[1]

Crise política e revolução

A crise e a mudança política constituem um problema teórico e prático decisivo para o estudo e para a intervenção nos processos de transformação da sociedade e do Estado. Entre as teorias que pensaram esse problema, o marxismo é uma das que possuem mais tradição na reflexão sobre essa matéria – decorrência, sem dúvida, dos seus pressupostos teóricos e metodológicos, isto é, da concepção dialética da sociedade e da história que embasa a teoria marxista.

O comentário que iremos apresentar é motivado pelo ensaio clássico e genial do historiador francês Georges Lefebvre, ensaio publicado na França no longínquo ano de 1939, mas apenas recentemente traduzido e publicado no Brasil. Pretendemos mostrar que o seu trabalho de historiador da revolução francesa realiza a noção leninista de crise revolucionária, mesmo que não o faça de modo consciente – hipótese plausível dado o fato de Lefebvre não se referir a Lenin; e também chamar a atenção para a possibilidade da aplicação da noção leninista de crise política revolucionária para a análise do processo clássico de revolução burgue-

---

1 Artigo publicado originalmente com o título "Crise política e revolução: o 1789 de Georges Lefebvre", *Revista de Sociologia e Política*, Universidade Federal do Paraná, n.1, 1993.

110   ARMANDO BOITO JR.

sa, a despeito de Lenin referir-se, quando elaborou aquele conceito, apenas aos processos revolucionários socialista e democrático-popular da Europa das primeiras décadas do século XX. Em seu conjunto, nosso comentário pretende contribuir para a clarificação dos conceitos de crise política e, particularmente, de crise política revolucionária. Procuraremos indicar, de um lado, que tais conceitos filiam-se a uma vertente específica do marxismo, marcada por uma concepção particular do materialismo histórico e da dialética, e, de outro lado, explorar a realização do conceito de crise revolucionária na conjuntura de 1789, de modo a verificar os enriquecimentos que tal realização tenha porventura trazido à matriz conceitual.[2]

Mao Tsetung, a dialética e as crises políticas

Entre os teóricos e dirigentes políticos filiados à tradição marxista, não existe um entendimento único das crises políticas. Há uma tradição, geralmente associada a uma prática política voluntarista, que possui uma concepção simplista da crise e da mudança. Rosa Luxemburgo, em seus textos sobre a Revolução de 1905 na Rússia czarista, apresenta a crise revolucionária e a ação revolucionária das massas como um fenômeno imprevisível, dispensando-se, em decorrência de tal afirmação, de uma reflexão sistemática sobre as condições objetivas prévias para a ocorrência de uma revolução (Luxemburgo, 1978). Trotsky, no seu *Programa de Transição*, apresenta como condição objetiva prévia e praticamente única para a ocorrência da revolução o fato de o capitalismo ter ingressado numa era de decadência, caracterizada por um estancamento, supostamente definitivo, no crescimento das forças produtivas (Trotsky, 1980). A ideia da crise revolucionária como um *fenômeno de conjuntura, singular* e de *caracterização complexa* é dissolvida na noção mais abrangente de um período histórico suscetível de propiciar crises e revoluções.

---

2 A relação recíproca de mútuo esclarecimento entre um conceito e a sua aplicação na análise histórica, relação essa designada pelo termo *realização*, é exposta por Louis Althusser no seu ensaio *Sobre o trabalho teórico, dificuldades e recursos* (s.d.). Esse ensaio de Althusser foi publicado originalmente no n.132, de abril de 1967, da revista *La Pensée*.

ESTADO, POLÍTICA E CLASSES SOCIAIS **111**

Contudo, no interior do marxismo, encontra-se, como é sabido, um enfoque distinto para o fenômeno da crise e da mudança política. Trata-se do enfoque que procura detectar, em toda a sua complexidade e extensão e do modo mais exato possível, as condições objetivas que caracterizam determinada conjuntura como uma conjuntura de crise e que procura diferenciar os vários tipos de crise política. Os trabalhos de Lenin e de Mao Tsetung inserem-se dentro dessa última tradição.

Em nossa avaliação, o trabalho que anunciou de modo mais sistemático e desenvolvido a concepção teórica e epistemológica que essa vertente marxista possui do processo político e de suas crises foi o ensaio clássico de Mao Tsetung *Sobre a contradição*, escrito em 1937. Mao pretende desenvolver a concepção dialética e, particularmente, o conceito de contradição que considera o seu núcleo fundamental. Suas teses extrapolam, portanto, o terreno do processo histórico, havendo a pretensão de que seriam válidas, também, para o universo físico. Contudo, compreensivelmente, é na sociedade e na mudança política que Mao Tsetung concentra a sua reflexão.

Mao parte da leitura que Lenin faz de Hegel, utilizando um artigo de Lenin intitulado "Sobre a questão da dialética", escrito em 1915, e o caderno onde se encontra o "Resumo do livro de Hegel *A ciência da Lógica*", anotações de estudo de Lenin feitas entre setembro e dezembro de 1914. O ponto de partida de Mao é essa formulação de Lenin:

> Pode definir-se resumidamente a dialética como sendo a teoria da unidade dos contrários. Desse modo domina-se o cerne da dialética, mas isso exige explicações e um desenvolvimento. (Lenin, apud Mao Tsetung, 1977, p.77)

Mao procura em seu ensaio elaborar essas explicações e esse desenvolvimento. Vai, sucessivamente, expondo as suas teses sobre a universalidade da contradição, sobre a particularidade da contradição, sobre o caráter antagônico ou não antagônico da contradição, sobre a posição principal ou secundária ocupada pelas contradições num processo determinado, sobre a luta e a unidade dos contrários na contradição e, ponto decisivo para o estudo das crises políticas, sobre a passagem do estado de repouso relativo, no qual as contradições experimentam modificações apenas quantitativas, para o estado que Mao chama de "mudança evidente", quando as contradições experimentam modificações qualitativas. O ensaio de Mao apresenta o processo político como o resultado do desenvolvimento de um conjunto complexo e articulado de vários tipos de contradição. A ideia fundamental é a da existência de um conjunto de contradições particulares e específicas, que se desenvolvem quantitativa e cumulativamente, que mudam de posição numa relação hierárquica de importância, marcando com essas inversões diferentes etapas no processo político e que se encontram unificadas num todo, de modo que o desenvolvimento e as alterações numa ou mais contradições repercutem sobre as demais.

Segundo nosso entendimento, Marx e Engels não haviam chegado a esse tipo de *formulação teórica*, isto é, não haviam apresentado essas teses de modo sistemático, consciente e desenvolvido. Eles haviam, contudo, segundo a leitura que fazemos, *posto em prática* essa concepção teórica e epistemológica do processo e da crise política nas suas obras sobre as revoluções de 1848 na Alemanha e na França. Esses textos, entre os quais se destaca o clássico *O Dezoito Brumário de Luís Bonaparte*, apresentam a conjuntura de crise política de meados do século passado na Europa Ocidental como o resultado da acumulação, desenvolvimento e deslocamentos de um conjunto articulado de contradições diversas e específicas que são contradições entre classes sociais, entre frações de classe e categorias sociais distintas – a burguesia, a classe operária, a pequena burguesia urbana, o campesinato, o lumpemproletariado, os proprietários de terra, a fração financeira da burguesia, o estamento nobre remanescente, a burocracia civil e militar do Estado etc. Não existe nessas análises uma oposição simples entre burguesia e proletariado, mas sim, como escreveria Mao Tsetung, uma série de contradições articuladas entre si, contradições cuja existência e cuja articulação são independentes da vontade de cada uma das forças consideradas e que constituem, por isso, as condições objetivas nas quais essas forças têm de atuar. Tais setores da população, isto é, as classes, frações de classes e categorias sociais, agem na cena política através dos partidos políticos, dos blocos parlamentares, dos jornais que nucleiam "correntes de opinião" e de outros agrupamentos, embora não o façam, via de regra, de modo explícito. Isto é, os partidos não proclamam em seus programas quais interesses de classe e de fração de classe defendem, e os integrantes desses partidos têm apenas uma noção instintiva e prática da relação de

ESTADO, POLÍTICA E CLASSES SOCIAIS **113**

representação que entretêm com este ou aquele setor social, sendo que, nessa matéria, o partido revolucionário do proletariado constitui uma exceção. Os interesses e as contradições de classe e de fração de classe formam uma espécie de infraestrutura do processo político cuja relação com a superestrutura da cena político-partidária cabe ao analista detectar. A crise política eclode quando o conjunto complexo e articulado de distintas contradições de classe e de fração de classe que movimenta o processo político chega a uma situação de ruptura. Foi o que aconteceu em 1848.

Lenin e a crise revolucionária

Antes ainda da elaboração teórica de Mao, Lenin também praticara tal concepção do processo e da crise política e havia, ademais, apresentado a tese segundo a qual é preciso operar uma distinção entre os diferentes tipos de crise política, ao elaborar o seu conceito de situação revolucionária. Numa conhecida e muito citada passagem do ensaio intitulado *A falência da II Internacional*, Lenin define desse modo a situação revolucionária:

> Para um marxista, não há dúvida de que a revolução é impossível sem uma situação revolucionária, mas nem toda situação revolucionária conduz à revolução. Quais são, de maneira geral, os indícios de uma situação revolucionária? Estamos certos de não nos enganarmos se indicarmos os três principais pontos que seguem: 1) impossibilidade para as classes dominantes manterem sua dominação de forma inalterada; crise da "cúpula", crise da política da classe dominante, o que cria uma fissura através da qual o descontentamento e a indignação das classes oprimidas abrem caminho. Para que a revolução estoure não basta, normalmente, que "a base não queira mais" viver como outrora, mas é necessário ainda que "a cúpula não o possa mais"; 2) agravamento, além do comum, da miséria e da angústia das classes oprimidas; 3) desenvolvimento acentuado, em virtude das razões indicadas acima, da atividade das massas, que se deixam, nos períodos "pacíficos", saquear tranquilamente, mas que, em períodos agitados, são empurradas tanto pela crise no seu conjunto como pela própria "cúpula" para uma ação histórica independente. Sem essas alterações objetivas, independentes não somente da vontade desses ou daqueles grupos e partidos, mas também dessas ou daquelas classes, a revolução é, como regra geral, impossível.

114 ARMANDO BOITO JR.

É o conjunto dessas alterações objetivas que constitui uma situação revolucionária.

... a revolução não surge em toda situação revolucionária, mas somente nos casos em que a todas alterações objetivas acima enumeradas vem juntar--se uma alteração subjetiva, a saber: a capacidade, no que respeita à classe revolucionária, de conduzir ações revolucionárias de massa suficientemente vigorosas para quebrar completamente (ou parcialmente) o antigo governo, que não cairá jamais, mesmo em época de crise, sem ser derrubado. (Lenin, 1979, p.27-8)

Em primeiro lugar, a tese mais geral presente nessa formulação é a de que a *possibilidade* de ocorrência da revolução é resultado de *condições objetivas* que caracterizam, não um amplo e indiferenciado período histórico, mas sim uma *conjuntura política específica*. A revolução, isto é, a luta efetiva pela substituição da classe social no poder, pode ou não ocorrer numa situação revolucionária, e a sua ocorrência dependerá de um *fator subjetivo*: a conduta da(s) direção(ões) política(s) da(s) classe(s) revolucionária(s). Na passagem citada pode ficar a impressão de que Lenin separa de modo estanque fatores objetivos (que caracterizam a situação revolucionária) e fatores subjetivos (que são decisivos na eclosão da revolução). O restante da brochura sobre a II Internacional trata, contudo, dos efeitos do fator subjetivo sobre as condições objetivas. Lenin considera que a conduta da direção política pode acelerar, retardar ou inibir a formação de fatores objetivos que caracterizam a situação revolucionária. Deve-se acrescentar ainda que, se ocorrer a revolução em determinada situação revolucionária, essa poderá ou não ser vitoriosa. As condições necessárias para a vitória da revolução vão além daquelas necessárias para a possibilidade de ocorrência da revolução, isto é, daquelas que caracterizam uma situação revolucionária.[3]

Em segundo lugar, Lenin enfatiza que é um conjunto complexo e articulado de contradições, e não qualquer uma das contradições tomadas isoladamente, que caracteriza uma situação revolucionária.

Em terceiro lugar, o conceito destaca a particularidade da contradição e do tipo de relação existente entre as contradições que agem na con-

---

3 "É preciso não confundir as condições para que estoure uma revolução com as condições para o seu triunfo" (Harnecker, s.d., p.99).

ESTADO, POLÍTICA E CLASSES SOCIAIS 115

juntura de crise. A contradição que divide as classes dominantes é uma contradição particular: ela cria a necessidade de alterar a forma de dominação. A contradição entre as classes populares e as classes dominantes encontra-se também numa situação particular. Há uma intensificação da atividade das massas e o texto sugere que essa intensificação tende para o antagonismo: as massas são empurradas para uma ação histórica independente. A relação entre essas duas contradições tem uma especificidade: é uma relação que propicia o desenvolvimento da contradição entre as massas e a classe dominante. A divisão na cúpula só propicia uma situação revolucionária caso "abra caminho" para a luta das classes populares, ou ainda, como Lenin considera mais abaixo, caso se verifique a situação extrema na qual setores das classes dominantes "empurrem", em função da contradição "na cúpula", as classes populares "para uma ação histórica independente". A revolução é impossível sem a ação autofágica de setores das classes dominantes.

Por último, há a ideia de um agravamento da "miséria e da angústia das classes oprimidas" que sugere a inviabilização de padrões correntes e individuais de acomodação à situação de privação – é como se ocorresse um entupimento das válvulas de escape do sistema. Mas essa ocorrência só contribui para a criação de uma situação revolucionária caso, tal qual a divisão na "cúpula", estimule o desenvolvimento da contradição entre "os de baixo" e "os de cima". A miséria que produza a passividade política das massas fecha o caminho à revolução.

Marx, Engels e Lenin praticaram, em suas análises históricas, a concepção de crise política que posteriormente foi teoricamente desenvolvida por Mao Tsetung, em parte baseado naquelas próprias análises. A formulação de Mao representa, portanto, um salto qualitativo na história do conceito de crise política dentro de uma das tradições marxistas. A noção geral de crise política, entendida como a situação de ruptura provocada pelo desenvolvimento de um conjunto articulado de contradições, e a noção específica de crise revolucionária, entendida como uma articulação específica de contradições determinadas que possibilita a substituição da antiga classe dominante no poder, devem ser vistas, pelos marxistas, acima de tudo como indicações gerais que requerem um maior desenvolvimento teórico (precisões, retificações, sistematização), que só poderá ser realizado com base na pesquisa histórica sobre as

116 ARMANDO BOITO JR.

crises e as revoluções. Tal desenvolvimento é necessário não só para um entendimento mais exato do processo de mudança política em geral e da mudança revolucionária em particular, como também para uma intervenção prática mais eficaz nas situações de crise.

O ensaio de Lefebvre sobre a Revolução Francesa

Georges Lefebvre (1874-1959) foi um socialista, membro do Partido Socialista Unificado de Jean Jaurès e Jules Guesde, e reconhecia na obra *Histoire socialiste de la Révolution Française*, de seu companheiro de partido Jean Jaurès, a influência intelectual mais decisiva sobre a sua pesquisa histórica. Lefebvre é considerado por muitos um historiador influenciado, no plano da teoria, pelo marxismo e pelo positivismo e, na política prática, um intelectual que esteve muito mais próximo do ideal republicano jacobino do que do socialismo marxista.[4]

Lefebvre publicou o seu *Quatre-vingt-neuf* por ocasião e a propósito do sesquicentenário da Revolução Francesa, em 1939, dois anos depois de Mao ter escrito o ensaio sobre a contradição, texto que não era, salvo erro, conhecido na França. O que já se conhecia eram os escritos de Lenin sobre as crises e as revoluções. Ignoramos se Lefebvre tomou conhecimento de tais textos de Lenin. O mais provável é que os tivesse lido, mas essa informação não é importante para o objetivo deste nosso comentário. Ele pode ter tido contato com textos que apresentavam o conceito leninista de situação revolucionária e ter procurado aplicar conscientemente tal conceito na análise da crise política francesa de 1789, ou, então, ter chegado, pela via de uma elaboração pessoal, a detectar as linhas básicas da dinâmica da revolução de 1789 a partir da própria análise do processo político revolucionário. O fundamental que queremos destacar é a correspondência entre o conceito leninista de situação revolucionária e a situação da França em 1789, tal como Lefebvre a analisa.

---

4 Ver os prefácios de Albert Soboul e de Claude Mazauric ao *Quatre-vingt-neuf* de Lefebvre. Esses prefácios constam da edição brasileira. Cf. Lefebvre (1990, p.9-31). Daqui por diante nas referências a esse livro abreviaremos o seu título, denominando-o apenas *1789*.

ESTADO, POLÍTICA E CLASSES SOCIAIS 117

A situação revolucionária de 1789

Lefebvre destaca, em primeiro lugar, uma contradição de base, cujo crescimento quantitativo dá-se ao longo de séculos – todo o período da chamada Idade Moderna, entre os séculos XV e XVIII – e que assume, no final do século XVIII, um caráter agudo. Trata-se do crescimento das forças produtivas possibilitando o aparecimento e o desenvolvimento de uma nova classe social – a burguesia. Esse crescimento quantitativo, no qual, como escreveria Mao, o processo encontrava-se num estado de repouso relativo, abre, *a partir de certo grau de desenvolvimento, quando introduz uma situação de desequilíbrio característica no interior da estrutura da formação social feudal francesa, um período de crises e de revoluções*, mas não configura a conjuntura particular de crise política que deu origem à Revolução de 1789.

A causa primordial da Revolução de 1789 provém do mais profundo da nossa história. No final do século XVIII, a estrutura social da França continuava sendo aristocrática ... Ora, o renascimento do comércio e da indústria criara ... uma nova forma de riqueza, a riqueza mobiliária, e uma nova classe, a burguesia ... A estrutura legal do país lhes reservava [aos nobres] o primeiro lugar, mas na verdade o poder econômico, a capacidade, as perspectivas de futuro passavam às mãos da burguesia. Uma tal discordância não dura eternamente ...

Mas esta causa profunda da Revolução Francesa não explica todas as suas características. (Lefebvre, 1990, p.31-2)

Lenin também insere o seu conceito de situação revolucionária na noção mais geral de *época revolucionária*, que para Lenin é, no mundo contemporâneo, a época do imperialismo e do capitalismo declinante. Na forma como aparece no texto de Lefebvre, a época revolucionária de transição do feudalismo ao capitalismo é caracterizada do mesmo modo que o faz Marx em textos como o *Manifesto do Partido Comunista*, no qual o crescimento das forças produtivas é a base material da crise do feudalismo. Nessa caracterização sumária de Lefebvre, além da inspiração teórica mais geral, é de se observar que ele destaca unilateralmente o aparecimento e o fortalecimento da burguesia. O crescimento das forças produtivas provocou também o crescimento da população

118 ARMANDO BOITO JR.

trabalhadora urbana livre, principalmente os pequenos proprietários, que, como mostrará o próprio Lefebvre, será – inclusive por ser um setor popular não submetido pessoalmente aos proprietários feudais – uma das principais forças motrizes da Revolução de 1789.

Em seguida, ainda na introdução do livro, o autor anuncia desse modo a tese fundamental que irá desenvolver:

> Não teria havido Revolução Francesa – da forma como ela foi realizada – se o rei, "oferecendo sua demissão", não tivesse convocado os Estados Gerais. A causa imediata reside, portanto, na crise governamental para a qual Luís XVI não conseguiu encontrar outra solução. ... o povo não foi o primeiro motor. ... Foram eles [os nobres] que coagiram o rei. ... Assim, o primeiro ato da Revolução, em 1788, foi marcado pelo triunfo da aristocracia, que, aproveitando a crise governamental, acreditou obter sua revanche e retomar a autoridade política da qual fora despojada pela dinastia dos Capetos. No entanto, tendo paralisado o poder real que servia de escudo à sua proeminência social, ela abriu o caminho para a revolução burguesa, para a revolução popular das cidades e finalmente para a revolução camponesa – e foi sepultada sob os escombros do Antigo Regime. (ibidem, p.32-3)

Essa apresentação da dinâmica do processo revolucionário é, na verdade, a grande tese do ensaio de Georges Lefebvre. Ela representou, segundo o testemunho coevo de Lucien Febvre, uma revolução historiográfica no estudo da Revolução Francesa.[5] Lefebvre atribui também uma importância muito grande à crise econômica na configuração da situação revolucionária de 1789. Embora não faça referência a ela nessa formulação inicial, a crise econômica, com a escassez de cereais, a carestia, o desemprego e a mendicância que a acompanham, é apresentada pelo historiador, juntamente com a crise governamental, como "causa imediata" da Revolução Francesa.

As classes populares teriam sido menos sensíveis a essas esperanças e temores se uma terrível crise econômica não tivesse tornado a sua vida insuportável? Seria uma discussão infindável. Mas a verdade é que, na maioria

---

5 "Rien de plus clair, de plus net, de plus neuf que le simple schéma de la Revolution en 89, tel que d'une main sûre le trace Georges Lefebvre, connaisseur entre tous qualifié de notre histoire révolutionnaire" (Febvre, 1940).

ESTADO, POLÍTICA E CLASSES SOCIAIS **119**

das cidades, os tumultos de 1789 foram fruto da miséria; ... Portanto, essa crise poderia ser contada entre as causas imediatas da revolução. (ibidem, p.116)

Estão aí os dois primeiros pontos do conceito leninista de situação revolucionária: a contradição no topo que abre caminho para o movimento popular e o agravamento além do comum da miséria das classes populares. Lefebvre tem clara consciência de que a revolução não pode ocorrer sem essas condições objetivas prévias, ideia que fora sintetizada por Lenin com a fórmula: "não basta que a base não queira mais viver como outrora, é necessário ainda que a cúpula não o possa mais". A consciência do grande alcance analítico dessa ideia, que a alguns poderá parecer banal e de pouca importância, induz Lefebvre a apresentá-la como a diferença específica que distingue o seu ensaio das análises até então existentes sobre a revolução.

No princípio o Terceiro Estado não foi de forma alguma o beneficiário dessa situação, contrariamente à opinião geral de que os principais responsáveis são os próprios revolucionários: o povo rebelou-se, repetiram eles incessantemente, e derrubou o despotismo e a aristocracia. Sem dúvida, no fim aconteceu isso mesmo. Mas o povo não foi o primeiro motor. (ibidem, p.32)

O terceiro elemento objetivo de uma situação revolucionária, a intensificação da atividade das massas e a sua tendência para a ação histórica independente, não é apresentado por Lefebvre como "causa imediata" da revolução. Esse elemento aparece, contudo, no decorrer de sua análise integrando de maneira ativa a caracterização geral da situação revolucionária de 1789. Esse ponto deve ser pensado no contexto de uma revolução burguesa clássica, isto é, numa fase histórica de capitalismo nascente e de inexistência do sistema imperialista. Isto é, não caberia aqui procurar algo como a formação mais ou menos espontânea, como se dá na Revolução Russa de 1905 – que é a principal referência de Lenin no texto que estamos utilizando –, de um poder operário alternativo ao poder de Estado das classes exploradoras – uma rede de Conselhos Operários disputando o controle da sociedade com o Estado. Em verdade, os artesãos, lojistas, operários e camponeses até que se aproximaram de uma situação de duplo poder, principalmente nos anos de 1793

120 ARMANDO BOITO JR.

e 1794, graças à criação e ao funcionamento dos Comitês de Distrito em Paris e da revolta camponesa na província (Soboul, 1968). Essa aproximação, porém, não permite que se identifiquem situações históricas que são bem distintas. No geral, as classes populares na França de 1789 empreendem uma ação histórica independente quando realizam protestos ou quando encetam uma ação direta e ilegal contra os senhores feudais e os agentes do Estado feudal: os protestos e levantes populares em Paris contra a carestia e contra os agentes e instituições do Estado, a invasão dos castelos dos senhores feudais pelos camponeses seguida da destruição dos documentos onde se supunha estarem registrados os privilégios dos senhores sobre as terras e sobre o trabalho do camponês etc.

A natureza das contradições

Estão caracterizadas ou simplesmente apontadas nessa passagem introdutória do livro de Lefebvre as contradições que movem a crise revolucionária de 1789 e a relação fundamental entre essas contradições, que é a relação que assegura a configuração de uma situação de crise revolucionária.

Em primeiro lugar, a contradição entre a nobreza feudal e a monarquia feudal absolutista. A monarquia assegura, na expressão de Lefebvre, a "proeminência social" da nobreza feudal – a monarquia francesa é uma monarquia feudal. O Estado absolutista mantém a dominação social dos proprietários feudais no campo e assegura os privilégios políticos da nobreza e do clero. Porém, a nobreza feudal não tem mais ampla participação no processo decisório como teve durante a monarquia medieval, ela foi "despojada de sua autoridade política"; o processo decisório está concentrado agora nas mãos do rei e de seus conselheiros e ministros – a monarquia francesa é uma monarquia absolutista, isto é, uma ditadura. Ademais, a monarquia absolutista permitiu o desenvolvimento daquilo que poderíamos considerar germes do burocratismo burguês no interior do aparelho do Estado feudal francês: promoveu uma profissionalização parcial e limitada dos cargos públicos, notadamente nas suas forças armadas com a criação das escolas militares. Medidas como essas, além da prática da venalidade de ofícios, abriram, por caminhos diversos, os postos de direção do aparelho de

ESTADO, POLÍTICA E CLASSES SOCIAIS **121**

Estado aos plebeus. Ora, o interesse da nobreza feudal é "monopolizar as funções públicas" e "participar do poder central" (Lefebvre, 1990, p.42-6). É aí que reside a contradição que opõe a nobreza feudal à monarquia absolutista.

Um analista menos sofisticado perder-se-ia, e muitos de fato se perderam, diante dessa complexa relação de unidade e de luta entre os dois polos opostos dessa contradição: a monarquia feudal absolutista e a nobreza feudal. Lefebvre, contudo, estabeleceu uma distinção esclarecedora: a "proeminênica social" é distinta da "autoridade política". Os feudais mantiveram a primeira e perderam a segunda; queriam, então, recuperá-la. "Eles continuavam sendo privilegiados, embora lamentassem incessantemente terem se tornado súditos" (ibidem, p.31).

A convocação, pelo rei, em 1788, dos Estados Gerais representou uma vitória da nobreza feudal sequiosa por controlar, numa conjuntura em que a monarquia procurava aumentar os impostos para contornar sua crise financeira, as ações do monarca.

As demais contradições, apenas apontadas na passagem citada, são aquelas que opõem a burguesia à nobreza feudal e as classes populares ao conjunto das classes dominantes. Lefebvre irá apresentar o conteúdo dessas contradições ao longo do seu estudo.

A burguesia quer realizar, segundo Lefebvre, uma revolução jurídica: instituir a igualdade de todos perante a lei, liquidando com a sociedade aristocrática. Nessa caracterização, há uma oscilação: não está suficientemente claro se a burguesia *plebeia* pretende apenas abolir os *estamentos*, isto é, acabar com os privilégios políticos, fiscais e honoríficos detidos pelo clero e pela nobreza, equiparando-se politicamente, desse modo, aos feudais e aos burgueses nobres; ou se pretende ir além e abolir também as *ordens*, isto é, erradicar os privilégios e desigualdades civis, o que seria uma revolução jurídica no sentido pleno do termo.

Na base dessa oscilação encontram-se alguns problemas conceituais do ensaio de Lefebvre. Em primeiro lugar, Lefebvre não distingue com clareza suficiente classe social de ordem, e ordem de estamento.[6] A

---

6 G. Lemarchand destaca a coexistência das ordens e das classes sociais na França moderna (Lemarchand, 1978, p.91-110).

122 ARMANDO BOITO JR.

nobreza é um estamento da ordem dos homens livres. A burguesia e os senhores feudais são classes sociais. Havia, como se sabe, burgueses enobrecidos. O Terceiro Estado é uma frente de diversas classes e frações de classe, sob direção burguesa, pertencentes a uma ordem privilegiada, a ordem dos homens livres, mas a um estamento inferior dessa ordem, os plebeus. O entrecruzamento dessas diferenciações de ordem, de estamento e de classe torna muito complexa a luta política, e Lefebvre acabou pecando pela imprecisão na caracterização da ação da burguesia plebeia. Em segundo lugar, Lefebvre não apresenta uma caracterização teoricamente clara da situação do camponês, deixando aberta a possibilidade de se negar a existência de ordens – homens livres e servos – na sociedade francesa do século XVIII. Em terceiro lugar, Lefebvre sustenta que a burguesia realizou uma revolução jurídica, estabelecendo a igualdade de todos perante a lei, e, ao mesmo tempo e contraditoriamente, mostra que a burguesia conciliou com a nobreza, aceitando, pelo menos em 1789, a manutenção dos principais direitos feudais.

Lefebvre afirma que a grande maioria dos camponeses era livre, restando uma pequena parcela de servos, concentrados basicamente no Franche-Comté e no Nivernais. No entanto, mostra que sobre a maioria de camponeses supostamente livres incidiam tributos hereditários, obrigatórios e perpétuos – isto é, não livremente contratados – que o senhor recebia na qualidade de proprietário eminente da terra. Mostra, ainda, que subsistia a justiça senhorial nos feudos (ibidem, p.143-51). Quando analisa os decretos de 5 a 11 de agosto de 1789, Lefebvre afirma que eles teriam extinguido o regime feudal (p.173). Porém, quando trata da luta camponesa, sugere que tais decretos não extinguiram de fato o regime feudal no campo, na medida em que impunham aos camponeses o pagamento de indenização pelo resgate dos direitos feudais. Considera que apenas os decretos jacobinos de 1793 teriam abolido tais direitos (p.212). No geral, como as teses são contraditórias, é possível operar uma leitura seletiva: desprezar o que Lefebvre afirma genericamente – a maioria dos camponeses eram homens livres, os decretos de 1789 aboliram os direitos feudais e instituíram a igualdade entre os cidadãos – em favor daquilo que opera mais amplamente em sua análise – a vinculação do camponês à gleba, o caráter conciliador dos decretos

ESTADO, POLÍTICA E CLASSES SOCIAIS **123**

de 5 a 11 de agosto de 1789 que indica as limitações da contradição que opunha a burguesia aos feudais.[7] A burguesia luta para extinguir os estamentos, mas não parece determinada a extinguir as ordens. A sua revolução jurídica assemelha-se mais a uma tentativa de reformar o direito feudal francês do que a uma revolução que implantasse a plena igualdade jurídica nas cidades e nos campos.

As classes populares urbanas são, na análise de Lefebvre, movidas pelo igualitarismo e pelo democratismo antiestatal. Rebelavam-se contra as desigualdades jurídicas, opondo-se à existência de ordens e estamentos. Mas seria um erro identificar, por causa disso, o seu igualitarismo como um igualitarismo jurídico. A luta das classes populares apontava para um "igualitarismo de usufruto", isto é, pela divisão igualitária da riqueza produzida. É nessa direção que apontam as revoltas populares urbanas de maio/julho de 1789 e, no caso do meio rural, a luta dos camponeses pela extinção dos direitos feudais – fim dos tributos, fim das corveias monárquicas e senhoriais e a obtenção da propriedade plena da gleba que cultivavam. A contradição das classes populares com a monarquia feudal insere-se no quadro de uma contradição mais ampla, e que não se desenvolveu plenamente no contexto do ano de 1789, que é a contradição dessas classes populares com o Estado em geral, isto é, com a própria existência de um aparelho burocrático especializado que concentra a atividade de unificação política da sociedade. Lefebvre destaca a prática da *democracia direta* pelas classes populares urbanas nos Comitês Distritais de Paris. Essa prática pode ser considerada a expressão mais avançada do antiestatismo popular na Revolução Francesa. Após a tomada da Bastilha e a eleição de um Conselho Comunal para Paris,

> as assembleias distritais continuaram a reunir-se cotidianamente, com a pretensão de discutir as decisões da municipalidade, para confirmá-las ou anulá-las: era a democracia direta que a pequena burguesia do artesanato e da loja, mais do que os operários, tentava instituir (ibidem, p.132).

---

7 Soboul, discípulo de Lefebvre, irá assumir e desenvolver por conta própria essa segunda leitura possível do trabalho de Lefebvre (ver Soboul, 1974).

A articulação das contradições e a dinâmica da crise

Aquilo que Lucien Febvre considerou o "esquema" claro e original de Georges Lefebvre nada mais é do que uma realização do conceito leninista de crise revolucionária e, ademais, uma caracterização da dinâmica e da periodização da crise revolucionária na qual o critério teórico utilizado é aquele elaborado por Mao Tsetung: a contradição principal muda de uma fase para outra de um processo, determinando a natureza de cada uma de suas fases.[8] Georges Lefebvre nomeia os quatro primeiros capítulos do seu livro do seguinte modo: "A Revolução Aristocrática", "A Revolução Burguesa", "A Revolução Popular" e "A Revolução Camponesa". Cada um desses capítulos segmenta uma fase do processo. Nos dois primeiros, a contradição principal, "aquela que desempenha o papel diretor", é indicada pelo próprio título do capítulo. Nos dois capítulos seguintes, embora não haja novos deslocamentos na contradição principal, o acirramento da contradição entre as classes populares e a monarquia feudal altera a cena política de modo específico, justificando a distinção dos períodos tratados nesses capítulos como etapas distintas do processo revolucionário.

O capítulo denominado "A Revolução Aristocrática" trata da fase na qual a contradição principal do processo é aquela que opõe a nobreza feudal à monarquia feudal. Esse período estende-se de 8 de agosto de 1788, quando o ministro Loménie de Brienne convocou para o ano seguinte a assembleia dos Estados Gerais, a 4 de maio de 1789, quando se reuniram os Estados Gerais. Essa é a fase que antecede a eclosão da revolução, e, como já alertou Albert Soboul, a expressão *revolução aristocrática* é imprópria, pois o que os feudais visavam não era uma revolução. Essa impropriedade à parte, o capítulo é esclarecedor ao analisar essa contradição na sua particularidade histórica (uma contradição não é uma

---

8 "No processo, complexo, de desenvolvimento dum fenômeno existe toda uma série de contradições; uma delas é necessariamente a contradição principal, cuja existência e desenvolvimento determinam a existência e desenvolvimento das demais contradições ou agem sobre elas. ... em cada uma das etapas do desenvolvimento do processo, apenas existe uma contradição principal, que desempenha o papel diretor" (Mao Tsetung, 1977, p.54-6).

ESTADO, POLÍTICA E CLASSES SOCIAIS **125**

abstração, alerta Mao Tsetung ao tratar da particularidade histórica da contradição), no seu desenvolvimento e nos efeitos que produz sobre as contradições secundárias dessa fase do processo.

De um lado, está a monarquia que pretende solucionar a sua crise financeira aumentando a arrecadação tributária. De outro lado, a nobreza, "despojada da autoridade política" pela monarquia, que reage quando vê ameaçados os seus privilégios fiscais. A crise financeira da monarquia incide, portanto, sobre a contradição, aguçando-a. Um salto se verifica no desenvolvimento dessa contradição quando a nobreza decide estender a luta do interior do governo e da Corte para um âmbito que extrapolava os quadros da forma de Estado vigente. A luta pela convocação dos Estados Gerais é uma luta para substituir um regime monárquico feudal absolutista por um regime monárquico feudal constitucional. É a partir, portanto, de agosto de 1788, quando é convocada a assembleia dos Estados Gerais, que essa contradição na cúpula assume a particularidade de uma contradição que pode propiciar uma crise revolucionária, na medida em que passou a incidir sobre a "forma de dominação" vigente, para retomar a expressão de Lenin. Foi essa luta pela alteração da forma de Estado que criou a "fissura" através da qual as classes sociais que possuíam distintas contradições com os feudais puderam "abrir caminho".

Para impor ao rei a convocação dos Estados Gerais, a nobreza feudal apelou para a ação dos burgueses, dos profissionais de classe média – advogados, militares – e dos pequenos proprietários rurais (p.57). Uma vez feita a convocação, o processo de eleição dos delegados, que compreendia a elaboração dos Cadernos de Queixas, empurra para a ação política burgueses, profissionais de classe média, artesãos, camponeses e operários. A ação da burguesia plebeia e dos setores populares que ela influenciou nas reuniões eleitorais elege como objetivo a duplicação da representação do Terceiro Estado e, posteriormente, o voto por cabeça, no lugar do voto por ordem. Esboça-se, portanto, uma ação política independente, *não de uma classe dominada, mas de uma classe exploradora, integrante do bloco no poder, que tem sob sua influência setores das classes populares e vislumbra a possibilidade de alterar a sua posição no interior desse bloco no poder*, aproveitando-se da divisão entre a monarquia e a nobreza feudal.

126 ARMANDO BOITO JR.

No outro polo da contradição principal dessa fase da crise revolucionária, a monarquia também brincava com fogo, adotando, por razões opostas àquelas da nobreza feudal, a mesma tática de empurrar as classes e frações pertencentes ao Terceiro Estado para a luta. Em vez de – como virá a fazer mais tarde, e na verdade tarde demais... – tomar a defesa dos privilégios políticos das ordens superiores, a monarquia *priorizou* a sua contradição com a nobreza e tentou instrumentalizar a reivindicação da burguesia plebeia:

> Necker ... inclinava-se portanto a fortalecer o Terceiro Estado, sem contudo depender dele. Outorgando-se a duplicação (da representação do Terceiro Estado, ABJ) e o voto por cabeça unicamente nas questões financeiras, conciliava-se tudo: os privilégios fiscais seriam abolidos enquanto as reformas constitucionais atiçariam as ordens, o que deixaria a arbitragem ao rei. (Lefebvre, 1990, p.78)

Lefebvre entende que entre os inúmeros fatores que determinaram a escolha desse caminho perigoso para a sorte da monarquia teria contado, inclusive, a incompetência política de Necker. Sejam quais forem as causas de tal escolha, são decisões políticas como essa que mantêm a contradição entre a monarquia e a nobreza feudal no posto de contradição principal, ao longo do período marcado pela convocação e pelas eleições para a assembleia dos Estados Gerais. A contradição principal dessa fase, portanto, apresenta uma natureza particular e passa por um processo de acumulação e de desenvolvimento que vai incidir sobre as contradições secundárias presentes no mesmo processo, de modo a aguçar estas últimas.

A primeira ruptura no processo dá-se no início de maio de 1789, quando se reúne a assembleia dos Estados Gerais. Ocorre uma inversão de posições no sistema de contradições. A contradição principal é deslocada para um plano secundário, enquanto a contradição até então subordinada – a oposição entre, de um lado, a frente de classes e frações plebeias hegemonizada pela burguesia e, de outro lado, o conjunto do campo feudal (monarquia e nobreza) – assume o posto de contradição principal. Tais remanejamentos não são um jogo de combinação. Dependem da natureza histórica particular de cada contradição, do seu desenvolvimento na conjuntura, das relações específicas que elas entretêm

ESTADO, POLÍTICA E CLASSES SOCIAIS **127**

entre si e de decisões políticas que são tomadas pelas direções políticas das forças sociais em presença. Na conjuntura de maio de 1789, a monarquia e a nobreza reviram a sua tática autofágica e selaram um acordo tácito de reconciliação. Lefebvre aponta esse deslocamento da contradição principal por ocasião da reunião dos Estados Gerais nesses termos:

> as notícias procedentes da província parecem tê-la irritado [a monarquia] contra o Terceiro Estado e contra Necker, que ela considerava seu cúmplice. Esqueceu seus motivos de queixa contra a aristocracia enquanto esta, por seu lado, adiava implicitamente a satisfação de suas reclamações: ambas aproximaram-se para defender em comum a ordem social tradicional (ibidem, p.92).

A Revolução de 1789

A França de 1789, além de viver uma situação revolucionária, conheceu, de fato, uma revolução. E, mais do que isso, essa revolução foi vitoriosa.

Para Lefebvre, a Revolução Francesa, como revolução política burguesa, é um processo prolongado que se estende de 1789 a 1830 (ibidem, p.212). Ele considera, contudo, que em 1789 é iniciada e concluída a etapa fundamental da revolução, que ele denomina revolução jurídica, e cujo produto principal é a Declaração dos Direitos do Homem e do Cidadão (ibidem, p.212). Podem-se lançar dúvidas sobre a tese de Lefebvre segundo a qual a etapa fundamental da revolução burguesa teria sido iniciada e concluída em 1789. A revolução burguesa é entendida por Lefebvre como uma revolução política que opera uma transformação jurídico-política – a instituição da igualdade entre os cidadãos e a abertura das instituições do Estado à participação de todos os indivíduos.[9] Pode-se considerar que pensada assim essa revolução só se

---

9 Ver Lefebvre, 1990, p.175-84 e p.209-10. Albert Soboul, no prefácio que escreve para o livro de Lefebvre, nega o caráter jurídico-político da Revolução Francesa e introduz, segundo nos parece, uma confusão. De um lado, Soboul destaca que Lefebvre evidencia os fundamentos sociais e econômicos da revolução, isto é, a luta de classes que está na base do processo político revolucionário, procedimento que, de fato, está presente no 1789. Contudo, de outro lado, Albert Soboul acaba sugerindo

128 ARMANDO BOITO JR.

conclui em 1793 – e nós já indicamos que o próprio Lefebvre deixa aberta a possibilidade dessa interpretação. Contudo, não se pode negar, mesmo a partir dessa visão, que os decretos de 5 a 11 de agosto e a Declaração dos Direitos do Homem e do Cidadão de 1789 acabaram constituindo-se na primeira etapa de um movimento ascendente que destruiu as instituições do Estado feudal e edificou o moderno Estado burguês na França. Em 1789 desferiu-se o primeiro golpe sério contra o Estado feudal absolutista, e esse golpe foi desferido através da ação das massas. Nesse sentido, pode-se falar em eclosão da revolução.

Mas a eclosão da revolução resulta de uma transformação subjetiva nas condições objetivas dadas pela situação revolucionária. Como se formou o *elemento subjetivo* que possibilitou a eclosão da revolução na conjuntura de 1789? Num país feudal como era a França, as classes populares não dispõem, normalmente, de organizações próprias, e elas não estavam organizadas às vésperas da revolução. Quanto à burguesia, ela tampouco dispunha de um partido ou associação que lhe permitisse uma intervenção organizada e eficaz na conjuntura. Ora, direção e vontade conscientes são requisitos da revolução, e Lefebvre tem clareza de que sem essa direção a revolução não pode eclodir. Nota, com muita sagacidade, que, no caso da Revolução Francesa, foi a própria contradição entre os feudais e a monarquia que acabou fornecendo ao Terceiro Estado a sua direção e a sua organização política: os deputados burgueses eleitos para a assembleia dos Estados Gerais e os comitês populares criados para eleger representantes à mesma assembleia.

---

que a Revolução Francesa foi um processo global e simultâneo de transformações econômicas, sociais e políticas. Ora, essa segunda ideia não pode ser confundida com a primeira, e é uma ideia que não se encontra no livro de Lefebvre, ao contrário do que sugere Soboul. Ver o prefácio de Soboul, especialmente p.13, 16, 19, 21 e 23 da edição brasileira do *1789*. Uma crítica à tese de Soboul sobre o caráter econômico--político-social da Revolução Francesa é feita por François Furet (1978, p.23-79). Os autores marxistas que reconheceram a procedência dessa crítica específica de François Furet passaram a aplicar para o caso francês a distinção analítica entre, de um lado, as transformações econômicas e sociais do período multissecular de transição do feudalismo ao capitalismo e, de outro lado, o momento relativamente concentrado no tempo de ruptura jurídico-política – a revolução política burguesa propriamente dita. O número 187 da revista *La Pensée*, de junho de 1976, é dedicado a esse debate.

A burguesia, sem dispor de um intérprete legal, não tinha meios de forçar o rei a convocar a nação; a mesma coisa acontecia com os camponeses e operários. Em compensação, os privilegiados dispunham desses meios: o clero através da sua assembleia, a nobreza nos Parlamentos e nos Estados provinciais. Foram eles que coagiram o rei [a reunir os Estados Gerais]. (ibidem, p.33)

O fator subjetivo que permitiu que a situação revolucionária se convertesse numa revolução foi propiciado, no caso específico da revolução burguesa na França, pelos desdobramentos da luta entre as forças reacionárias feudais: a pedido dos nobres feudais, o rei reuniu o partido da revolução.

Os Estados Gerais reuniram-se em 4 de maio de 1789. Dessa data até as jornadas de 5 e 6 de outubro, quando a população obriga o rei e a Assembleia Nacional a se transferirem de Versalhes para Paris, a contradição entre a frente de classes sob hegemonia burguesa aglutinada no Terceiro Estado, de um lado, e a monarquia e a nobreza feudais, de outro lado, domina a cena política. Contudo, entre 14 de julho de 1789, quando se dá a tomada da Bastilha, e as jornadas de 5 e 6 de outubro, quando os populares praticamente capturam o rei em Versalhes e obrigam-no a transferir residência para Paris, tem-se uma fase particular da revolução, em decorrência de um elemento novo que surge em cena. Embora não tenha ocorrido um deslocamento da contradição principal, a oposição entre o conjunto das classes populares – profissionais liberais e assalariados de classe média, artesãos, lojistas, operários e camponeses – e a monarquia feudal acirrou-se muito e a burguesia chegou, dentro de certos limites, a estimular a insurreição popular para solucionar a sua contradição com a nobreza feudal.

Nessa nova fase foi sempre a ação direta das massas que, nos momentos críticos decisivos – como por ocasião do cerco militar de Paris –, assegurou a derrota da monarquia feudal e a continuidade do processo revolucionário. Tal qual a nobreza feudal fizera quando decidiu lutar pela convocação dos Estados Gerais, a burguesia, ao lançar mão de um novo método para solucionar a sua contradição com os feudais, contribuiu para o aprofundamento da crise e para a aceleração da revolução. Não havia muitas opções. Com a reaproximação verificada entre o rei e

130 ARMANDO BOITO JR.

os estamentos privilegiados, à burguesia restava apelar aos de baixo. Tratou-se da situação extrema contemplada na definição de Lenin em que uma classe dominante ou uma fração da classe dominante empurra as classes populares para uma ação "histórica independente". Tal situação está na base daquilo que os historiadores liberais chamarão mais tarde de "derrapagem" do processo revolucionário. Como mostram os estudos de Albert Soboul, particularmente no segundo semestre de 1793, as massas populares chegaram a colocar em risco a hegemonia da burguesia no processo revolucionário (Soboul, 1968, p.64-90).

Na fase que se estende de 4 de maio a 14 de julho, a primeira vitória importante da burguesia tem lugar em 27 de junho: a nobreza e o clero veem-se obrigados a participar da Assembleia Nacional, abdicando com esse ato ao voto por ordem e aceitando o voto por cabeça. A partir de 14 de julho passa a ser determinante, na solução da contradição entre a burguesia plebeia e a monarquia feudal, a ação direta das massas. Em 14 de julho, com a tomada da Bastilha pelos populares, afirma-se o poder revolucionário na cidade de Paris – eleição de um prefeito e a consolidação da Guarda Nacional, iniciativas com as quais Paris pretende responder ao cerco militar que o rei, a partir de Versalhes, procurava estabelecer ao redor da cidade. Entre 20 de julho e 6 de agosto é o período do chamado Grande Medo e das revoltas camponesas – invasão e queima dos castelos feudais e invasão de terras nobres. Lefebvre considera que esse foi o golpe mortal sobre o Antigo Regime. Foi sob o impacto dessas ações populares que a burguesia fez aprovar os decretos de 5 a 11 de agosto – que aboliam alguns direitos feudais e tornavam outros resgatáveis – e a Declaração dos Direitos do Homem de 26 de agosto de 1789, que abolia os privilégios estamentais.

Condições que permitiram a vitória da revolução

No plano da luta parlamentar foram decisivos a unidade e a ousadia dos parlamentares do Terceiro Estado e a divisão na representação política dos estamentos superiores. Mas no que respeita às revoltas populares, que foram o motor fundamental da revolução, o seu êxito foi assegurado, entre outros fatores, pela divisão no interior do aparelho

ESTADO, POLÍTICA E CLASSES SOCIAIS   131

repressivo do Estado monárquico-feudal (Lefebvre, 1990, p.113, 125, 129 e 130). Essa divisão, que reflete uma crise no interior do Estado feudal, pode ser considerada, na forma específica como se apresentou, como um dos elementos constitutivos dos processos de revolução burguesa. Tal divisão provinha de duas contradições distintas que atravessavam as forças armadas feudais. A primeira contradição era o reflexo no interior do Estado da contradição que opunha as classes populares, de onde provinham os soldados, aos feudais, que comandavam o Exército. Tratava-se de um corte horizontal nas forças armadas, refletindo uma oposição de classe e separando a base do aparelho militar da sua cúpula. Esse tipo de contradição e a crise que ela pode gerar estão presentes também nos processos de revolução operária e popular da época imperialista – formação de comitês clandestinos de soldados e adesão dos soldados, numa situação de duplo poder, ao poder revolucionário em constituição. Contudo, outra contradição dividia os oficiais, isto é, a cúpula do aparelho militar, verticalmente. É essa contradição que é própria dos processos de revolução burguesa.

Décio Saes, na sua análise da revolução política burguesa no Brasil, mostrou como a contradição entre o critério pré-capitalista de recrutamento para o aparelho de Estado, que é abertamente particularista, e o critério capitalista, que é formalmente universalista, pode colocar em crise Estados pré-capitalistas que abriguem subordinadamente normas capitalistas de recrutamento do pessoal de Estado (Saes, 1985, p.48-50). Esse era justamente o caso do Estado absolutista francês. No seu interior opunham-se, de um lado, os oficiais nobres, proprietários de seus postos e de seus regimentos, que representavam, segundo um especialista, 90% dos dez mil oficiais existentes no ano da revolução, e, de outro lado, os oficiais plebeus cujas carreiras eram barradas pelo caráter estamental do Estado e particularmente do Exército absolutista. Cada um desses dois setores era levado a defender, pela sua própria posição, critérios antagônicos de organização da burocracia militar. Os oficiais nobres pleiteavam a manutenção do caráter estamental do exército – o regulamento do ministro Segur que enrijeceu as exigências estamentais para o ingresso nas forças armadas absolutistas é de 1781. Os oficiais plebeus pleiteavam, em consonância com o igualitarismo jurídico burguês, a

132 ARMANDO BOITO JR.

abertura dos postos de Estado a todos os indivíduos, constituídos, assim, como cidadãos (Bertaud, 1979).[10]

> Finalmente, não resta dúvida de que os burgueses contribuíram para o progresso da indisciplina no exército. E isso não foi difícil: como os nobres se apossavam de todas as graduações, os baixos oficiais, como eram chamados, não podiam esperar qualquer promoção; os soldados, que tinham de pagar uma parte da sua subsistência, sofriam com a carestia. Em Paris os guardas franceses, dispersos por diversos lugares, constantemente misturados com o povo, às vezes casados, estavam sinceramente com o Terceiro Estado. (Lefebvre, 1990, p.113)

> ... Assim sucumbiu a Bastilha, por falta de habilidade do seu governador, *graças à defecção das tropas reais* e à obstinação heroica de algumas centenas de combatentes. (ibidem, p.130)

Conclusão: para que a revolução seja vitoriosa, não basta a existência de uma situação ou crise revolucionária. Regra geral parece ser necessário também que esteja configurada uma *crise do Estado*. Nos Estados feudais dos períodos de transição para o capitalismo, essa crise apresentou características distintas daquelas apresentadas pela crise dos Estados burgueses da época das revoluções socialistas. No primeiro caso, a crise provinha de contradições internas ao aparelho de Estado. No segundo caso, a crise do Estado sempre foi sinônimo de situação de duplo poder – Estado burguês x Conselhos Operários ou Estado burguês x Exército Popular. Isto é, a crise provém de contradições que extrapolam o âmbito do aparelho de Estado.

O processo revolucionário de 1789 encerra-se, para Lefebvre, com as jornadas de 5 e 6 de outubro daquele ano, quando a multidão em caminhada triunfal e insólita trouxe, de Versalhes, a família real para Paris. A realeza subsistia, mas o rei seria agora refém da revolução. A população acreditava que em Versalhes ele era presa do "complô aristocrático". Em Paris, deveria, então, ser sensível aos interesses populares e se submeter às decisões da Assembleia Nacional. Passaram-se

---

10 "'Les places au talent e au mérite', 'Égalité! Égalité!' La revendication du Tiers État parcourut, dans l'armé, les rangs des bas-officiers de 'fortune' issus de la roture" (Bertaud, 1979, p.35).

ESTADO, POLÍTICA E CLASSES SOCIAIS **133**

três anos até se dissiparem essas ilusões. Em agosto de 1792, diante da ação contrarrevolucionária do rei, 47 dos 48 comitês populares de distrito de Paris exigiram a queda do rei. Finalmente em setembro, foi extinta a realeza e proclamada a república.

Miséria e revolução

A análise de Lefebvre contribui ainda para outra precisão importante no conceito de crise revolucionária. Encerraremos o nosso comentário explorando esse ponto.

Trata-se da reflexão que Lefebvre desenvolve sobre a relação entre a crise econômica e as revoltas populares no curso da revolução. Lefebvre sustenta, como vimos mais atrás, que a crise econômica contribuiu decisivamente para estimular as revoltas populares. Ele arrola, justamente por isso, a crise econômica como uma das "causas imediatas" da revolução. A crise econômica tem como efeitos a escassez de grãos, a carestia, o desemprego e o aumento desmesurado da mendicância e dos desocupados errantes (ibidem, p.116-23). Ele aponta um fato, que será bastante estudado pela história quantitativa da revolução nos anos subsequentes, de que nos momentos das principais insurreições urbanas de Paris ao longo do ano de 1789 a escassez de grãos e a carestia encontravam-se numa conjuntura ascendente. Essas insurreições sempre fundiam protestos e ataques aos centros do poder monárquico feudal com a reivindicação por pão – componente fundamental da dieta das classes populares no final do século XVIII.

Em sua análise, porém, a relação entre a causa econômica e o seu efeito político não é uma relação mecânica e nem concebida de modo economicista. Essa relação é mediada por um componente subjetivo decisivo: as massas *viam* a crise econômica como uma obra da nobreza feudal e dos funcionários e autoridades do Estado monárquico feudal. Está implícita na sua análise a ideia de que nem toda crise econômica induz à intensificação da ação das massas – ela pode desmoralizar, desmobilizar e induzir à passividade política. Lefebvre valoriza muito a forma como os populares *perceberam* a crise:

O povo jamais se resignara a imputar a penúria e a carestia à influência dos meteoros. Sabiam que os dizimeiros e os senhores que recebiam renda em espécie dispunham de importantes reservas de grãos e esperavam impacientemente a alta de preços para vendê-las. ... suspeitava-se que todos eles faziam reservas e se dedicavam ao açambarcamento, para provocar ou aumentar a alta de preços. As compras do governo ou das autoridades locais também eram altamente suspeitas: pensava-se que as autoridades obtinham benefícios pessoais ou para seus orçamentos. ... Não seria de admirar, portanto, que a penúria e a carestia gerassem regularmente tumultos. Muitas vezes aqueles que supostamente possuíam grãos ou comerciavam com eles eram atacados, suas casas eram saqueadas e eles eram enforcados na corda destinada a sustentar o candeeiro de iluminação pública. ... Enfim, também as autoridades administrativas e sociais podiam ser atingidas: tanto a municipalidade como os senhores e dizimeiros podiam ser vítimas dos sublevados. (ibidem, p.120-1)

Deve-se, portanto, evitar a visão economicista e mecânica da relação entre crise econômica e revolução. A percepção, pelas classes populares, de que a crise econômica e os seus efeitos destrutivos decorrem do sistema econômico e político vigente e, mais ainda, de que os de cima podem lucrar com a crise é um *elemento subjetivo* que, segundo nos parece, deve ser pensado como elemento sem o qual não pode se verificar uma das *condições objetivas* que caracterizam a situação revolucionária: a intensificação da atividade das massas contra as classes dominantes e os seus agentes políticos.

Essa constatação enseja uma distinção entre os elementos subjetivos de um processo revolucionário, e também uma precisão a respeito dos efeitos dos elementos subjetivos sobre os elementos objetivos que caracterizam a situação revolucionária.

O modo como as classes populares percebem a crise é um elemento subjetivo que difere do elemento subjetivo imprescindível para a eclosão da revolução: a existência de uma direção política organizada que assuma uma tática revolucionária. A percepção que as classes populares têm da crise econômica e o estado de ânimo que demonstram diante dela são, em grande medida, resultado de condições gerais e estruturais que extrapolam a própria conjuntura de situação revolucionária. A tática revolucionária da vanguarda e, particularmente, a iniciativa de desencadear o ataque final ao poder de Estado estão mais diretamente ligadas às *decisões de momento* dos revolucionários. Contudo, a percepção que as massas têm da crise econômica é um fator subjetivo sobre o qual a ação da vanguarda produz efeitos importantes. *O(s) partido(s) da revolução pode(m) contribuir para a formação das próprias condições objetivas que caracterizam uma situação revolucionária.* Dessa perspectiva, assim como é errôneo pensar a revolução como resultado da vontade de um partido ou mesmo de uma classe social, erro que criticamos desde o início desse comentário, assim também seria errôneo conceber o papel do(s) partido(s) revolucionário(s) como o de simples espectador que aguarda passivamente a formação das condições objetivas para, só então, agir de modo revolucionário. Também nos períodos de estabilidade o chamado objetivo final condiciona, de maneiras diversas, a ação do(s) partido(s) da revolução.

Conclusão

O processo político é movido por um conjunto articulado de contradições entre classes, frações de classe e categorias sociais, e a crise política resulta do desenvolvimento e dos deslocamentos dessas contradições. Mas existem vários tipos de crise política. A crise que torna *possível* a ocorrência da revolução é a crise revolucionária, um tipo específico de crise política.

A situação ou crise revolucionária é um fenômeno objetivo, de conjuntura e bastante complexo. A sua caracterização requer um trabalho meticuloso de análise da situação concreta, das contradições em questão e das relações específicas que essas contradições mantêm entre si. Sem uma compreensão teórica geral das crises políticas e da crise revolucionária, não se pode determinar uma situação na qual a revolução é possível. Contudo, o conceito de crise revolucionária, quando manipulado de modo abstrato, dispensando a análise concreta da situação histórica, não serve para nada. Não são quaisquer divisão na cúpula, crise econômica ou intensificação da atividade das massas que caracterizam uma situação revolucionária. Podem caracterizar, também, a crise de um regime político ou, simplesmente, de um governo. O conceito de situação revolucionária não possui, ainda, todo o rigor e toda a clareza que se pode exigir no plano da teoria. O seu desenvolvimento requer, de um lado, desenvolvimentos na teoria marxista da história e da mudança política e, de outro lado, depende da pesquisa histórica sobre as crises políticas e as revoluções.

Uma vez caracterizada a crise revolucionária, não se têm, ainda, os elementos suficientes para determinar o momento de desencadear a ação ofensiva decisiva contra o poder de Estado. A decisão sobre a oportunidade dessa ação requer um conhecimento das condições necessárias para a *vitória* da revolução, e não apenas o conhecimento das condições necessárias para a *ocorrência* da revolução.

O conceito de crise revolucionária, elaborado por Lenin para pensar as revoluções socialistas e populares do século XX, pode ser aplicado às revoluções burguesas clássicas graças ao fato de essas revoluções não dispensarem a ação das massas. A principal força motriz das revoluções burguesas clássicas parece ter sido, sempre, as classes populares. Em alguns países e em algumas fases do processo revolucionário, as classes populares chegaram a dirigir a revolução burguesa, muitas vezes a despeito da inércia ou mesmo da oposição da burguesia – que como classe exploradora sempre procurou integrar-se, de algum modo, à forma de exploração dominante, como mostrou Maurice Dobb nos seus estudos sobre o desenvolvimento do capitalismo.

6
CENA POLÍTICA E INTERESSES DE CLASSE NA SOCIEDADE CAPITALISTA: A ANÁLISE DE MARX[1]

O trabalho teórico de Marx opera, na análise econômica, social e política, com a distinção entre, de um lado, uma realidade aparente ou superficial e, de outro lado, uma realidade essencial ou profunda. É sabido que essa distinção não é exclusiva do marxismo. Ela é, em suas diversas modalidades, milenar na história da filosofia e na história da ciência. Contudo, apenas as concepções que apresentam a realidade superficial como um véu que desempenha uma função particular, qual seja, a função de ocultar a realidade profunda, encontram-se num terreno próximo ao do marxismo.

É muito conhecido e comentado o modo como tal distinção opera no início do volume 1 de *O capital*, mais exatamente na passagem da segunda seção ("A transformação do dinheiro em capital") para a terceira seção ("A produção da mais-valia absoluta"). Analisando as relações entre o operário e o capitalista como relações entre vendedor e comprador de mercadoria, Marx começa pela realidade superficial e enganosa do mercado, realidade econômica regulada pelo direito burguês. Nesse plano, os proprietários de mercadorias, inclusive o trabalhador que vende

---

1 Texto apresentado no colóquio 150 Anos da obra *O Dezoito Brumário de Luís Bonaparte* de Karl Marx, organizado pelo Centro de Estudos Marxistas (Cemarx) da Unicamp em novembro de 2002. O texto foi publicado originalmente na revista *Crítica Marxista*, São Paulo: Boitempo, n.15, 2002.

138 ARMANDO BOITO JR.

a sua força de trabalho, aparecem, todos, como homens livres, iguais e trocando equivalentes. A seguir, Marx introduz a realidade do processo de produção capitalista e, nesse momento, a exploração de classe desfaz a liberdade, a igualdade e a troca de equivalentes. Observa-se, então, que o trabalhador, longe de usufruir da liberdade de ir e vir, está prisioneiro no interior da unidade produtiva, seu tempo e seus passos são controlados, ele, longe de ser tratado como um igual, é o subalterno que deve obediência ao capitalista e a seu preposto, e a utilização de sua força de trabalho, em vez de agregar apenas um valor correspondente ao que lhe foi pago a título de salário, gera um valor excedente que é apropriado pelo capitalista. O trabalhador assalariado é, de fato, juridicamente livre, o que o distingue do escravo e do servo. A proclamação de liberdade é, como diria Althusser, uma *alusão* à realidade. Todavia, essa mesma proclamação é, também e principalmente, uma *ilusão*, na medida em que oculta a relação de exploração e de dominação de classe. Trata-se, então, de uma *ilusão ideológica*, porque desorganiza a classe operária e interessa à classe capitalista. É a análise científica que pode desvelar a realidade profunda encoberta pela realidade aparente. O observador que se ativer, como o economista vulgar, à esfera da circulação, produzirá ideias superficiais e mistificadoras.

Essa distinção geral, que está presente no conjunto da obra de maturidade de Marx, opera de modo importante, e talvez não suficientemente destacado e desenvolvido, na sua análise da cena política nas sociedades capitalistas. Na verdade, até a década de 1970, os dirigentes e intelectuais da escola comunista e, em menor medida, da escola social-democrata, tinham o cuidado de distinguir, na cena política das sociedades capitalistas, o mundo das aparências, no qual cada contendor proclama seus nobres princípios e seus pretensos valores universais, do mundo profano dos interesses econômicos e políticos, em que valores e interesses se trocam uns pelos outros – não porque ninguém tenha princípios, mas porque todos os princípios estão vinculados a interesses. Entretanto, ao longo das últimas décadas, com a crise e o declínio dos antigos movimentos socialista e comunista, a concepção burguesa, vulgar, da cena política nas sociedades capitalistas disseminou-se amplamente, sendo contrabandeada, inclusive, para o campo dos intelectuais socialistas. Hoje, no mais das vezes, considera-se desnecessário ou

ESTADO, POLÍTICA E CLASSES SOCIAIS **139**

improcedente o esforço intelectual para detectar os interesses de classe que se ocultam atrás das correntes e dos partidos políticos que disputam o poder. Numa conjuntura como essa, vale a pena, então, retomar a questão. A conhecida obra de Marx *O Dezoito Brumário de Luís Bonaparte*, cuja publicação está completando 150 anos, dá tratamento pioneiro e exemplar a essa matéria. Ela encerra uma fase do colossal trabalho de Marx de fundação da análise científica da política e, particularmente, da análise da política nas sociedades capitalistas – a fase iniciada com a ruptura teórica de *A ideologia alemã* e encerrada com o balanço político da experiência das revoluções de 1848. Utilizemos, então, esse sesquicentenário para tirarmos algumas lições.[2]

A cena política dissimula os interesses e conflitos de classes

Em *O Dezoito Brumário* e também no *Lutas de classes na França*, livro que o antecedeu e lhe serviu de base, Marx concebe a *cena política* nas sociedades capitalistas, que é o espaço de luta entre partidos e organizações políticas, como uma espécie de superestrutura da luta de *classes e de frações de classe*, que formam aquilo que poderíamos denominar a base socioeconômica da cena política. A cena política é uma realidade superficial, enganosa, que deve ser desmistificada, despida de seus próprios termos, para que se tenha acesso à realidade profunda dos interesses e dos conflitos de classes. Podemos conceber, aqui, uma diferença com a cena política e as instituições representativas nas sociedades pré-capitalistas. O Senado romano ou os Estados Gerais da França medieval são, como parlamentos pré-capitalistas, e seguindo as características escravista e feudal do Estado romano e do Estado francês, instituições particularistas cujos vínculos sociais são evidentes por si sós. No Senado romano, antes da criação da figura do tribuno, só entram os patrícios e nos Estados Gerais franceses só os homens livres têm assento. No entanto, as características da cena política na sociedade capitalista

---

2 Foi Danilo Martuscelli quem me chamou atenção para o sesquicentenário da publicação de *O Dezoito Brumário*, o que me estimulou a produzir este texto.

decorrem das características gerais do Estado capitalista e, desse modo, a aparência universalista desse Estado, fruto do direito igualitário e da burocracia profissional formalmente aberta a todas as classes, essa aparência contamina todos os partidos políticos burgueses e pequeno--burgueses e todas as correntes de opinião. A sociedade burguesa é uma sociedade anônima e os seus partidos políticos devem manter esse anonimato de classe. Para esclarecermos essa ideia e, ao mesmo tempo, fazermos uma referência crítica ao conceito gramsciano de sociedade civil, diríamos que as figuras básicas da ideologia da sociedade civil são produzidas e difundidas pelo próprio aparelho repressivo do Estado (pelo direito e pela burocracia).

Pois bem, os partidos burgueses e pequeno-burgueses não anunciam abertamente os interesses que representam e organizam. Na verdade, eles representam e, ao mesmo tempo, dissimulam interesses de classe. As ideias, os valores e programas desses partidos cumprem a dupla função de organizar seus representados e iludir a classe operária. Veremos, no final deste comentário, que é outra (e deve ser outra) a relação dos partidos operários com a classe que representam. Por ora, contudo, o que interessa destacar é que a análise política marxista das sociedades capitalistas só começa quando, e somente quando, o analista evidencia os laços complexos que unem a cena política aos interesses econômicos e aos conflitos de classe. Praticar análise política designando os agentes presentes na cena política pelos nomes e objetivos que eles próprios se dão é permanecer na superfície enganosa do fenômeno, e muitos marxistas incorrem nesse erro, típico da ciência política vulgar.[3]

No espaço desse breve comentário, não é possível analisar todas as múltiplas relações entre, de um lado, os partidos e agrupamentos presentes na cena política francesa de meados do século XIX e, de outro

---

3 Nem vale a pena se referir aqui às análises que se restringem aos nomes dos políticos profissionais ou às suas siglas partidárias. Mas lembremos que mesmo aqueles analistas que tentam dar um passo à frente, caracterizando correntes de opinião e escolas de pensamento, procedimento tão comum no pensamento de esquerda brasileiro, mesmo os que procedem assim são vítimas dessa realidade superficial e enganosa. Imaginam que as lutas políticas opõem, pura e simplesmente, a esquerda à direita, os progressistas aos conservadores, os desenvolvimentistas aos liberais, os nacionalistas aos entreguistas e assim por diante. *Nunca se perguntam que interesses de classe ou fração tais correntes representam e por quê.*

ESTADO, POLÍTICA E CLASSES SOCIAIS   141

lado, os interesses das diferentes classes (burguesia, classe operária, pequena burguesia e campesinato), frações de classe (indústria, finanças, agricultura etc.) e camadas sociais (o lumpemproletariado), tal qual essas relações são pensadas, com riqueza de detalhes, nas obras *O Dezoito Brumário* e *Luta de classes na França*. Por isso, vale a pena apresentar, de saída, um quadro geral e esquemático dessas relações. Ele poderá servir de referência para o leitor e para nossa argumentação.[4]

Nesse quadro, a terceira coluna apresenta o que seriam, para Marx, as provas da relação de representação existente entre, de um lado, determinados partidos políticos, grupos parlamentares, associações e correntes de opinião e, de outro lado, certos interesses de classe, de fração de classe e de camadas sociais. Observando essa terceira coluna, vê-se que, para detectar as relações de representação de interesses, Marx opera em dois planos. Num plano objetivo, procura estabelecer correspondências entre, de um lado, os programas e as práticas dos partidos políticos e, de outro lado, os interesses potenciais ou efetivos de classes e frações; num plano subjetivo, procura detectar a existência de identificação entre os partidos, de um lado, e determinadas classes e frações, de outro. Ele pensa, aliás, dois tipos de identificação (subjetiva). O campesinato identifica-se com Bonaparte porque vê nele a possibilidade de restauração de um passado mítico e, em consequência, vota nele; a Montanha representa a pequena burguesia porque suas hesitações e bravatas correspondem à situação de classe intermediária da pequena burguesia, dilacerada entre as duas classes antagônicas. Feitas essas observações, passemos ao ponto que nos interessa.

Marx se serve amplamente da metáfora teatral em seu texto, como já destacaram diversos comentadores: drama, comédia, tragédia, ato, entreato, personagem, cena, proscênio etc. Metáforas são, muitas vezes, o indicador da existência de ideias e conceitos de uma teoria nova, que não cabem nas noções e na terminologia tradicionais. Tais figuras pecam pela imprecisão, mas ajudam a avançar mais rápido no território selvagem de uma nova ciência. As metáforas de *O Dezoito Brumário* indicam,

---

4 Há uma análise ampla e detalhada das relações entre classes e partidos na obra *O Dezoito Brumário* no livro de Nicos Poulantzas *Pouvoir politique et classes sociales* (1968).

142 ARMANDO BOITO JR.

Quadro 2 – Luta de classes e cena política, França (1848 – 1851)

Classes, frações e camadas sociais	Partidos e tendências	Evidências da relação do partido com a classe ou fração	Grupo parlamentar	Plataforma política
Proletariado	Blanqui, Cabet, Raspail, Blanc, Albert, Barbés, ala esquerda da socialdemocracia	Republicanismo radical, criação das Oficinas Nacionais e do Ministério do Trabalho e ação insurrecional	Ala esquerda da Nova Montanha	República social
Pequena burguesia	Socialdemocracia	Conciliação, triunfalismo e hesitações	Montanha	República democrática
Burguesia republicana	Republicanos puros	Ideologia republicana e composição social	Republicanos puros	República parlamentar
Grande burguesia financeira, industrial e comercial	Monarquistas orleanistas (conde de Paris, Luis Felipe d'Orleans)	A política da monarquia constitucional dos Orleans, em 1830-1848	Orleanistas, Partido da Ordem	Defesa doutrinária da monarquia, aceitação prática da república
Burguesia agrária e proprietários de terra em geral	Monarquistas legitimistas (conde de Chambord, pretenso Henrique V)	A tradição e a política da monarquia dos Bourbons entre 1815 e 1830	Legitimistas, Partido da Ordem	Defesa doutrinária da monarquia, aceitação prática da república
Campesinato conservador, lumpem e exército	Bonapartistas, Sociedade 10 de Dezembro	Tradição, eleições e regime político bonapartista	Bonapartistas, Partido da Ordem	Restauração do império

Fontes: Marx, *O Dezoito Brumário de Luís Bonaparte* e *As lutas de classes na França (1848 – 1850)*.

ESTADO, POLÍTICA E CLASSES SOCIAIS **143**

a todo momento, que a cena política das sociedades capitalistas deve ser pensada por referência a algo que se encontra fora dela. Polemizando com a visão que os democratas possuíam da Revolução de 48 na França e das lutas subsequentes, Marx procura *desmistificar* os conflitos entre republicanos e monarquistas e, no campo dos monarquistas, entre os monarquistas legitimistas e os orleanistas – ver o Capítulo III de *O Dezoito Brumário*. Nesses dois casos, as lutas, tal qual se apresentam na cena política, dividindo republicanos e monarquistas e subdividindo esses entre legitimistas e orleanistas, essas lutas entre partidos e correntes de opinião, embora existam, sejam reais, ao mesmo tempo ocultam uma realidade mais profunda, que é a realidade da luta entre classes e frações de classe. Marx anuncia, com a simplicidade dos clássicos, essa sua descoberta científica e revolucionária nos seguintes termos:

> Antes de prosseguirmos com a história parlamentar dessa época, devemos fazer aqui algumas observações para evitar as *ilusões* correntes sobre o caráter do período que estudamos. Observando as coisas do ponto de vista dos democratas, tratar-se-ia, tanto no período da Assembleia Legislativa quanto no da Assembleia Constituinte, de uma mera luta entre republicanos e monarquistas. ... Mas, se examinamos mais de perto a situação e os partidos, desaparece essa *aparência superficial* que *dissimula a luta de classes* e a fisionomia particular desse período. (Marx, 1976, p.46-7)

O trabalho de análise da cena política nas sociedades capitalistas é um trabalho de desmascaramento. A argumentação de Marx para desfazer a dissimulação é clara. Os monarquistas aceitaram a república, enquanto essa se revelou adequada para a dominação burguesa. Marx diz: "agem como burgueses, e não como monarquistas" ou "como representantes do regime burguês, não como paladinos de princesas errantes". Acrescentaríamos: agem como classe, não como corrente de opinião. Os monarquistas falam muito em restauração da monarquia, mas postergam *sine die* a restauração monárquica. Marx desce aos detalhes da crônica política na sua argumentação. Destaca que, cada vez que os parlamentares legitimistas e orleanistas visitavam os membros de suas respectivas dinastias, os Bourbons e os Orleans externavam o sentimento de que eram traídos por aqueles que deveriam lutar pela restauração do trono.

Vejamos agora quanto valiam os grandes princípios republicanos. Marx destaca que os denominados "republicanos puros" uniram-se aos monarquistas para sufocar a insurreição operária de junho de 1848 e também para sufocar a insurreição pequeno-burguesa de junho de 1849. Ora, se a luta entre republicanos e monarquistas dividisse a política francesa, tal aliança seria inconcebível. Essa prática política, lembra Marx, mostra que havia, para os republicanos, um "valor" maior que a República a ser preservado, valor que na verdade só era valor no sentido financeiro do termo. Diz Marx:

> [a insurreição operária de junho de 1848] havia mostrado, ao mesmo tempo, que na Europa se colocavam outros problemas além daquele da república ou da monarquia (Marx, 1976, p.25).

Portanto, a alternativa república ou monarquia é, em primeiro lugar, limitada. Em segundo lugar, a insurreição pequeno-burguesa de junho de 1849 era republicana e, no entanto, os denominados republicanos puros uniram-se aos monarquistas contra ela. Fazendo um balanço: se monarquistas aceitam a república, se republicanos aliados a monarquistas lutam contra republicanos, se a revolta operária e popular vai além da alternativa república *versus* monarquia, a divisão entre republicanos e monarquistas deve ser repensada e remetida, segundo sustenta Marx, à sua base de classe. Os monarquistas burgueses podem se unir aos republicanos burgueses para derrotar os republicanos pequeno-burgueses, porque os dois primeiros são burgueses e estes últimos são pequeno-burgueses, isto é, porque uns e outros se guiam de acordo com sua posição de classe. A ação desses partidos e correntes de opinião demonstrou que o fundamental para eles era o interesse de classe e não a doutrina política e o compromisso abstrato com esta ou aquela forma de Estado (monarquia ou república). Esse trabalho de desmascaramento não é uma imputação arbitrária, mas, sim, uma conclusão decorrente da análise do discurso e da prática dos partidos políticos.

A cena política representa e articula os interesses e conflitos de classe

É interessante acompanhar ainda o desvelamento do conflito no interior do campo monárquico, conflito que opunha legitimistas e orlea-

ESTADO, POLÍTICA E CLASSES SOCIAIS   145

nistas, porque nesse caso Marx indica que os personagens acreditam em sua própria fantasia. A relação entre aparência e essência não é pensada por Marx como uma relação simples entre a mentira e a verdade. A aparência faz parte da realidade, tem a sua "espessura" própria.

Na análise de Marx, cada uma dessas correntes representa uma fração das classes dominantes. Defendem interesses econômicos concorrentes e não o direito que esta ou aquela dinastia teria de ocupar o trono. Os legitimistas representam os interesses da propriedade da terra e os orleanistas, os interesses do capital (financeiro, comercial e industrial). Carlos X, monarca Bourbon (1824-1830), o ramo defendido pelos legitimistas, radicalizara durante o seu reinado a política conhecida como de restauração, em defesa dos interesses dos grandes proprietários de terra – indenização da aristocracia emigrada pelas perdas provocadas pela Revolução, supressão do direito de voto dos comerciantes e industriais, supressão da liberdade de imprensa. Os orleanistas foram oposição a Carlos X e, quando assumiram o poder graças à Revolução de Julho de 1830, colocaram Luis Felipe I no trono e governaram em nome da burguesia – implantaram uma reforma eleitoral ampla o suficiente para integrar a burguesia ao corpo de eleitores da câmara dos deputados, mas suficientemente restrita para manter as profissões liberais, os pequenos burgueses, os camponeses e os operários excluídos do sistema eleitoral, suprimiram a hereditariedade dos postos na câmara aristocrática (Chambre des Pairs) e a prerrogativa real de emitir *ordonnances* (decretos-lei). Seguramente, são indícios como esses que Marx tem em mente quando afirma que, no reinado de Carlos X, a propriedade rural era a força "hegemônica" no Estado, enquanto no reinado de Luis Felipe I tal posição seria ocupada pela burguesia.

Entretanto, o apego a uma ou a outra casa dinástica não é concebido por Marx como um mero despiste manipulado pelos parlamentares monarquistas. Tal apego funciona, de fato, como elemento de coesão para cada uma das facções rivais. Cada dinastia, na verdade, organiza uma fração da classe dominante. Tais frações existem como frações diferenciadas também graças à atuação política das famílias reais. Para ilustrar, vale a pena fazermos outra longa citação. Nesse trecho, Marx parte da realidade superficial do conflito dinástico, aponta o conflito entre frações burguesas que se oculta num plano mais profundo e,

146 ARMANDO BOITO JR.

finalmente, retorna ao conflito superficial para indicar que ele também faz parte da realidade.

> Os legitimistas e os orleanistas, como dissemos, formavam as duas grandes facções do partido da ordem. O que ligava estas facções aos seus pretendentes e as opunha uma à outra seriam apenas as flores-de-lis e a bandeira tricolor, a Casa dos Bourbons e a Casa de Orleans, diferentes matizes do monarquismo? Sob os Bourbons [1815-1830, ABJ], governara a *grande propriedade territorial*, com seus padres e lacaios; sob os Orleans [1830-1848, ABJ], a alta finança, a grande indústria, o alto comércio, ou seja, o *capital*, com seu séquito de advogados, professores e oradores melífluos. A Monarquia Legitimista foi apenas a expressão política do domínio hereditário dos senhores de terra, como a Monarquia de Julho fora apenas a expressão política do usurpado domínio dos burgueses arrivistas. O que separava as duas facções, portanto, não era nenhuma questão de princípios, eram suas condições materiais de existência, duas diferentes espécies de propriedade, era o velho contraste entre a cidade e o campo, a rivalidade entre o capital e o latifúndio. Que havia, ao mesmo tempo, velhas recordações, inimizades pessoais, temores e esperanças, preconceitos e ilusões, simpatias e antipatias, convicções, questões de fé e de princípio que as mantinham ligadas a uma ou a outra casa real – quem o nega? Sobre as diferentes formas de propriedade, sobre as condições sociais de existência, ergue-se toda uma superestrutura de sentimentos, ilusões, maneiras de pensar e concepções de vida distintas e peculiarmente constituídas. ... O indivíduo isolado, que as adquire através da tradição e da educação, poderá imaginar que constituem os motivos reais e o ponto de partida de sua conduta. (Marx, s.d., p.224, grifos do original)

A respeito dessa dialética entre realidade superficial e realidade profunda, é ilustrativa a análise feita por Marx das tentativas empreendidas por diversos parlamentares legitimistas e orleanistas para unificar as duas casas dinásticas, isto é, para unir os monarquistas em torno de um só pretendente ao trono a ser restaurado. Eles fracassaram, na avaliação de Marx, porque o problema era mais complicado que simplesmente convencer este ou aquele pretendente ao trono a abdicar em favor do outro. O fundo do problema seria a impossibilidade de conciliar o capital com a propriedade da terra. Ou seja, muitos parlamentares monarquistas acreditam de fato que são apenas as pretensões familiares de duas dinastias rivais que os dividiriam. No entanto, a dinâmica do jogo de interesses, cuja natureza profunda pode escapar à consciência dos próprios agentes envolvidos, a dinâmica desse jogo impõe-se a essa crença. A realidade superficial faz sim parte da realidade, mas está subordinada à realidade profunda, independentemente da consciência dos parlamentares.

> Os diplomatas do partido da ordem pensavam que podiam solucionar a contenda [sobre o direito de sucessão] através do amálgama das duas dinastias, por meio de uma suposta fusão dos partidos monarquistas e de suas casas reais. ... Era a pedra filosofal que os doutores do partido da ordem quebravam a cabeça para descobrir. Como se a monarquia legitimista pudesse converter-se na monarquia da burguesia industrial e a monarquia burguesa converter-se na monarquia da tradicional aristocracia da terra. Como se o latifúndio e a indústria pudessem irmanar-se sob uma só coroa, quando a coroa só podia descer sobre uma cabeça ... Se Henrique V morresse no dia seguinte, o conde de Paris não se tornaria por isso rei dos legitimistas, a menos que deixasse de ser rei dos orleanistas. Os filósofos da fusão, entretanto, ... consideravam que toda a dificuldade provinha da oposição e rivalidade entre as duas dinastias. ... Os adeptos da fusão percebem tarde demais que os interesses das duas facções burguesas não perdem seu exclusivismo, nem adquirem maleabilidade, quando acentuados na forma de interesse de família, interesses de duas casas reais. (Marx, s.d., p.224)

Os "diplomatas" dos legitimistas e dos orleanistas, aqueles parlamentares que realizavam missões entre uma e outra casa dinástica como mensageiros e artífices da fusão, desconheciam, segundo a análise de Marx, os interesses econômicos de fração de classe que os separava. Os representantes não tinham consciência clara dos interesses que representavam. Os parlamentares monarquistas que defendiam a proposta de fusão das duas dinastias julgavam que eram apenas valores, relações pessoais, costumes e símbolos que distinguiam as duas correntes monarquistas. Por ignorar a base material do conflito no qual estavam envolvidos, foi que esses indivíduos propuseram a fusão dos partidos monárquicos. Contudo, na análise de Marx em *O Dezoito Brumário*, a dinâmica do interesse econômico de fração acaba "corrigindo" a ação dos parlamentares partidários da fusão das casas dinásticas.

148 ARMANDO BOITO JR.

A determinação da cena política pelos interesses e conflitos de classe e de fração de classe aparece também nas mudanças que ocorrem no processo político. Os partidos, organizações e correntes de opinião que ignoram os interesses de classe ou de fração que representam, seja por abandonarem antigas posições políticas sem que a situação o justifique, seja por permanecerem aferrados a antigas posições num momento de mudança que atinge sua base social, podem ser condenados ao declínio e ao desaparecimento – o que de fato ocorreu em 1851, quando a massa da classe burguesa abandonou os republicanos, os legitimistas e os orleanistas, bem como o parlamento que essas correntes burguesas controlavam, e passou a apoiar a solução ditatorial para a crise política, que era a solução representada por Luís Bonaparte – processo que Marx analisa no capítulo VI de *O Dezoito Brumário*.

Cena política: marxismo, liberalismo e teoria das elites

O desvelamento da cena política nas sociedades capitalistas é um procedimento metodológico próprio do marxismo, mas somente se tal desvelamento evidencia os interesses de classe e de fração de classe que estão na base das lutas partidárias e de ideias.

Os pensadores liberais concebem a cena política como algo transparente. Pensemos em John Stuart Mill, um clássico do liberalismo do século XIX, e em John Rawls, um clássico do século XX. Para esses pensadores liberais, os partidos e correntes de opinião que aparecem na cena política são, de fato, o que dizem ser, não representando nada de oculto ou dissimulado. Por meio do debate e do voto, o eleitor, indivíduo racional, escolhe, na vitrine transparente que é a cena política, a corrente que melhor se adapta aos seus valores e objetivos.[5] Temos, então, a luta entre conservadores e reformistas, liberais e autoritários, monarquistas e republicanos etc. Cada uma dessas correntes congrega indivíduos livres e racionais, partidários, por mera escolha e convicção pessoal, dos

---

5 Basta ver as ideias desenvolvidas por John Stuart Mill (1980) e por John Rawls (2000).

ESTADO, POLÍTICA E CLASSES SOCIAIS   149

valores que as caracterizam como correntes de opinião. A cena política é o espaço da disputa entre correntes ou projetos e é só.

É muito instrutivo e oportuno para a nossa discussão comparar a análise feita por Marx da cena política francesa em 1848-1851 com a análise de Alexis de Tocqueville. Tocqueville é um liberal conservador, foi deputado monarquista na Assembleia Nacional francesa, e nos legou a sua análise da Revolução de 1848 na conhecida obra *Souvenirs*.[6] Tocqueville, tal qual outros grandes historiadores liberais da Revolução Francesa, como Guizot (Rosanvallon, 1998), opera com o conceito de classe e luta de classes. Tais conceitos, como se sabe, não são apanágio do marxismo. Para esse pensador liberal, as Jornadas de Julho de 1830, quando foi deposto Carlos X, foram uma revolução da burguesia em luta contra a aristocracia e a Revolução de 1848 foi uma revolução "das classes que trabalham com as mãos" (Tocqueville, p.91). Contudo, na análise de Tocqueville, as classes e a luta de classes não aparecem de modo orgânico na cena política. Nessa esfera, desfilam as correntes de opinião: os "conservadores", os "radicais", a "oposição dinástica", a "oposição republicana", a "oposição moderada", o "centro-esquerda", a "esquerda", a "coroa", e, ao fundo, o ruído disforme das ruas – a "canalha", a "turba", o "populacho", as "classes que trabalham com as mãos". Para o liberal, pode haver luta de classes, mas a cena política não é parte integrante desse conflito.

Já os partidários da teoria das elites invertem os sinais da concepção liberal da cena política. Apresentam-se como pensadores realistas e como críticos mordazes da concepção liberal, que seria idealista e ingênua. Eliminam o indivíduo racional e a política transparente e introduzem a massa irracional e a cena política sempre opaca. Numa democracia, as propostas políticas e os programas dos partidos, longe de defender os valores, ideias e objetivos proclamados, seriam meros signos, manipulados pelos políticos profissionais, com o único objetivo de angariar voto do eleitorado. As elites disputam entre si o voto do homem comum e fazem dos programas partidários um instrumento de manipulação da massa. O eleitorado, para os partidários da teoria das elites, não age

---

6 Utilizo a tradução brasileira feita por Modesto Florenzano (ver Tocqueville, 1991).

150 ARMANDO BOITO JR.

racionalmente e sequer tem condições intelectuais de se apropriar das informações necessárias para tomar uma posição racionalmente fundamentada em matéria política.[7]

Marx, como deve ter ficado claro na análise de *O Dezoito Brumário*, difere tanto da concepção liberal quanto da elitista. Tal qual os partidários da teoria das elites, Marx rejeita a concepção liberal. Considera a cena política uma realidade superficial e enganosa e tampouco avalia que os indivíduos ajam de modo livre e consciente. Por isso, a filiação direta e mecânica da obra de Marx à filosofia iluminista seria, segundo nos parece, problemática. Porém, a concepção de Marx é distinta também da concepção dos elitistas. A opacidade da cena política remete à dissimulação e à representação dos interesses de classe, não se circunscrevendo, portanto, ao universo dos interesses dos políticos profissionais – uma "classe política" ou uma "elite" dotada de interesses próprios e exclusivos. Os indivíduos estão determinados por sua situação de classe e de fração. Fazem escolhas, mas essas escolhas também refletem interesses e condições que, no mais das vezes, eles próprios ignoram. Uma prática não transparente, ao contrário do que pretendem os liberais, mas na qual os indivíduos, seguindo seus "instintos de classe", podem, ao contrário do que pretendem os elitistas, acabar se situando de "modo racional". O partido representa interesses que estão fora dele, fora da cena política, enraizados na produção social. Contudo, de um lado, os membros desse partido, que são os representantes, e, de outro lado, os indivíduos que integram as classes sociais, que são os representados, todos podem ignorar as razões profundas dessa relação de representação. Nem liberal, nem elitista, a concepção de Marx de representação política e de cena política é um produto sofisticado e, é importante indicar, revolucionário.

Dizemos revolucionário porque, para Marx, os critérios para analisar a cena política não são os mesmos que se devem utilizar na análise

---

7 Essa é a tese desenvolvida por Joseph Schumpeter na sua conhecida obra *Capitalismo, socialismo e democracia*, na qual ele critica a concepção liberal da política. Esclareço, para prevenir mal-entendidos, que Stuart Mill, quando analisa o comportamento dos trabalhadores manuais, acaba introduzindo, pela porta dos fundos de seu sistema, essa mesma noção elitista de massa irracional. Tal desvio doutrinário, contudo, não compromete o caráter essencialmente liberal da obra *Considerações sobre o governo representativo* (Mill, 1980; Schumpeter, 1950).

dos partidos operários. A opacidade da cena política pode ser superada, ao contrário do que apregoam os partidários da teoria das elites. Os partidos do proletariado, para representar os interesses dessa classe, necessitam fazê-lo abertamente. A sua relação de representação exclui qualquer relação de dissimulação. Ao proceder assim, os partidos operários lançam uma luz nova sobre o conjunto da cena política. Fazem com que cada partido apareça, aos olhos do operariado organizado, como aquilo que ele realmente é, a despeito do trabalho da ideologia que encobre os interesses profundos de cada partido e de cada corrente política burguesa e pequeno-burguesa. No episódio memorável e pioneiro da Comuna de Paris de 1871, o Comitê Central da Guarda Nacional, eleito pelo operariado, ao organizar a insurreição de 18 de março e tomar o poder, proclamou abertamente que o fazia em nome de uma classe social – "em nome do proletariado de Paris". Isso é dizer tudo – sobre si próprio e sobre todos os demais.

PARTE 2
POLÍTICA E ECONOMIA NA FORMAÇÃO DAS CLASSES TRABALHADORAS

7
PRÉ-CAPITALISMO, CAPITALISMO E RESISTÊNCIA DOS TRABALHADORES – ELEMENTOS PARA UMA TEORIA DA AÇÃO SINDICAL[1]

Na tradição marxista, o sindicalismo tem sido analisado de diferentes ângulos. Um tema importante e recorrente é o da relação do movimento sindical com o conjunto do movimento operário e socialista, isto é, a relação entre sindicato e partido operário e entre reforma e revolução. Esse tema se situa no âmbito das práticas organizativas e das estratégicas políticas. Dirigentes e teóricos da II e da III Internacional, como Kautsky, Lenin, Trotsky e Rosa de Luxemburgo, entre outros, intervieram nesse debate. Outro tema importante e recorrente é o dos limites que o processo de acumulação de capital impõe ao sindicalismo. A situação conjuntural da economia capitalista interfere na correlação de forças entre o movimento sindical e o patronato. O próprio Marx considerou essa questão. Em *O capital*, evidenciou que a existência e o porte do exército industrial de reserva limitam a força dos sindicatos. A mesma questão reaparece em *Salário, preço e lucro*, em que Marx mostrou como as fases do ciclo

---

1 Artigo originalmente publicado com o título "Pré-capitalismo, capitalismo e resistência dos trabalhadores", *Crítica Marxista*, São Paulo: Boitempo, n.12, 2001. Agradeço a João Quartim de Moraes, companheiro do Comitê Editorial de *Crítica Marxista*, a leitura atenta deste artigo e as críticas e sugestões que apresentou. Algumas dessas críticas foram incorporadas; outras, mesmo que não o tenham sido, também foram proveitosas, pois propiciaram maior desenvolvimento da minha argumentação. O resultado final é de minha inteira responsabilidade.

econômico (reanimação, prosperidade, superprodução e recessão) condicionam a eficiência maior ou menor da luta sindical. Um terceiro tema que poderíamos mencionar é o papel do sindicalismo no desenvolvimento das forças produtivas capitalistas. Em *O capital*, a passagem da exploração fundada na mais-valia absoluta para a exploração fundada na mais-valia relativa tem como uma das forças propulsoras a luta operária pela redução da jornada de trabalho.

O tema do nosso artigo é distinto. Em certa medida, podemos dizer que esse tema precede todos os demais, pois se refere às próprias *condições sociais de existência de um movimento de tipo sindical*. Sua pergunta mais geral é esta: em que condições é possível existir o sindicalismo? Pergunta que se desdobra em outra: qual é a natureza desse movimento: conservadora, reformista, revolucionária? Para responder a essas questões, examinaremos as relações entre a *estrutura* do modo de produção capitalista e a *ação* de tipo sindical. No plano mais geral, o movimento sindical é um movimento reivindicativo estável, organizado e socialmente legítimo da classe dominada fundamental, visando à negociação das condições de exploração do trabalhador pelo proprietário dos meios de produção. Pois bem, por que esse tipo de movimento existe apenas nas formações sociais em que vigora o modo de produção capitalista? Dito de um modo simplificado e quase paradoxal: por que os trabalhadores escravos não faziam "greve", nem o campesinato servil possuía "sindicatos"? Defenderemos a tese segundo a qual existe, em todas as sociedades de classes, uma correspondência entre, de um lado, a estrutura do modo de produção e, de outro lado, as formas que assumem, e que podem assumir, as *práticas de resistência* dos trabalhadores – que são aquelas lutas que procuram melhorar a sorte dos produtores diretos dentro dos limites dados pelo modo de produção. Nosso interesse central são as relações da estrutura do modo de produção capitalista com o movimento de tipo sindical. Porém, a análise desse tema ganha em amplitude e, talvez, em profundidade, se consideramos, também, as relações entre a estrutura dos modos de produção pré-capitalistas e a ação de resistência dos trabalhadores que formam a classe dominada fundamental de tais modos de produção. Evidentemente, não teria sentido, dado o tema deste ensaio, considerar os modos de produção pré-capitalistas que, baseando-se na propriedade coletiva dos meios de produção, não se encontram divididos em classes sociais antagônicas. Entre os modos de produção pré-capitalistas que comportam a exploração de classe, iremos tomar em consideração o escravismo antigo, o escravismo moderno e o feudalismo, ignorando o modo de produção asiático.

A ideia mais geral deste artigo aponta, portanto, para um condicionamento das *práticas de resistência* dos produtores diretos pela estrutura dos modos de produção. No caso do sindicalismo, é certo que esse movimento formou-se e se desenvolveu graças ao esforço pertinaz dos trabalhadores e a despeito da resistência da burguesia. É bastante conhecido o fato de a Revolução Francesa, a justo título considerada o processo mais extremado de revolução burguesa, ter, através da lei Le Chapelier, vedado aos trabalhadores o direito de greve e de organização sindical. Na Inglaterra, apenas em 1824 os trabalhadores, após muita luta, conquistaram tais direitos; na França, tal conquista se deu ainda mais tarde, em 1884. Porém, a resistência burguesa ao sindicalismo não invalida a tese de que apenas no modo de produção capitalista encontramos alguns elementos e relações que são condições e, inclusive, *estímulos* para um tipo de organização e de luta reivindicativa permanente dos trabalhadores – do mesmo modo, de resto, que a posição burguesa em defesa do voto censitário ou desigual não invalida a tese de que apenas o Estado burguês permite, aos produtores diretos, a conquista do sufrágio universal e igual.

É necessário fazermos um esclarecimento conceitual prévio. Utilizamos um conceito de modo de produção próximo àquele que foi concebido pelo marxismo althusseriano. Uma primeira característica geral que distingue esse conceito de modo de produção é que ele é pensado de maneira ampla, não se atendo, portanto, apenas ao nível econômico. Essa característica é fundamental para o nosso ensaio. Se o conceito de modo de produção é pensado apenas como "maneira de produzir", ou como o "nível econômico das sociedades", torna-se *impossível* explicar a originalidade da existência, no capitalismo, de um movimento reivindicativo estável e socialmente legítimo dos produtores diretos. O modo de produção deve ser pensado como uma macroestrutura que articula, numa mesma totalidade, tanto a infraestrutura econômica quanto a superestrutura jurídico-política. A primeira é decomposta em forças produtivas e relações de produção, e a segunda, em direito e burocratismo, ambos parte do Estado. A infraestrutura e a superestrutura estão articuladas como uma totalidade: a superestrutura jurídico-política de um modo de produção qualquer tem a função de reproduzir a infraestrutura econômica desse modo de produção.

Uma segunda característica importante desse conceito de modo de produção, e que também interessa diretamente à nossa discussão, é o fato de tal conceito não designar nenhuma realidade histórica específica. Os autores althusserianos sempre insistiram na distinção entre modo de produção e formação social. O primeiro conceito é um conceito teórico, formulado num nível elevado de abstração, e é, portanto, um conceito mais simples. Dessa perspectiva, uma obra como *O capital* de Marx tem por objeto o modo de produção capitalista, e não esta ou aquela sociedade capitalista – para ser mais exato, Marx examina apenas a infraestrutura econômica do modo de produção capitalista, e não a totalidade desse modo de produção. Já o conceito de formação social reporta-se a um nível mais baixo de abstração, incorpora um número maior de determinações e é, por causa disso, um conceito mais complexo. Embora seja uma "realidade ideal", como é a realidade de todo e qualquer conceito, trata-se de um conceito concreto, uma vez que designa sociedades historicamente existentes: por exemplo, a formação social capitalista inglesa de meados do século XIX, que foi de onde Marx retirou a maior parte do material histórico que utilizou para analisar a infraestrutura do modo de produção capitalista. As formações sociais, como mostra a análise de Lenin no clássico *O desenvolvimento do capitalismo na Rússia*, articulam, num mesmo espaço e tempo histórico, elementos e relações de diferentes modos de produção, subordinados ao modo de produção dominante nessa formação. O conceito de modo de produção é uma abstração produzida tendo por base a análise das formações sociais historicamente existentes. Operaremos com essa distinção entre modo de produção e formação social ao longo do nosso ensaio. No que concerne a nossa discussão, essa distinção significa o seguinte: poderemos, sim, encontrar movimentos reivindicativos estáveis de trabalhadores em determinadas formações sociais pré-capitalistas. Por exemplo, nas formações sociais escravistas modernas brasileira e estadunidense do século XIX, existe um *embrião* de movimento sindical devido à presença, nessas formações sociais, de relações de produção de tipo capitalista (ver Foot & Leonardi, 1982, p.227-83). Contudo, tais movimentos não abarcam a classe dominada fundamental dessas formações sociais – a classe dos escravos rurais – e, sendo o escravismo moderno o modo de produção dominante nessas formações sociais, o desenvolvimento do movimento sindical dos trabalhadores livres terá o seu desenvolvimento comprometido.

Modos de produção pré-capitalistas: os produtores diretos entre a desorganização e a sublevação

A história da *prática de resistência* dos produtores diretos nos modos de produção pré-capitalistas, como o escravismo antigo e moderno e o feudalismo, apresenta períodos mais ou menos longos de desorganização e passividade pontilhados por ações abruptas de revoltas locais ou insurreições generalizadas.[2] Num nível inferior, temos a passividade ou a resistência individual e difusa dos produtores diretos; num nível superior, a rebelião aberta; inexiste o "patamar intermediário", que seria um movimento reivindicativo estável, como é o movimento sindical, organizado pelos escravos rurais ou pelo campesinato servil. Vejamos por que esse perfil da luta de trabalhadores escravos e servis é condicionado pela estrutura dos modos de produção pré-capitalistas.

Para o que nos interessa aqui, é possível agrupar diversos modos de produção pré-capitalistas (escravismo antigo, feudalismo, escravismo moderno) num conjunto razoavelmente coerente de elementos gerais e abstratos e contrastar esse conjunto com o modo de produção capitalista. Tais elementos, característicos dos modos de produção pré-capitalistas, são os seguintes: a) o baixo nível de desenvolvimento e de socialização

---

2 Essa afirmação retoma, com formulação e fundamentação distintas, a tese apresentada por Alain Badiou e François Balmès no ensaio *De l'Idéologie* (1976). Representa também uma reelaboração, a partir da problemática teórica do materialismo histórico, de conhecidas formulações de inspiração weberiana. T. H. Marshal, por exemplo, em seu influente livro de ensaios sobre a estratificação social, escreveu: "Onde o status reina, a barganha, que pertence ao contrato, não pode prevalecer. ... Não há meio--termo entre acomodação e rebelião" (Marshall, 1967, p.136-45 – citação extraída da p.143).

das forças produtivas; b) a subordinação pessoal do produtor direto ao proprietário dos meios de produção, subordinação estabelecida pelo direito pré-capitalista; e c) a proibição expressa de participação dos produtores diretos no aparelho de Estado, cujos cargos são monopolizados pelos indivíduos pertencentes à classe dominante.

Nos modos de produção pré-capitalistas, há diferenças, conforme examinaremos mais à frente, no que respeita à sujeição pessoal do produtor direto ao proprietário dos meios de produção. O trabalhador escravo, tanto no escravismo antigo quanto no moderno, não possui capacidade jurídica e é definido como propriedade do seu senhor. O camponês servo de gleba possui capacidade jurídica limitada que modera a autoridade do senhor sobre sua pessoa. Essas diferenças, codificadas pelo direito escravista e pelo direito feudal, embora não anulem a sujeição pessoal, tanto do trabalhador escravo, quanto do trabalhador servil, ao proprietário dos meios de produção, correspondem, no entanto, a diferenças existentes no plano das relações de produção no escravismo e no feudalismo. O campesinato servil, dotado de alguma capacidade jurídica, pode deter a posse de parte dos meios de produção e praticar uma economia relativamente independente. O escravo rural, não possuindo capacidade jurídica, só pode trabalhar com meios de produção alheios e o seu trabalho se realiza sob o controle do proprietário dos meios de produção ou de seus prepostos – no escravismo antigo, a regra é o preposto do senhor ser também um escravo. Tais diferenças no plano das relações de produção, por sua vez, correspondem a diferenças no plano das forças produtivas. A economia feudal, em sua forma típica, distribui e dispersa os produtores diretos em pequenas glebas. O sobre-trabalho é transferido ao senhor feudal sob a forma de renda-produto (tributos), renda-trabalho (corveias) e, eventualmente, renda-dinheiro. A economia escravista, tanto antiga quanto moderna, reúne os plantéis de escravos sob o comando unificado de um mesmo senhor e num mesmo local de trabalho. No entanto, tanto no escravismo como no feudalismo, o baixo nível de socialização e de desenvolvimento das forças produtivas mantém, como regra geral, os produtores diretos distribuídos em pequenas unidades produtivas, a produção de cada uma dessas unidades separada, de modo estanque, da produção das demais e uma divisão do trabalho muito incipiente no interior de cada uma

ESTADO, POLÍTICA E CLASSES SOCIAIS **161**

delas. Essa dispersão e esse isolamento obstaculizam, embora não inviabilizem, toda ação coletiva, seja reformista, seja revolucionária, do campesinato servil e dos escravos rurais nas condições normais da produção escravista e feudal.

Na Antiguidade clássica, o modo de produção escravista reunia um pequeno número de escravos nas unidades produtivas – propriedades rurais e manufaturas. É certo que ocorria a concentração de um número maior de escravos para a construção de obras públicas ou, em casos mais raros, para a prestação de serviços públicos. Concentração semelhante ocorria também na atividade de mineração. Esses casos, porém, eram ocasionais ou localizados. Prevalecia, como regra, a dispersão do produtor direto.

Na Grécia e em Roma da época clássica (séculos V a IV a.C. e séculos II a.C. a II d.C., respectivamente) dominava o modo de produção escravista, tendo a economia camponesa como modo de produção complementar. A maioria dos escravos era composta pela classe dos trabalhadores rurais. Havia setores que apresentavam grandes concentrações de trabalhadores escravos. As minas de prata de Atenas na Ática e as minas de prata dos romanos na Espanha chegaram a concentrar, numa mesma região, até trinta mil escravos. Porém, a regra no modo de produção escravista antigo é a dispersão econômica dos produtores diretos. Mesmo na agricultura, predominava a dispersão. Na Grécia, a agricultura escravista era efetuada em propriedades pequenas e médias – de doze a vinte e quatro hectares no máximo. A regra era um pequeno número de escravos nas propriedades rurais. Foi na Roma clássica que surgiu o latifúndio escravista, mas esses latifúndios encontravam-se subdivididos, não formavam um território contínuo, embora fossem propriedade de um mesmo latifundiário (Anderson, 1977, p.23-60).

O escravismo nas cidades tinha características peculiares. No que respeita à concentração de trabalhadores, havia algumas situações que permitiam a formação de plantéis relativamente grandes. O abastecimento de água em Roma no século I d.C. reunia, sob o controle do Estado, um plantel permanente de setecentos escravos. Nas manufaturas e olarias romanas, os maiores números conhecidos são sessenta e cento e vinte escravos num mesmo estabelecimento (Finley, 1980, p.93-106). O mais importante, porém, no caso das atividades urbanas é que havia

162 ARMANDO BOITO JR.

uma diferença de classe entre escravos urbanos e escravos rurais. O escravo urbano, doméstico e artesão obtinha um tratamento diferente daquele dispensado ao escravo rural. O escravo doméstico era favorecido pelo fato de prestar serviços pessoais ao amo e o artesão, devido ao seu conhecimento técnico. Charles Parain apresenta deste modo essa diferença de classe que divide a ordem dos escravos:

> os escravos ocupavam postos extremamente distintos no sistema social de produção: havia um abismo entre o escravo que, submetido a uma disciplina impiedosa, penava nas mais duras condições nas grandes propriedades rurais ou nas condições mais espantosas no fundo das minas e o escravo que era o homem de confiança de um senhor. Generalizando, o escravo que era empregado na cidade, na família urbana, parecia desfrutar um destino relativamente invejável aos olhos do escravo relegado ao campo. (Parain, 1963)[3]

Tais diferenças de classe repercutiam na prática social desses agentes. O historiador M. I. Finley destaca que os escravos urbanos não participaram das revoltas de escravos da Antiguidade, revoltas que foram obra dos escravos rurais. Um historiador marxista da Antiguidade observa sobre a história de Roma:

> Entre os antagonismos de classe que atravessavam a sociedade romana, o mais agudo opunha as duas classes principais: a dos proprietários de escravos e de terras e a dos escravos rurais. A luta de classes atingiu aqui, relativamente à sociedade escravista, o seu mais alto nível e o seu mais forte encarniçamento. Os levantamentos espontâneos ou as revoltas mais ou menos importantes tomaram as formas características da luta dos escravos rurais, explorados pelos métodos mais típicos da ordem escravista e que formam o grupo social mais isolado. (Staerman, 1978, p.192).

---

3 Sobre esse mesmo ponto, Jean-Pierre Vernant afirma: "... a massa dos escravos não formava um grupo tão homogêneo como somos tentados a imaginar ... as condições reais de trabalho e de vida acusavam, por trás da identidade aparente do estatuto jurídico, diferenças consideráveis. O que há em comum entre um escravo doméstico como os apresentados pelas comédias ou um escravo que dirige no lugar e em nome de seu senhor uma empresa artesanal e os que penavam acorrentados nas minas do Láurio? Entre um escravo agrícola, um preceptor [de] uma família rica e um empregado na administração do Estado?" (Vernant, 1989, p.66-85 – citação retirada da p.84).

ESTADO, POLÍTICA E CLASSES SOCIAIS 163

Para o modo de produção escravista moderno, Jacob Gorender mostra que as unidades de produção são, na sua maioria, pequenas, embora apresentem plantéis de escravos de tamanho variável (Gorender, 1980). As pequenas engenhocas do sertão nordestino possuíam entre doze e quinze escravos. Nas plantações de algodão, havia muitas explorações pequenas com cerca de dez escravos. Além do setor do algodão, também no setor de açúcar e fumo há um grande número de pequenas explorações tocadas por um pequeno plantel de escravos. Já os engenhos baianos do século XVI possuíam no mínimo sessenta escravos e a maioria deles possuía um plantel entre cem e duzentos escravos. No século XVII, há registros de plantações com cem e trezentos escravos no Ceará e na Paraíba. Mas as plantagens com maiores concentrações de escravos foram as fazendas de café do Vale do Paraíba e do Oeste Paulista no século XIX. Não são raras as referências a fazendas de café com duzentos a quatrocentos escravos.

Resumindo, tanto no escravismo antigo quanto no escravismo moderno, a concentração de um grande número de escravos numa mesma fazenda, engenho, manufatura ou obra pública existe, mas é rara. Prevalece a pequena unidade produtiva dispersa e autossuficiente. O comando sobre os produtores diretos é unificado; o seu trabalho está, ao contrário do trabalho do campesinato servil, coletivamente subordinado ao proprietário de escravo ou ao seu preposto. Podemos, num pequeno ensaio como este, desconsiderar as situações em que, no escravismo moderno, o fazendeiro concedia um lote de terra para cultivo próprio dos escravos, situação em que parte do trabalho escravo, aquela dedicada à sua própria subsistência, passava a ser realizada de modo relativamente independente. Essa situação, conhecida como "brecha camponesa" ou o "sistema do Brasil", é uma eventualidade histórica nas sociedades dominadas pelo modo de produção escravista moderno, e, como tal, pode ser abstraída na conceituação desse modo de produção.[4] Logo, podemos considerar que os trabalhadores encontravam-se unificados num coletivo em cada local de produção. A esse fator que, em tese, poderia favorecer a ação organizada dos escravos rurais contrapõe-se o fato de que cada coletivo de trabalhadores encontra-se isolado de todos os

---

4 Sobre a brecha camponesa, ver Cardoso (1979).

demais. No nível das forças produtivas, as próprias unidades de produção estão isoladas umas das outras, já que não há produção socialmente integrada. A eventual ação dos produtores em uma unidade de produção não pode, assim, provocar nenhuma reação em cadeia que afete as demais. No nível das relações de produção, um aspecto decisivo é que cada plantel de escravos está, uma vez que o produtor direto não usufrui de liberdade pessoal, confinado na sua unidade de produção. Não há contato entre os produtores diretos de diferentes unidades produtivas. Portanto, tanto o baixo nível de desenvolvimento e de socialização das forças produtivas quanto as relações de produção que convertem o produtor direto em instrumento de produção obstaculizam a ação coletiva desses produtores.

Na Europa medieval e moderna, o modo de produção feudal distribuía a massa camponesa servil em glebas isoladas, assumindo cada família camponesa o controle da produção agrícola na gleba à qual estava vinculada. Essa situação de isolamento é a característica fundamental e constante do feudalismo, embora ocorram variações secundárias ao longo da história europeia.[5]

Na Alta Idade Média, a exploração feudal baseava-se, fundamentalmente, na corveia (renda-trabalho). Os tributos feudais (renda-produto e, eventualmente, renda-dinheiro), embora importantes, desempenhavam um papel secundário. Marc Bloch calcula que, somados os serviços agrícolas no manso senhorial (o trabalho por dia sob controle do senhor feudal ou o trabalho por tarefa, organizado pelo próprio servo e sua família) e os serviços de fabricação (trabalho nas oficinas do senhor feudal, os gineceus, ou nas próprias casas dos camponeses com material fornecido pelo senhor), os camponeses dependentes deviam prestar cerca de 150 dias de corveia por ano ao senhor feudal. Isto significa que ao menos uma parte desses 150 dias do ano, isto é, nos dias em que prestavam corveia agrícola por dia e corveia de fabricação nos

---

5 João Quartim de Moraes alertou-me para o papel que a exploração das terras comunais e a aldeia camponesa poderiam desempenhar na unificação do campesinato. A força do movimento camponês na Rússia, onde a terra comunal e a aldeia tiveram um papel mais importante que na Europa ocidental, talvez seja um indicador do acerto dessa ideia. Contudo, não acredito que as terras comunais anulem o isolamento característico do campesinato no período feudal.

gineceus, os camponeses estavam reunidos no manso ou nas oficinas senhoriais trabalhando sob as ordens do senhor feudal e dos seus prepostos (do mesmo modo que no escravismo antigo o feitor pertencia à ordem dos escravos, no feudalismo os administradores dos feudos pertenciam, regra geral, à ordem dos servos. Na França, esse servo administrador era conhecido como *sergent*).

Durante a baixa Idade Média e a Idade Moderna, mesmo essa aglutinação temporária e parcial dos camponeses deixou de existir. Os tributos feudais substituíram a corveia como forma dominante de renda feudal. A superfície do manso senhorial reduziu-se, ampliou-se a área dos feudos dividida em glebas sob cultivo camponês e as corveias caíram para cerca de apenas quinze dias por ano. A situação de dispersão e de isolamento dos camponeses nas glebas acentuou-se (Bloch, 1976, cap.III). Ao baixo nível de desenvolvimento e socialização das forças produtivas corresponde uma divisão social e técnica do trabalho muito rudimentar. Há pouca cooperação e dependência entre as unidades produtivas e entre os trabalhadores no interior de uma mesma unidade. O produtor direto, acompanhado de sua família, não é parte de um coletivo de produtores, como o moderno trabalhador coletivo criado pelo capitalismo. Esse isolamento socioeconômico obstaculiza a formação de movimentos coletivos entre os produtores diretos das formações sociais feudais e reduz o impacto de eventuais ações de resistência, na medida em que, tal qual ocorre no escravismo, a paralisação de uma unidade produtiva não repercute, em cadeia, em outras unidades.

Falamos, até aqui, da infraestrutura econômica dos modos de produção escravista e feudal. Porém, os obstáculos que essa infraestrutura opõe à organização e à luta coletiva dos produtores diretos não são os únicos fatores a ser considerados. O direito pré-capitalista também deve ser tomado em consideração. A superestrutura jurídico-política dos modos de produção pré-capitalistas interdita os produtores diretos de empreender qualquer tipo de ação coletiva, inclusive, portanto, uma mera ação reivindicativa. Se o produtor direto organiza-se e luta, ele se coloca, independentemente do objetivo dessa luta, em contraposição aberta ao modo de produção. É certo que escravos ou servos podem, numa ação de rebeldia, reivindicar coletivamente. Porém, esse fato não altera nossa afirmação. Isso porque o fazendeiro escravista ou o senhor

166   ARMANDO BOITO JR.

feudal *não poderá*, nessa ou em qualquer outra situação, entabular negociações com os produtores. Ora, nenhum movimento reivindicativo de trabalhadores pode existir de forma estável sem a participação da parte oposta, os proprietários dos meios de produção. O sindicalismo só pode existir como movimento social estável porque o proprietário dos meios de produção, no caso o capitalista, pratica, mesmo que contra sua vontade, a negociação com os representantes dos trabalhadores. Os atos de rebeldia dos produtores diretos nos modos de produção pré-capitalistas não logram estabelecer negociações com os proprietários dos meios de produção e não se consolidam, por causa disso, como movimento reivindicativo em torno das condições de trabalho e da taxa de exploração.

Já nos referimos ao fato sobejamente conhecido de que, nos modos de produção escravista e feudal, o produtor direto está submetido pessoalmente ao proprietário dos meios de produção, ainda que essa sujeição pessoal assuma formas muito variadas. Ela se apresenta como uma relação de propriedade completa no caso do escravismo. Na sua forma clássica de "escravidão mercadoria", o escravo está pessoalmente sujeito à autoridade absoluta do seu senhor e é mercadoria livremente alienável. O direito e a ideologia escravistas equiparam, em termos gerais, o escravo à condição de coisa, sem vontade própria, juridicamente incapaz e objeto da vontade de terceiros – o homem livre que é seu proprietário legal.[6] A esse respeito, faz-se necessário um esclarecimento. Jacob Gorender mostra que nas sociedades escravistas concretas – naquilo que denominaríamos formações sociais escravistas – o processo de coisificação do escravo pelo direito pode não ser completo. Nessas formações sociais, podem existir, em determinadas circunstâncias e dentro dos limites impostos pela necessidade de manutenção da ordem escravista, normas que concedam capacidade jurídica parcial e localizada ao escravo (ver Gorender, 1980, p.60-87). É preciso esclarecer, portanto, que é no plano conceitual do modo de produção, que retém apenas as relações fundamentais das formações sociais em exame, que se pode afirmar que o direito escravista não atribui ao escravo capacidade jurídica alguma.

---

6 "Os escravos não têm personalidade jurídica" (Villey, 1949).

ESTADO, POLÍTICA E CLASSES SOCIAIS **167**

Já no caso da servidão, a sujeição pessoal assume uma forma atenuada.[7] O camponês servo de gleba, por exemplo, está vinculado à gleba, não podendo ser objeto de compra e venda. Ele não está sujeito, portanto, à autoridade absoluta do senhor. Foignet, na obra citada, distingue três tipos de servos, usando como critério implícito a maior ou menor restrição à sua personalidade jurídica: servos *de corps et de poursuite*, presos a uma senhoria e passíveis de ser reconduzidos à força em caso de abandono, servos de *servitude personelle*, que possuíam o direito de escolher a senhoria mas permaneciam presos à pessoa do senhor, e os servos de *servitude réelle*, cuja servidão decorria apenas da terra que ocupavam, podendo recuperar a liberdade abandonando essa terra. Marc Bloch denomina esse último tipo de *vilain* no sentido estrito e os dois primeiros de servos, sem mais especificações (Bloch, 1976). Charles Parain, valendo-se de um texto de Engels, considera a condição servil uma situação em que o produtor é propriedade limitada de seu senhor e estabelece uma gradação nessa condição, falando em servidão pesada e servidão atenuada. Na alta Idade Média, teria prevalecido a servidão pesada – pessoal – baseada na corveia; na baixa Idade Média e na Idade Moderna da Europa ocidental, a servidão atenuada – a servidão de gleba – baseada nos tributos (Parain, 1978, p.22-39).

Se o produtor direto não tem personalidade jurídica, ou a possui de modo limitado, as instituições dos Estados pré-capitalistas encontram-se, ao contrário do que se passa com o Estado capitalista, explícita e formalmente vedadas à participação dos membros da ordem inferior. Logo, os integrantes da classe dominada fundamental desses modos de produção, os escravos rurais e o campesinato servil, estão excluídos dessas instituições. Os indivíduos pertencentes à ordem superior (os homens livres) monopolizam os postos no aparelho de Estado. Na verdade, em grande medida, tais postos acabam nas mãos dos indivíduos pertencentes à classe dominante – até porque, nos Estados pré-capitalistas, a riqueza é condição para que se possa assumir as funções estatais de administrar,

---

7 "O escravo *não tinha personalidade jurídica* e, portanto, não tinha nem direito de família, nem direitos de patrimônio. ... Os servos não usufruem senão de uma *personalidade jurídica restrita* ... com direitos de família e direitos patrimoniais incontestes" (Foignet, 1946).

coletar impostos e fazer a guerra, visto que grande parte das instalações e equipamentos destinados a esses fins devem ser fornecidos pelos próprios ocupantes do aparelho de Estado. Portanto, o entrecruzamento da condição de classe (lugar no processo de produção) e da condição de ordem (lugar na hierarquia jurídica civil), ao permitir o monopólio dos cargos de Estado pela classe dominante, impede a existência de um corpo burocrático cujo recrutamento pode ser feito, formalmente, em todas as classes sociais. Os latifundiários escravistas e os senhores feudais são, eles próprios, os "funcionários" do Estado – eles são, inclusive, os "funcionários" do *aparelho repressivo* do Estado, ponto que mais interessa à nossa discussão.

O produtor direto no escravismo antigo e moderno e no feudalismo está submetido, portanto, à pessoa do proprietário dos meios de produção. Tal condição transforma qualquer ação reivindicativa, independentemente de seu conteúdo, num ato de negação do direito e da ideologia que garantem a exploração do trabalho nesses modos de produção. Reivindicar é afirmar-se como sujeito de direitos e, portanto, negar a condição de sujeição pessoal que é o que obriga o produtor direto, nos modos de produção pré-capitalistas, a fornecer sobretrabalho ao proprietário dos meios de produção. Já o dissemos: escravos e servos poderão tomar o caminho da ação reivindicativa. Afinal, eles podem não aceitar a condição de objetos da vontade de terceiros. Mas, se isso ocorrer, os proprietários dos meios de produção só poderão oferecer como resposta, sob pena de subverterem, eles próprios, todo o edifício social existente, a repressão pura e simples, e nunca a negociação. A consequência desse fato é que os produtores diretos serão reconduzidos – salvo se houver uma transformação revolucionária da ordem escravista ou feudal – à situação anterior, e normal, de desorganização (Badiou & Balmès, 1976). Isso não significa que o produtor direto esteja condenado à completa passividade, sequer nos momentos de estabilidade da ordem escravista ou feudal. Ele pode agir no plano individual, seja de modo a se adaptar "vantajosamente" ao sistema, seja procurando livrar-se individualmente da opressão.

Existem, ainda que muito restritas, formas mais ou menos vantajosas de adaptação individual à opressão e à exploração pré-capitalista, formas que têm sido bastante valorizadas pela bibliografia recente sobre o escravismo brasileiro e norte-americano (Gorender, 1990, cap.III e

ESTADO, POLÍTICA E CLASSES SOCIAIS   **169**

VIII). Pode-se ser um "escravo padrão" para se tentar obter a "transferência" do trabalho na terra para os serviços pessoais na casa-grande, ou para se tentar adquirir, já no final da vida, uma incerta e restritiva carta de alforria. Esse tipo de ação individual adaptativa só é um fato histórico porque contribui para a reprodução do sistema de exploração no seu conjunto.

Existem também formas de resistência individual e difusa à exploração e à opressão pré-capitalistas. O escravo rural ou o camponês servil pode resistir individualmente à ação do proprietário escravista ou feudal. Trabalho mal feito, agressão e assassinato dos senhores de escravo ou de seus familiares e prepostos, fuga da fazenda escravista ou do feudo e tantas outras formas de expressão do inconformismo individual dos produtores diretos são constantes nos períodos de estabilidade política das sociedades pré-capitalistas. Essa resistência individual e difusa, dependendo da situação histórica e da amplitude que assuma, pode gerar transformações reais e importantes na organização da economia e da sociedade, convertendo-se, assim, em fato histórico.

E. Staerman destaca o que denomina "formas latentes" da resistência escrava. Sustenta que a fuga de escravos foi um fenômeno amplo e permanente na Roma antiga. Acrescenta que os escravos não se contentavam em fugir, mas também matavam seus senhores e destruíam os seus bens. Charles Parain considera que a resistência difusa dos escravos foi um dos fatores responsáveis pela mais importante transformação ocorrida nas relações de produção no mundo antigo – a substituição gradativa do trabalho escravo pelo regime de colonato (Staerman, 1978; Parain, 1963). Para o caso do feudalismo, Maurice Dobb relata que a fuga de camponeses servos para as cidades adquiria, muitas vezes, proporções catastróficas para a economia dos feudos, tanto na Inglaterra quanto nos demais países europeus. Apresenta relatos para mostrar que, na França, nos feudos em que os senhores se demonstravam inflexíveis, sua terra era abandonada, algumas vezes com o "êxodo de toda a aldeia". Cita o exemplo da Ile de Ré, no século XII, cujos habitantes "desertaram *en masse* devido à severidade de seu senhor, que foi obrigado a fazer concessões para poder ficar com alguns trabalhadores". Nos séculos XII e XIII, os senhores passaram a firmar acordos de cooperação para a busca de servos foragidos. Dobb conclui:

170 ARMANDO BOITO JR.

Tão considerável se tornou o problema dos fugitivos, no entanto, e tão grande a necessidade de mão de obra, que a despeito dos tratados e promessas mútuas [estipulados entre os senhores feudais], desenvolveu-se uma competição para atrair e furtar os servos do domínio vizinho – competição que obrigatoriamente acarretava algumas concessões e cuja existência impunha seus próprios limites ao maior crescimento da exploração feudal. (Dobb, 1971, p.65)

Nessa mesma linha de análise, Charles Parain sustenta que a transição da servidão pessoal baseada na corveia, típica da alta Idade Média, para a servidão de gleba baseada nos tributos, típica da baixa Idade Média, representou um recuo dos senhores feudais diante da insatisfação e da pressão do campesinato (Parain, 1978). Portanto, mesmo sem movimento reivindicativo organizado, escravos rurais e camponeses podiam obter, graças à resistência difusa, reformas na economia escravista antiga e na economia feudal.

Para o escravismo moderno, Antônio Barros de Castro argumentou, de modo convincente, que as ações de rebeldia individual e a pressão difusa dos escravos rurais, somadas à ação preventiva dos fazendeiros escravistas contra rebeliões, são responsáveis – talvez as principais responsáveis – pelo desenvolvimento da brecha camponesa. O autor contesta a explicação meramente econômica do "sistema do Brasil", explicação que atribui a concessão de um lote de terra para o cultivo próprio do escravo exclusivamente aos interesses do senhor em baratear a reprodução da mão de obra (Castro, 1980, p.94-107). Portanto, tal qual nos casos do escravismo antigo e do feudalismo, a inexistência de organização permanente dos produtores diretos e de negociação sobre as condições de trabalho não significa que a contradição entre produtores e proprietários deixe de incidir sobre as formas e os rumos que assumem as sociedades pré-capitalistas.[8]

À vista do que dissemos acima, convém fazermos uma referência crítica ao trabalho de João José Reis e Eduardo Silva, historiadores que,

---

8 Muitos autores acreditam erroneamente que a particularidade do modo de produção escravista consistiria em que a massa escrava não teria nenhuma influência sobre a sociedade e a história. Esse é o caso de Fernando Henrique Cardoso, para quem os escravos seriam "... testemunhos mudos de uma história para a qual não existem senão como uma espécie de instrumento passivo" (Cardoso, 1975, p.112).

ESTADO, POLÍTICA E CLASSES SOCIAIS **171**

no Brasil, propõem, à maneira do que já foi feito por historiadores norte-
-americanos, uma nova visão do escravismo (ver Reis & Silva, 1989).
Trata-se, segundo esses autores, de superar a visão, simplista e mani-
queísta segundo eles, na qual o escravo seria um Zumbi ou um Pai João.
Partindo dessa *metáfora* para caracterizar de *modo sumário e impreciso* a
historiografia que fez a crítica do escravismo, os autores avançam a tese
segundo a qual no escravismo haveria uma "negociação" permanente
entre o escravo e seu senhor. Para chegar a esse resultado, amalgamam
arbitrariamente, no estudo do escravismo brasileiro, as estratégias individuais de adaptação ao sistema escravista com as ações individuais e
coletivas de resistência. Falam, de maneira inadequada e indistintamente, de negociação e acordo para se referir a esses fenômenos. Procuram,
com isso, passar a ideia da existência de uma espécie de "contrato de
escravidão" que seria passível de "discussão" entre "as partes" – daí o
título do livro referir-se a negociação e conflito no escravismo. O resultado desse *anacronismo* é extravagante. J. J. Reis e E. Silva consideram,
por exemplo, as vantagens que uma escrava doméstica podia obter
em troca de serviços sexuais e culinários prestados ao seu proprietário
como forma de negociação bem-sucedida entre escravos e senhores –
entre o rebelde Zumbi e o passivo Pai João, teríamos a "negociação"
representada pela solução Chica da Silva (ibidem, p.62-78). De resto,
é significativo o fato de se tratar de escravos domésticos. Já dissemos
que no modo de produção escravista é a classe dos escravos rurais que
se constitui no polo antagônico das relações de produção escravistas.
De qualquer maneira, os referidos autores não citam um só exemplo de
negociação entre um coletivo de escravos e o proprietário escravista em
torno das condições de trabalho.

Dissemos que os produtores diretos podem, eventualmente, apresentar, coletivamente, reivindicações aos proprietários dos meios de
produção para os quais trabalham. Esse tipo de iniciativa pode, se o
senhor não logra sujeitar os trabalhadores, desdobrar-se numa insurreição. Teríamos a sequência: reivindicação coletiva pacífica, repressão
ineficiente e insurreição. Algumas vezes, porém, a reivindicação já começa sob a forma de uma insurreição armada. Essa inversão é elucidativa.
Pela sua experiência prática, os produtores sabem que os proprietários
reprimirão. Em decorrência disso, em vez de apresentar pacificamente

172 ARMANDO BOITO JR.

suas reivindicações, se rebelam, geralmente armados, e, durante a insurreição, apresentam sua plataforma de reivindicações. Poderíamos denominar esse fenômeno, que não é tão raro em algumas formações sociais pré-capitalistas, reivindicação pela via da insurreição ou "insurreição reivindicativa".

Na Europa moderna, foi comum esse fenômeno. Emmanuel Le Roy Ladurie, analisando as revoltas camponesas nos séculos XVII e XVIII, constatou muitos movimentos como esses que estamos designando com a expressão "insurreição reivindicativa" (Ladurie, 1974, p.6-22). No Nordeste colonial brasileiro, no final do século XVIII, ocorreu o conhecido e discutido episódio da "insurreição reivindicativa" dos escravos rurais do Engenho Santana de Ilhéus, na qual os escravos rebelaram-se, evadiram-se e apresentaram, como condição para retornar ao trabalho no engenho, um "Tratado de Paz" no qual especificavam inúmeras e detalhadas reivindicações.[9] No final do século XIX, na região cafeeira do Sudeste do Brasil, Ronaldo Marcos dos Santos encontrou muitos exemplos desse mesmo fenômeno, que o autor denomina "revoltas reivindicatórias" (Santos, 1980, p.37-52, 77-84). Nesses casos, o senhor responde com a repressão, para reconduzir o escravo ou o servo à condição de subordinação pessoal.

Admitamos, para efeito de argumentação, que o proprietário do Engenho Santana de Ilhéus aceitasse negociar o "Tratado de Paz" proposto pelos escravos. Afinal, um indivíduo pode transcender ou contrariar sua situação de classe. Se isso ocorresse, tratar-se-ia, em primeiro lugar, de um comportamento excepcional, distinto do comportamento-padrão que rege a maioria dos indivíduos integrantes da classe dos senhores de engenho escravistas. Em segundo lugar, esse comportamento desviante teria de firmar-se diante da resistência dos demais senhores de engenho. Nos modos de produção pré-capitalistas, a classe dominante monopoliza os postos do aparelho repressivo do Estado e os indivíduos que a compõem dispõem, também, de força repressiva própria. A oposição dos

---

9 A ocorrência da revolta do Engenho Santana de Ilhéus foi revelada pela pesquisa do brasilianista Stuart Schwartz. Ele analisou a documentação referente ao episódio no artigo "Resistance and Accomodation in Eighteenth-Century Brazil: The Slaves´s Wiew of Slavery" (Schwartz, 1977).

ESTADO, POLÍTICA E CLASSES SOCIAIS **173**

demais senhores de engenho teria, portanto, de ser vencida pelas armas. A derrota do senhor de engenho escravista desviante seria o mais provável. Tomemos agora o problema considerando as relações do senhor de escravos ou do senhor feudal com seus trabalhadores.

Os escravos do Engenho Santana de Ilhéus reivindicavam os seguintes pontos: queriam possuir um lote de terra para cultivo próprio, instrumentos de trabalho próprios, dois dias da semana para trabalharem seu lote de terra, queriam reduzir a jornada de trabalho no engenho, regulamentar, detalhadamente, as condições de trabalho, queriam dias de folga e o direito de escolher os feitores do engenho. Esses escravos aspiravam, de um lado, tornar-se camponeses e, de outro, admitiam continuar fornecendo sobretrabalho nas terras do senhor de engenho desde que fossem criadas condições que se aproximam das condições de trabalho do moderno trabalhador assalariado – pleiteavam nada menos, nada mais, que uma "legislação de engenho" e uma "comissão sindical". Nesse caso, não pode haver dúvida sobre o desenlace de uma eventual negociação. O conteúdo das reivindicações era incompatível com o escravismo e a resposta repressiva do senhor de engenho parece natural. Também no Sudeste cafeeiro, inúmeras "revoltas reivindicativas" apresentavam ao senhor a "reivindicação" de liberdade. Dispunham-se a continuar trabalhando na fazenda desde que na condição de trabalhadores livres. O objetivo era revolucionário, embora, contraditoriamente, a forma de apresentá-lo – uma reivindicação ao senhor – não o fosse.

E nos casos em que as reivindicações dos produtores são mais modestas? Ronaldo Marcos dos Santos encontrou muitos casos em que os escravos fugiam em grupo e dirigiam-se ao delegado de polícia para reclamar do comportamento violento de feitores. Não reivindicavam a liberdade, sequer apresentavam queixa contra seu senhor, mas apenas contra o feitor. O delegado podia prender os escravos foragidos e chamar reforço caso precisasse, o que acontecia com frequência. Porém, muitas vezes o delegado, agindo como intermediário, serviu, contando com o apoio ativo de parte da população, de canal de negociação entre os escravos foragidos e o fazendeiro. Isso ocorria quando o movimento abolicionista encontrava-se forte na cidade – recorde-se que o estudo de Santos refere-se ao período 1885-1888. Mas não devemos concluir daí que, sendo modesta a reivindicação, a possibilidade de negociação

174 ARMANDO BOITO JR.

tornava-se real. A conclusão a ser tirada é outra: se os escravos tinham, mesmo que excepcionalmente, a possibilidade de negociar suas condições de trabalho, isso significa que, na década de 1880, o Brasil vivia, de fato, uma crise geral do modo de produção escravista.

As sociedades de classe pré-capitalistas não comportam, portanto, um movimento social reivindicativo dos produtores diretos. Os produtores devem limitar-se à passividade e à resistência difusa, mais ou menos individualizada, ou, sendo as circunstâncias históricas favoráveis, sublevar-se, seja no plano local para tentar obter reformas, seja num plano mais amplo, em guerra civil, que pode, ou não, integrar-se a um processo revolucionário. Expusemos as razões dessa oscilação entre a desorganização e a sublevação. O conceito ampliado de modo de produção é eficaz para detectá-las porque tais razões se encontram tanto na infraestrutura econômica quanto na superestrutura jurídico--política dos modos de produção pré-capitalistas. As forças produtivas próprias dos modos de produção pré-capitalistas *dificultam*, embora não impossibilitem, qualquer tipo de organização e de luta coletiva desses produtores; já as relações de produção e a superestrutura jurídico--política desses mesmos modos de produção *impedem* a organização dos produtores, inclusive para lutar por meras reformas. Reivindicar é, independentemente do conteúdo da reivindicação, afirmar-se como sujeito de direitos e, portanto, contestar a sujeição pessoal, que é o que garante a exploração de classe nos modos de produção pré-capitalistas. Se, numa formação social pré-capitalista, as circunstâncias históricas propiciarem a formação de um movimento reivindicativo dos produtores diretos, esse fato, externo à estrutura dos modos de produção pré--capitalistas, significará que essa formação social encontra-se em crise: ou o movimento é reprimido e eliminado, ou, mesmo que tal movimento pretenda manter-se apenas no plano das reivindicações e das reformas, ele acabará promovendo uma revolução.

Modo de produção capitalista: os produtores diretos organizados para reivindicar

O contraste entre os modos de produção pré-capitalistas e o modo de produção capitalista corresponde ao contraste entre os perfis da resistên-

ESTADO, POLÍTICA E CLASSES SOCIAIS **175**

cia e da luta dos produtores diretos nesses distintos modos de produção. A análise do item anterior, no qual evidenciamos o condicionamento da resistência e da luta dos escravos rurais e do campesinato servil pela estrutura dos modos de produção escravista e feudal, já sugere ao leitor o trajeto que iremos percorrer neste segundo item. Por isso, talvez possamos avançar mais rapidamente.

A infraestrutura econômica do modo de produção capitalista caracteriza-se, no nível das forças produtivas, pelo emprego da máquina e do trabalhador coletivo. Destaquemos, quanto a isso, apenas aquilo que interessa para nossa análise. Em contraste com a ferramenta que, sendo uma "extensão do corpo do trabalhador", tem o seu uso limitado pela força e pela destreza de quem a emprega, a máquina permite que se superem as limitações orgânicas do ser humano no processo de produção. A utilização da maquinaria está vinculada a uma divisão do trabalho que exige o emprego do trabalhador coletivo. O emprego do trabalhador coletivo é uma constante na produção capitalista. Nem as reformas recentes e localizadas do taylorismo-fordismo, que introduziram o "enriquecimento de tarefas" e as "ilhas de produção", práticas que estabelecem restrições à linha de montagem, superam essa característica básica do capitalismo. Em certos aspectos, reforçam-na. A produção no momento certo (*just in time*) reforça o caráter cooperativo do trabalho dentro e fora da fábrica, na medida em que, para evitar estoques a montante e a jusante do processo produtivo, exige sincronia fina e precisão máxima no fluxo de pedidos e de entregas de componentes e de matérias-primas entre seções de uma mesma empresa e entre empresas diferentes. No nível das relações de produção, temos, de um lado, os proprietários privados dos meios de produção, os capitalistas, e, de outro, o trabalhador coletivo, operando um sistema de produção composto de uma miríade de unidades produtivas socialmente integradas, e cujo trabalho, no interior de cada uma delas, é detalhadamente dividido, cooperativo e centralmente organizado.

A forma como o produtor direto incorpora-se a esse processo produtivo depende da superestrutura jurídico-política do modo de produção capitalista. O capitalista incorpora o produtor ao organismo do trabalhador coletivo, que, como lembramos acima, opera uma produção socializada, mediante um contrato de aluguel de sua força de trabalho que é, contraditoriamente, um *contrato individual*. O produtor direto é, no plano formal do direito, um indivíduo livre, com capacidade jurídica plena, tal qual o proprietário dos meios de produção com o qual ele realiza o contrato de trabalho. Essa característica do direito burguês, inédita em toda a história das sociedades de classe, característica que igualiza formalmente o proprietário e o produtor, induz o trabalhador a perceber a exploração como uma relação contratual livre entre indivíduos iguais, ignorando sua própria situação de classe. O direito burguês produz, portanto, uma ilusão. Não porque o trabalhador não seja juridicamente livre para escolher para quem trabalhar. Embora limitada pelas circunstâncias econômicas do momento, essa liberdade é real. Ela distingue, de fato, o proletário moderno do trabalhador do passado, escravo ou servo. Deve-se, contudo, falar em ilusão porque, embora o trabalhador seja livre para escolher o capitalista para o qual ele vai trabalhar, ele não é livre, *uma vez que se encontra separado dos meios de produção*, para escolher se vai ou não vai trabalhar para a classe dos capitalistas. O direito formalmente igualitário produz o que Poulantzas denominou "efeito de isolamento" – a conversão, na ideologia dominante, dos agentes de classe em indivíduos socialmente desenraizados – e permite, assim, a reprodução pacífica da relação salarial (Poulantzas, 1968). É certo que o fato de o trabalhador se encontrar separado dos meios de produção representa, como tradicionalmente destacam os marxistas, uma coação econômica que o obriga, sob pena de morrer de fome, a alugar sua força de trabalho ao capitalista. Porém, a sociedade capitalista não é uma sociedade em crise permanente. Os operários não lutam, permanentemente, por "reaver" os meios de produção dos quais seus "ancestrais" foram desapossados. É precisamente a ilusão do contrato de trabalho que permite a reprodução mais ou menos pacífica daquela separação e do ato de venda da força de trabalho. A exploração de classe se reproduz, então, na medida em que é ocultada dos agentes sociais. Nos modos de produção pré-capitalistas, a exploração do trabalho é manifesta. A divisão em ordens (homens livres e escravos ou servos) constrange o produtor direto a fornecer sobretrabalho aos membros da classe dominante. Tal fornecimento de sobretrabalho é apresentado como obrigação inarredável do produtor. No modo de produção capitalista, a exploração é oculta. Desaparecem as ordens, e o produtor direto, que é um homem livre, fornece sobre trabalho ao proprietário dos meios de produção aparentemente por escolha própria.

No plano das instituições do Estado capitalista, e, de novo, em contraste com os Estados pré-capitalistas, tem-se a formação da burocracia de Estado, um corpo profissional de funcionários, dotado de unidade interna própria, organizado de modo hierárquico e recrutado, formalmente, em todas as classes sociais. As sociedades em que impera o modo capitalista de produção são sociedades de classes sem ser, ao contrário das formações sociais pré-capitalistas, sociedades de ordens. O direito formalmente igualitário exige instituições de Estado aparentemente universalistas, isto é, aparentemente desprovidas do particularismo de classe ou de ordem. Isso provoca o surgimento, no modo de produção capitalista, de um Estado que Poulantzas denominou "Estado popular de classe", isto é, um Estado de classe, como todo Estado, mas dotado de uma aparência popular. Essa aparência popular contribui para a reprodução da exploração do trabalho na medida em que unifica, no plano ideológico, os agentes da produção, distribuídos em classe, num coletivo imaginário que é o "povo-nação". Poulantzas denominou esse efeito "efeito de representação da unidade": os indivíduos, atomizados pelo direito burguês, são ideologicamente unificados num coletivo supraclassista, a nação, produzido pela aparência universalista das instituições do Estado burguês.

A existência de um movimento reivindicativo estável, organizado e socialmente legítimo dos produtores diretos no modo de produção capitalista é uma possibilidade virtualmente contida na macroestrutura desse modo de produção, na qual se articulam uma infraestrutura econômica dotada de produção socializada operada pelo trabalhador coletivo e uma superestrutura jurídico-política produtora da ilusão de um coletivo nacional de indivíduos livres e iguais. O movimento reivindicativo dos produtores diretos está potencialmente contido nessa macroestrutura mas, para impor-se à burguesia, depende, convém repetir, da luta pertinaz dos produtores diretos. Essa luta não é mera realização daquilo que está virtualmente contido na estrutura. Ela opera um trabalho de transformação, uma torção, nas figuras e nas normas do direito burguês.

No plano do direito e do mercado, desaparecem as classes sociais e não existe, tampouco, a distinção entre força de trabalho, que é a capacidade

178 ARMANDO BOITO JR.

de trabalhar, e trabalho, que é a utilização efetiva daquela capacidade pelo capitalista. Nas condições normais do capitalismo, tudo se passa, portanto, como se o aluguel da força de trabalho pelo capitalista fosse um contrato livre de compra e venda no qual um *indivíduo* fornece, em troca de um pagamento que é o salário, o seu "trabalho", uma mercadoria que é propriedade sua, a outro *indivíduo*. Pois bem, no ato de venda, todo proprietário de mercadoria deve receber, em pagamento, o justo preço pela mercadoria que aliena. É, portanto, mera atualização da estrutura jurídico-política do modo de produção capitalista a prática de o trabalhador individual negociar com o capitalista o preço "do trabalho", isto é, o seu salário. Isso não significa que o trabalhador tenha sempre condições reais de negociar individualmente o seu contrato de trabalho. Ele é igual ao capitalista apenas na letra da lei e não pode se comportar diante deste último com a liberdade de um proprietário, o que ele, de fato, não é. Não pode tratar o capitalista de igual para igual, entre outras razões, porque o exército industrial de reserva é uma ameaça à sua sobrevivência. No entanto, a simples possibilidade legal de realizar esse ato elementar de negociação individual das condições de trabalho e de seus ganhos já diferencia o trabalhador assalariado dos trabalhadores escravos e servis que o precederam.

O movimento sindical aproveita-se dessa possibilidade para legitimar um movimento reivindicativo coletivo. A socialização das forças produtivas, que articula as unidades produtivas num organismo econômico integrado, e a existência do trabalhador coletivo facilitam, em vez de dificultar, a organização e a luta coletiva dos produtores diretos no capitalismo. Os trabalhadores mantêm uma relação de cooperação no interior de cada empresa, formam um coletivo que, por sua vez, está economicamente vinculado aos coletivos de trabalhadores das outras empresas. A ação de cada um desses coletivos poderá repercutir nos demais, conferindo à iniciativa de um grupo de trabalhadores a capacidade de afetar, graças a uma reação em cadeia, uma parte mais ou menos ampla do conjunto do aparelho produtivo e conferindo à sua ação uma visibilidade social inédita. O direito burguês, conferindo capacidade jurídica plena ao produtor direto e apresentando a relação de exploração como uma relação contratual, estimula, em vez de impedir, a negociação em torno das condições de trabalho e dos ganhos do

ESTADO, POLÍTICA E CLASSES SOCIAIS **179**

trabalhador. É certo que o direito burguês estabelece o contrato como relação individual. O seu efeito espontâneo, portanto, é individualizar a relação de trabalho e obstaculizar a organização de sindicatos. Mesmo nas sociedades em que existe um amplo movimento sindical, grande parte dos trabalhadores pode permanecer sindicalmente desorganizada devido a esse efeito de isolamento típico do direito burguês. Porém, a organização e a luta coletiva dos trabalhadores, facilitadas pela infraestrutura econômica do modo de produção capitalista, podem transpor esse individualismo e promover uma torção no direito burguês, restabelecendo a ideia de contrato num terreno que vincula não mais indivíduos socialmente desenraizados, mas coletivos variados de trabalhadores. A greve, que é uma ação coletiva dos trabalhadores, pode ser praticada e percebida como uma ocorrência entre partes livres e iguais – trabalhadores e capitalistas – que se encontram circunstancialmente unidas por um contrato, contrato em relação ao qual a cessação coletiva do trabalho *pode* ser considerada não um ato de rebelião, mas mera ruptura ou suspensão temporária desse contrato, iniciativa perfeitamente cabível nas práticas contratuais correntes. Pode-se, então, manter a ideologia do contrato, mudando os seus agentes – o indivíduo é substituído pelo coletivo de funcionários de uma empresa, pelo coletivo de trabalhadores de uma determinada profissão, pelo de trabalhadores de um determinado ramo da produção etc. Essa torção provocada pela prática sindical no direito burguês não rompe com a superestrutura do modo de produção capitalista.

Aqui, convém apresentarmos algumas observações polêmicas. Há uma tradição bibliográfica que sustenta a tese segundo a qual o movimento operário teria, com a organização e a luta sindical, iniciado a superação do direito burguês. Tarso Genro, seguindo e renovando uma argumentação que já se encontrava em Karl Korsch, é um dos autores que argumentaram nessa direção (Korsch, 1980; Genro, 1979). Para esses autores, o direito sindical – fundamentalmente a legislação referente ao direito de organização sindical, de greve e de contratação coletiva – e o direito do trabalho – regulamentação da jornada de trabalho, dos salários e das condições de trabalho – não seriam mais um direito de tipo burguês. Segundo Karl Korsch, o antigo direito privado burguês, no qual imperava o contrato livre e individual de trabalho, relação jurídica que

180 ARMANDO BOITO JR.

encobre a relação de exploração de classe, teria sido superado pelo direito sindical e do trabalho, com suas normas protetoras limitando a exploração capitalista. O direito deixaria, assim, de ocultar a exploração, passando, na verdade, a nomeá-la e a limitá-la. Logo, Korsch destaca na sua argumentação, principalmente, a diferença de conteúdo das normas do direito privado e do direito do trabalho, bem como os efeitos ideológicos de tais conteúdos.

Tarso Genro, diferentemente, explora um argumento que, embora presente em Korsch, aparece como secundário na argumentação desse autor. Para esse jurista brasileiro, o fundamental seria a transformação operada na estrutura formal do direito.[10] O direito burguês, no plano formal e ideológico, *individualiza* e *igualiza* os agentes que pertencem a classes sociais opostas. Pois bem, com o direito do trabalho ocorreria o oposto. De um lado, a *desigualdade jurídica* típica do direito do trabalho, proveniente do caráter imperativo e protetor desse direito, superaria aquela igualdade formal, cuja única função seria, sempre segundo Genro, dar livre curso ao poder econômico e social do capitalista, favorecendo-o como "parte contratante"; de outro lado, prossegue Genro, o direito do trabalho cria o *sujeito coletivo de direito* e, portanto, em vez de isolar os agentes da produção, passa a unificá-los, estimulando a organização operária. A conclusão de Tarso Genro não é idêntica à de Karl Korsch, para o qual o direito do trabalho já é um direito plenamente operário. Para Genro, o direito do trabalho, convivendo com o direito privado, insere um *elemento operário* no corpo do direito burguês, criando uma *situação contraditória* na superestrutura jurídico-política do modo de produção capitalista. A conclusão política de Genro é que o objetivo estratégico do movimento operário seria defender e ampliar a

---

10 Tarso Genro utiliza também um argumento referente à origem histórica do direito sindical e do trabalho. Eles teriam sido uma conquista da luta operária. Não entraremos no mérito dessa análise histórica. Apenas afirmamos que, da perspectiva que é a nossa, aquela que concebe o modo de produção como uma estrutura integrada, mesmo que fosse correto afirmar que o direito do trabalho foi imposto à burguesia pela classe operária, tal afirmação não bastaria para caracterizar tal direito como direito operário. A pesquisa histórica marxista tem mostrado que as revoluções burguesas são, muitas vezes, "conquistas históricas" dos trabalhadores – camponeses, pequenas burguesia urbana, profissionais liberais, trabalhadores assalariados.

ESTADO, POLÍTICA E CLASSES SOCIAIS **181**

"legalidade operária" presente no direito do trabalho. Essa argumentação contém, segundo nosso ponto de vista, dois equívocos.

O contrato de trabalho não deixa de ser individual pelo fato de o direito do trabalho e o direito sindical criarem um "sujeito jurídico coletivo". É certo que o caráter imperativo das normas do direito do trabalho torna sem efeito qualquer contrato individual de trabalho que as contrarie. Porém, nenhum trabalhador tem acesso às normas do direito do trabalho ou àquelas decorrentes de uma contratação coletiva a não ser por meio da assinatura de um contrato individual de trabalho. Apenas o contrato individual de trabalho capacita o trabalhador a usufruir dos direitos coletivos do trabalho.[11] Esse contrato individual, *em direito*, ele o realiza se, como indivíduo livre, assim o desejar; e ninguém pode, *em direito*, obrigá-lo a manter o contrato, caso ele não queira mais mantê-lo. Os defensores da tese segundo a qual o direito do trabalho seria um elemento operário na superestrutura do modo de produção capitalista poderiam argumentar que a autonomia das partes contratantes no plano do contrato individual de trabalho teria desaparecido ou quase isso. A esse respeito antepomos duas observações. A primeira é que a "autonomia da vontade" no ato de contratar, seja qual for o contrato e não apenas um contrato de trabalho, é sempre uma autonomia limitada. Nas normas e na doutrina do direito burguês, nenhum contrato que fira a lei e os "bons costumes" tem validade legal (Gounot, 1912).[12] A segunda observação é que a questão da "autonomia da vontade" deve ser examinada do ângulo dos efeitos ideológicos que pode produzir sobre os trabalhadores. A questão fundamental é saber se há condições mínimas para que o produtor direto veja o contrato de trabalho como o engajamento de sua vontade livre, através do qual realiza, por sua livre

---

11 Para uma referência técnica, cito a análise de Camerlynck (1968, p.22-6).

12 De resto, a autonomia da vontade nunca existiu na esfera da produção. O contrato de trabalho é uma convenção pela qual "... uma pessoa compromete-se a pôr a sua atividade à disposição de outra, sob cuja subordinação se coloca, mediante remuneração". Dito de outro modo: "O empregador está, juridicamente, seguro ao dar ordens que o assalariado será obrigado a cumprir. Na execução do serviço – e isto é próprio do contrato de trabalho – o assalariado coloca-se numa relação de subordinação que o obriga não só à realização de sua tarefa, mas à obediência às ordens" (Despax, s.d., p.38-9).

182   ARMANDO BOITO JR.

escolha, uma troca com o proprietário dos meios de produção. Isso ocorre desde que a integração do produtor direto ao processo de produção dependa de um *contrato individual* e que ele possa, *em direito*, romper, individual e unilateralmente, a relação de trabalho.[13] Nessas condições, ficam mantidas tanto a liberdade pessoal do produtor direto quanto a ilusão da liberdade contratual.

O primeiro equívoco, portanto, consiste em ignorar que o contrato de trabalho permanece um contrato individual. Vejamos agora o segundo equívoco, que diz respeito ao *tratamento desigual* que o direito do trabalho dispensa a trabalhadores e capitalistas. O direito do trabalho estaria rompendo com o princípio da igualdade jurídica típica do direito burguês. Ora, a igualdade jurídica burguesa diz respeito ao fato de que o direito burguês confere capacidade jurídica plena a todos os agentes da produção, e não ao de que ele dispense o mesmo tratamento a todos os agentes em quaisquer circunstâncias. Um sistema tributário progressivo não rompe com o direito burguês por tributar mais pesadamente os cidadãos de alta renda. Na verdade, a desigualdade jurídica do direito do trabalho pode, justamente, restaurar, no nível das aparências, a igualdade entre o operário e o capitalista. O movimento operário, desde a sua formação, criticou a igualdade meramente formal entre o produtor e o proprietário dos meios de produção. Os historiadores recuperaram em detalhes essa crítica.[14] Reformadores burgueses reagiram propondo reformas do direito. A própria encíclica *Rerum Novarum* de Leão XIII, documento pioneiro e fundamental da defesa conservadora do direito social e do trabalho, argumenta nessa direção. A defesa do direito do

---

13 Camerlynck percebeu isso a seu modo. Ele destaca que mesmo quando o contrato individual de trabalho obriga a adesão a um estatuto regulamentar coletivo preestabelecido o "acordo de vontades livres" continua tendo "um valor psicológico" (Camerlynck, 1968).

14 E. P. Thompson cita o depoimento esclarecedor de um tecelão inglês que contém a seguinte reflexão: "Estas duas distinções entre a natureza do trabalho e do capital (isto é, que o trabalho é vendido pelos pobres e comprado pelos ricos, e que não pode ser armazenado em nenhuma circunstância, devendo ser vendido a cada instante para que não se perca irremediavelmente) são suficientes para me convencer de que o trabalho e o capital não poderão nunca ser submetidos, com justiça, às mesmas leis..." (apud Thompson, 1987, p.155).

ESTADO, POLÍTICA E CLASSES SOCIAIS **183**

trabalho pelos reformadores burgueses sempre seguiu a argumentação segundo a qual seria necessário dar um tratamento jurídico desigual a partes desiguais para – e esse é o aspecto decisivo – restaurar a suposta igualdade entre as partes contratantes. Um crítico burguês da ideologia liberal clássica, nas primeiras fases da luta pela legislação social e do trabalho, argumentava contra o "caráter fictício de um contrato entre partes desiguais, e o recurso necessário, para *restabelecer o equilíbrio das forças em presença* [grifos meus], seja à intervenção estatal, seja à associação dos trabalhadores" (Morin, 1968, p.16).[15] Ao contrário do que argumenta Tarso Genro, o fundamental na igualdade jurídica burguesa não é o fato de ela dar livre curso ao poder econômico e social do capitalista em detrimento do operário. Esse fato é importante e a desigualdade jurídica que atenue essa desigualdade socioeconômica tem um conteúdo progressista, defendido, de resto, pelos reformadores burgueses. Porém, a *desigualdade jurídica* implantada pelo direito do trabalho é uma desigualdade superficial que restaura e consolida, num nível mais profundo, a *igualdade jurídica civil burguesa*, justamente a que permite preservar a ilusão da relação contratual, mascarando a relação de exploração de classe.[16]

---

15 Essa é a doutrina da maioria dos reformadores burgueses que defendem o direito do trabalho. No Brasil, o jurista mais influente a argumentar nessa direção foi Cesarino Jr., professor da Faculdade de Direito do Largo São Francisco. Cesarino Jr. reconhece que há uma superioridade econômica dos capitalistas em relação aos trabalhadores. Em consequência, os primeiros seriam, na terminologia desse autor, "hipersuficientes" e os segundos, "hipossuficientes". A função do direito do trabalho, que seria um "direito de classe" dos trabalhadores, seria justamente a de compensar a inferioridade do trabalhador, restabelecendo o equilíbrio entre as partes contratantes. Ver Cesarino Jr. (1980, passim).

16 Ruy Fausto também sustenta que o direito social oculta a contradição de classe, mas o faz de um modo diferente desse que apresentamos aqui. Ver Fausto (1987, p.286-329). Esse autor argumenta que a contratação coletiva e as normas protetoras do direito do trabalho superam, de fato, tanto o caráter atomístico quanto a pressuposição de igualdade entre as partes, que eram aspectos típicos do "velho direito civil". Essa superação faria "... aparecer, embora sob forma mistificada, a essência do sistema" (p.319), ao expor a diferença de classe e, ao mesmo tempo, ocultar a contradição de classe. Nós, ao contrário, argumentamos que tanto o atomismo quanto a igualdade jurídica permanecem como elementos de fundo no direito social, e chegamos à conclusão de que a "essência do sistema" permanece oculta – a "revelação

184 ARMANDO BOITO JR.

O sindicalismo é uma forma de resistência do produtor direto possibilitada pela estrutura do modo de produção capitalista. A infraestrutura econômica desse modo de produção facilita a organização coletiva dos trabalhadores. A sua superestrutura jurídico-política, ao contrário, estimula o individualismo e permite, também, a negociação, no plano individual, das condições e da taxa de exploração do trabalho. A ação coletiva dos trabalhadores, induzida pela própria produção capitalista, pode, na defesa de seus interesses imediatos, explorar, a despeito da resistência da burguesia, o próprio direito burguês, transformando-o dentro dos limites que lhe são próprios. Uma vez que não há exploração de classe, mas apenas uma relação contratual de venda, trata-se de negociar, para um segmento qualquer da classe trabalhadora, as condições da venda dessa mercadoria que é a força de trabalho.

Considerações finais: sindicalismo e luta de classes

O sindicalismo, já mostrou Lenin, é, fundamentalmente, a resistência contra os efeitos da exploração capitalista. Ele é um movimento reivindicativo que procura obter para os trabalhadores as melhores condições de uso e de remuneração da força de trabalho, mas não pode eliminar as condições que fazem da força de trabalho uma mercadoria. Marx já expressara a mesma ideia em *Salário, preço e lucro*, quando qualificou de conservadora a palavra de ordem "lutar por um salário justo", observando que o proletariado deveria assumir a luta pelo fim do trabalho assalariado. No presente artigo, vimos como a resistência sindical pode se dar dentro da ordem jurídico-política burguesa. Portanto, *o sindicalismo não é, ainda, a luta de classes*. A luta de classe do

---

mistificada" da "essência" parece-nos, de resto, uma ideia confusa. Ruy Fausto utiliza essa ideia para indicar que o direito social é uma "aparência mais próxima da essência" (p.318). Para nós, contudo, a "aparência" sempre está "próxima" da "essência". Para a análise da ideologia, vale o dito popular segundo o qual "só pega a mentira que contém uma parte da verdade". O velho direito civil também é uma mistificação com uma parte de verdade, isto é, ele também é uma "aparência" que está "próxima" da "essência": a individualização e a igualdade jurídica diferenciam, de fato, a sociedade capitalista da sociedade feudal que a precedeu.

ESTADO, POLÍTICA E CLASSES SOCIAIS   185

proletariado é uma luta pela superação, e não pela reforma, do capitalismo. Isso não significa que o sindicalismo não possa vincular-se à luta operária e socialista pela revolução. Na verdade, o fato de o modo de produção capitalista ser o primeiro modo de produção que comporta um movimento reivindicativo estável e legítimo dos produtores diretos, como é o caso do movimento sindical, esse fato é uma das razões que explicam por que a classe operária é a primeira classe dominada fundamental em condições de dirigir um processo revolucionário.

O movimento sindical pode funcionar como mero difusor da ideologia (jurídica) burguesa. Já vimos como isso pode ocorrer: na medida em que se limitar a lutar por um bom contrato coletivo de trabalho, o sindicalismo permanecerá enquadrado na estrutura do modo de produção capitalista. Porém, em primeiro lugar, o sindicalismo pode, ao manter a classe operária minimamente organizada e principalmente quando se vincula a um movimento e a partidos socialistas, permitir a acumulação de forças, a formação de lideranças e a educação das massas. Ele pode funcionar, na feliz expressão de Lenin, como uma "escola de guerra". Ele pode também, em segundo lugar, participar, como movimento auxiliar, da própria "guerra". Através de sua ação em momentos de crise revolucionária, o movimento sindical pode articular-se, de maneiras distintas, à luta pela tomada do poder. A história das revoluções é rica de uma experiência bastante diversificada nessa matéria. Há formas espontâneas e conscientes de o movimento sindical favorecer a revolução: na Rússia czarista, a greve geral de Petrogrado em 1905, que foi o desdobramento de greves econômicas reivindicativas reprimidas pelo czarismo, esteve na base da insurreição operária e da formação dos sovietes durante a primeira Revolução Russa; na América Latina, tanto na Revolução Cubana quanto na Revolução Sandinista, a greve geral insurrecional, promovida de modo organizado e consciente pelas centrais sindicais, serviu – e era esse mesmo o seu objetivo – de apoio para o ataque vitorioso dos guerrilheiros às capitais Havana e Manágua (Boito, 1991).

Esses fenômenos não ocorrem nas sociedades pré-capitalistas, o que é particularmente notável no caso do escravismo. Não existe um processo prolongado de acumulação de forças que possibilite a constituição dos escravos rurais em classe revolucionária. Tanto Charles Parain quanto

186 ARMANDO BOITO JR.

Jean-Pierre Vernant retratam essa situação com a seguinte formulação: a oposição entre escravos rurais e proprietários de terra e de escravos no mundo antigo, embora seja a contradição fundamental do modo de produção escravista, não chega a se constituir, salvo em situações excepcionais, em contradição principal na história política da Antiguidade.[17] Do processo político na Antiguidade participam forças sociais constituídas com base em uma complexa divisão social de classes, frações de classe, ordens e estamentos diversos. Nesse processo, estão presentes, inclusive, pelo menos duas classes trabalhadoras – o campesinato e a plebe urbana – mas não a classe trabalhadora fundamental – os escravos rurais. Talvez o conflito que se apresentou como principal ao longo da maior parte da história antiga tenha sido o que opunha os latifundiários aos camponeses, duas classes sociais pertencentes a uma mesma ordem – a ordem dos homens livres, ainda que, no caso de Roma, essas classes estivessem situadas em estamentos distintos dessa ordem (patrícios e plebeus).[18] Todavia, a classe trabalhadora fundamental, os escravos rurais, estava ausente do processo político no escravismo. E quando, em circunstâncias muito especiais e raras, parte dos escravos rurais ergueu-se em armas, ela não dispunha de nenhum saber político e estratégico acumulado sobre a sociedade escravista, uma vez que cada geração recomeçava do zero a luta contra o escravismo, e tampouco pôde contar com uma retaguarda de trabalhadores organizados que pudessem dar apoio ao seu movimento insurrecional, ao contrário do que aconteceu com as revoluções operárias e populares do século XX.

Convém lembrar, para finalizar, que o obstáculo para a constituição dos escravos rurais em classe revolucionária não se resume à inexistência de um movimento reivindicativo estável dos produtores diretos. Vimos

---

17 "Os escravos não constituirão em parte alguma uma força social ativa e unida ... Isso quer dizer que a oposição entre os escravos e seus proprietários não teve um papel essencial na evolução das sociedades antigas? De modo algum. Mas essa oposição não assumiu a forma de uma luta organizada que operasse ao nível das estruturas sociais e políticas" (Vernant, 1989, p.66-86 – citação retirada da p.84). Charles Parain (1963) desenvolve a mesma tese.

18 A ideia de que os estamentos patrício e plebeu correspondem, *grosso modo*, a classes sociais distintas – os latifundiários escravistas (patrícios) e o campesinato e a plebe urbana (plebeus) – é desenvolvida por G. E. M. de Ste. Croix (1997, p.332-37).

ESTADO, POLÍTICA E CLASSES SOCIAIS   **187**

que a superestrutura dos modos de produção pré-capitalistas, na medida em que não concede capacidade jurídica plena aos produtores diretos, marginaliza-os das instituições do Estado e da cena política. Assim como não podem organizar um movimento reivindicativo, os escravos rurais não podem, tampouco, organizar um partido. Apenas o Estado burguês, com suas instituições aparentemente universalistas, comporta, ao menos quando se apresenta sob a forma democrático-burguesa, a organização dos produtores diretos em partido político próprio. Tanto a organização sindical quanto a partidária favorecem, no capitalismo mas não no pré-capitalismo, a *possibilidade* da constituição da classe dominada fundamental em classe revolucionária.

Nesses tempos em que domina o ceticismo, quando não o abandono puro e simples da bandeira da revolução, queremos concluir destacando uma consequência política deste ensaio. Se são corretas as ideias que desenvolvemos, podemos afirmar que é muito difícil conceber uma situação na qual, persistindo a exploração de classe, o trabalhador coletivo e a liberdade pessoal do produtor direto, esteja, a despeito dessa persistência, eliminada a possibilidade histórica da revolução socialista.

8
A (DIFÍCIL) FORMAÇÃO DA CLASSE OPERÁRIA[1]

A luta de classe do operariado é consequência das relações de produção?

O tema geral da nossa mesa, a teoria das classes sociais, é um tema que contém inúmeros aspectos diferenciados e apresenta grande complexidade. Dentro desse tema vasto, pretendemos apresentar algumas ideias sobre uma questão específica: a questão formação do operariado enquanto classe.

Muito importante para os socialistas e para os marxistas em particular, a teoria das classes sociais diz respeito à formação do agente político capaz de dirigir o processo revolucionário de substituição do capitalismo pelo socialismo. Apesar de sua importância, podemos afirmar ela não mereceu, no plano teórico, muita atenção da parte dos marxistas. Por que existem épocas e países em que a classe operária se mantém politicamente desorganizada, sem partido próprio e atuando apenas no terreno da luta reivindicativa sindical? Por que em outros lugares e épocas a classe operária se organiza em partidos pró-capitalistas

---

1 Texto apresentado no 2° Colóquio Marx e Engels organizado em novembro de 2001 pelo Centro de Estudos Marxistas (Cemarx) da Unicamp e originalmente publicado no livro que reproduz os textos desse colóquio – Afrânio Catani, Armando Boito Jr., Décio Saes, Duarte Pereira, Hector Benoit, João de Almeida et al., *Marxismo e ciências humanas* (2003).

reformistas? Por que a organização do operariado em um movimento socialista revolucionário é um acontecimento relativamente excepcional? Em nosso entender, o descuido no exame dessa questão não é casual. Ele é consequência da orientação teórica predominante tanto na antiga tradição socialista, representada pela II Internacional, quanto na tradição comunista, representada pela III Internacional. Vale dizer, esse descuido decorre da orientação teórica que dominou o marxismo organizado e militante durante o século XX. Tal orientação consiste em definir a classe operária no plano estritamente econômico – a posição dos agentes no processo de produção – e, em decorrência disso, dar por resolvido, pelo menos no plano teórico, o problema do processo de formação da classe operária como coletivo organizado em torno de um programa político próprio. Dessa perspectiva teórica o processo de formação da classe operária seria uma decorrência necessária da situação dos agentes no processo de produção. Tal formação dependeria, evidentemente, da ação "do partido" – o marxismo do século XX sempre usou essa expressão no singular. No entanto, como o problema da existência "do partido" já era dado por resolvido, a formação da classe operária como um coletivo socialista revolucionário seria apenas uma questão de tempo.

Correndo o risco de utilizar um estilo de clichê, podemos – com intenção crítica é verdade, mas sem a intenção de desqualificar as teses adversárias – denominar economicista essa concepção. Na concepção economicista das classes sociais, a formação de um movimento operário socialista apenas completaria o que já estaria dado no terreno da economia.

O contexto histórico do conceito economicista de classe operária

Por um longo período, essa concepção pôde parecer plausível, pelo menos no continente europeu. Por seis ou sete décadas, entre 1880 e 1950, o crescimento do capitalismo foi, na Europa, acompanhado do crescimento, ainda que irregular, do movimento operário e socialista. Durante o último quartel do século XIX, a Alemanha, que acabara de completar seu processo de unificação, entrou num período prolongado

ESTADO, POLÍTICA E CLASSES SOCIAIS **191**

de crescimento acelerado da indústria. No plano político, o Estado alemão abriu um processo de democratização do sufrágio. O operariado alemão, favorecido por esses dois fatores e contando com uma nova teoria e um novo programa (o marxismo), pôde expandir as cooperativas e os sindicatos e organizar um partido operário socialista. A Alemanha foi tomada como exemplo por todo o movimento operário europeu e parecia apontar o futuro das demais nações industrializadas. Quando a social-democracia, em 1914, votou os créditos de guerra, trocando o socialismo pelo chauvinismo, a crise e a desarticulação do movimento socialista daí resultantes logo foram resolvidas pela Revolução Russa e pela formação da III Internacional. O centro do movimento socialista deslocou-se para um país de capitalismo ainda incipiente, mas continuou existindo um grande movimento socialista na Europa. A história é conhecida. Os anos 20, 30 e 40 foram anos de guerras e revoluções. Movimentos e regimes fascistas ou ditatoriais de velho tipo dividiram a cena política europeia com o movimento comunista revolucionário, e o liberalismo retrocedeu em todo o continente. A classe operária parecia para sempre organizada e a ideia de que a história do movimento socialista seria linear e ascendente, como resultado da expansão da economia capitalista em escala internacional, tomou conta de muitos teóricos e dirigentes socialistas. A luta de classes parecia decorrência direta das relações de produção e da expansão das forças produtivas capitalistas.

Contudo, já durante aquela época, a situação da classe operária dos Estados Unidos destoava dessa concepção. Muitos marxistas se perguntaram, então, sobre o insucesso do movimento socialista no país que era unanimemente reconhecido, desde o final do século XIX, e inclusive por Marx e por Engels, como o país capitalista mais avançado. Werner Sombart publicou, em 1906, os estudos reunidos sob o título *Por que o socialismo não existe nos Estados Unidos?*[2] Neles, evocava fatores econômicos, sociais e políticos que teriam impedido a adesão do operariado estadunidense ao socialismo: perspectiva de ascensão do trabalhador imigrante, fronteira agrícola móvel, individualismo exacerbado e a existência de um sistema bipartidário rígido, que dificultava a formação de

---

2 Uso a tradução francesa dessa obra (Sombart, 1992).

192 ARMANDO BOITO JR.

qualquer terceiro partido, operário ou não. Na verdade, tais explicações, que recorrem a fatores específicos da formação capitalista estadunidense no final do século XIX e início do século XX, já tinham sido, algumas delas, evocadas pelo próprio Marx e por Engels para explicar as dificuldades do movimento socialista para firmar-se em território estadunidense. A historiadora soviética Svetlana Askoldova cita cartas de Marx que apresentam a existência de terras livres na fronteira agrícola e o sistema bipartidário que inviabilizava a formação de um terceiro partido, induzindo o operariado estadunidense a "votar útil", como grandes obstáculos para um movimento operário socialista nos Estados Unidos (ver Askoldova, 1981).

Seymour Martin Lipset e Gary Marks retomaram, décadas depois, a mesma questão colocada por Werner Sombart (Lipset & Marks, 2000). No primeiro capítulo de sua obra, esses autores historiam as apreciações dos principais dirigentes e teóricos da socialdemocracia alemã – Engels, Kaustsky, Bebel, Bernstein e outros – sobre aquilo que era considerado por muitos como o "paradoxo estadunidense": o fato de o país ter o capitalismo mais avançado e o operariado mais numeroso e, a despeito disso, não possuir um movimento socialista de massa. Engels, por exemplo, atribuía o conservadorismo de grande parte do operariado estadunidense ao fato de a América não ter conhecido um passado feudal: "É absolutamente natural que os preconceitos burgueses se tenham enraizado tão fortemente na classe operária de um país tão jovem, que nunca conheceu o feudalismo e desde o princípio se desenvolveu sobre uma base burguesa" (apud Lipset & Marks, 2000).

Portanto, mesmo no período entre 1880 e 1950, em que o continente europeu contou com a existência de um movimento operário socialista, a situação dos Estados Unidos desautorizava qualquer raciocínio economicista sobre a formação da classe operária como coletivo politicamente autônomo e anticapitalista. Acrescente-se que, ao longo da segunda metade do século XX, a situação mudou inclusive na Europa. Ficou a memória de uma classe operária organizada em luta pelo socialismo, mas a realidade dos sindicatos e dos partidos socialistas e comunistas europeus foi, graças ao desenvolvimento do Estado de bem-estar, afastando-se cada vez mais da imagem retida na memória. As transformações do capitalismo no final do século XX e a ofensiva neoliberal

ESTADO, POLÍTICA E CLASSES SOCIAIS   **193**

acabaram por desorganizar inclusive o movimento operário reformista. Hoje, o reflexo do movimento operário e socialista internacional evidencia, com mais força ainda, a impropriedade teórica de se querer definir e deduzir a classe operária do lugar ocupado pelos trabalhadores no processo de produção. O assalariamento está generalizado, como nunca esteve, em escala mundial e a exploração dos trabalhadores, segundo os indicadores mais confiáveis, recrudesceu. No entanto, o movimento operário independente não existe mais como fenômeno de massa e internacional. A luta de classes regrediu para níveis os mais baixos. A situação atual do capitalismo impõe, mais do que nunca, uma revisão na concepção economicista das classes sociais.

Os impasses teóricos do conceito economicista de classe operária

O desajuste, mais evidente na atualidade, entre o conceito economicista de classe social e a realidade da sociedade capitalista exige uma crítica do economicismo na teoria das classes. Também no plano desse conceito é preciso renovar o marxismo.

Há uma ideia central nos textos que identificam classe social como um fenômeno econômico. Esse tipo de análise baseia-se no pressuposto segundo o qual, no terreno da economia (capitalista), encontra-se sempre em operação uma contradição antagônica insuperável entre burguesia e classe operária. É por isso que a classe social é um fenômeno da economia: aí estão dadas todas as condições para a organização e a luta de classes. A organização, as ideias e as lutas operárias refletem sua situação econômica objetiva. Kautsky e a II Internacional desenvolveram essa visão estritamente econômica das classes sociais. Para esses autores e dirigentes socialistas, a "consciência de classe" passou a ser apresentada como um resultado mais ou menos espontâneo da posição ocupada pelos operários na produção. A II Internacional consolidou a ideia segundo a qual a consciência de classe seria resultado do crescimento sociodemográfico da classe operária e do suposto processo de homogeneização e simplificação da situação socioeconômica dessa classe, processo esse que seria um resultado natural do desenvolvimento do

194 ARMANDO BOITO JR.

capitalismo.[3] No âmbito da III Internacional, essa visão economicista também esteve fortemente presente. Ela obteve uma formulação clássica no conhecido ensaio de Lukács denominado "Consciência de classe" (Lukács, 2003).

O impasse teórico desse ensaio – impasse que Lukács seguirá ignorando na autocrítica que fez no prefácio de 1967 ao *História e consciência de classe* – ilustra as dificuldades insuperáveis da posição que consiste em apresentar a economia capitalista como algo suficiente para definir a classe operária. Para Lukács, a classe operária é um dado objetivo da economia capitalista. Logo, ele sustentará que a classe operária existe enquanto tal mesmo quando os próprios operários não têm consciência de tal existência. Como se sabe, Lukács opera com a distinção hegeliana "em si"/"para si": a partir do momento em que a classe operária, que já existe enquanto tal no terreno da economia, adquirir a consciência de sua própria existência e, portanto, da especificidade de seus interesses, ela deixará de ser apenas uma "classe em si" e passará a ser uma "classe para si". A existência objetiva será complementada pela existência subjetiva, dada pela "consciência de classe". Mas a classe operária já existe, enquanto tal, do começo ao fim do processo.

Ciente do fato de que em muitos países e em diversas épocas a classe operária não existe como classe organizada lutando por aqueles que seriam os seus interesses, Lukács irá, então, estabelecer a célebre distinção entre "falsa consciência" e aquela que seria a "consciência verdadeira" da classe operária. Para a primeira, Lukács reserva uma série de qualificativos que visam evidenciar a falsidade de tal consciência: ela seria empírica, psicológica, efêmera e inadequada; já a segunda, a "consciência verdadeira", seria, na adjetivação de Lukács, racional, política, duradoura e adequada à posição objetiva ocupada pelos operários no processo de produção e aos interesses decorrentes de tal posição. O impasse teórico consiste no seguinte: a "falsa consciência" é uma aberração

---

3 Hoje, essa concepção socialdemocrata opera, com sinais trocados, nas análises, como a de Clauss Offe, que sustentam que o movimento operário entrou em crise devido à "heterogeneização", à "complexificação" e à redução da classe operária. Vários autores difundiram essa análise no Brasil. Por exemplo, Rodrigues (2000) e Antunes (1996).

ESTADO, POLÍTICA E CLASSES SOCIAIS   195

que não deveria existir, fosse verdadeira a tese segundo a qual a classe social já está dada no terreno da economia. Por isso mesmo, Lukács nos diz, se prestarmos atenção, apenas aquilo que a "falsa consciência" *não é*. E ele nos diz somente aquilo que já sabíamos: ela não é a "consciência verdadeira", aquela racional e adequada, mas, estranhamente, inexistente.

Outro conceito de classe social

Essa apresentação, ainda que simplificada, do determinismo economicista na discussão do conceito de classe social permite-nos esboçar um contraste com os termos iniciais de outra orientação. Essa outra orientação consiste, em primeiro lugar, em pensar a classe social como um fenômeno, ao mesmo tempo, econômico, político e cultural, objetivo e subjetivo e, em segundo lugar, distinguir, na análise da formação das classes sociais, a classe dominante, cuja formação já está dada, da classe dominada, cuja formação é apenas, em condições normais, uma possibilidade real.

No capitalismo, a burguesia, na condição de classe dominante, já está formada como classe social. O Estado burguês é a burguesia organizada como classe. Ele estabelece e legitima a propriedade privada dos meios de produção, a exploração do trabalho assalariado, a desigualdade de riquezas e todas as demais condições necessárias para que o capitalismo possa se perpetuar. Em tais condições, de modo "espontâneo", todo capitalista individual conhece seus interesses de classe e, regra geral, age nos limites dados por esses interesses. Pode agir, e age, movido pelos interesses particulares de sua empresa ou pelos interesses particulares do ramo ou setor no qual a sua empresa está inserida. Esse é o fenômeno da formação das frações burguesas – grande e média burguesia, burguesia industrial, comercial e financeira etc. Porém, conhecedor, graças à existência do Estado burguês, das condições gerais necessárias para que ele se reproduza como capitalista, a sua ação tende a se manter dentro dos limites de seu interesse de classe. A burguesia, na condição de classe dominante, é, assim, uma classe ativa, que está presente, simultaneamente, na economia e no nível político da sociedade capitalista.

196 ARMANDO BOITO JR.

Quando a burguesia ocupava uma posição subordinada na economia e no Estado, isto é, antes da revolução burguesa, as coisas não se passavam dessa forma. Na Europa absolutista, o Estado monárquico-feudal assegurava a dominação de classe dos proprietários feudais. A monarquia absolutista estabelecia, desenvolvia e legitimava a divisão da sociedade em ordens (homens livres e servos), garantindo desse modo a exploração pré-capitalista dos camponeses servos de gleba (obrigatoriedade do fornecimento de sobretrabalho na forma de corveias e tributos), e, mantendo também os estamentos (nobreza, clero e plebe), assegurava a supremacia política da nobreza feudal no Estado. Esse Estado representava os proprietários feudais organizados em classe dominante.[4] A burguesia, dispersa e dividida, procurava integrar-se do melhor modo possível na economia e na sociedade feudal. O seu lugar na economia fazia dela uma classe potencial, mas ela não se organizava enquanto classe ativa.[5]

Não seria correto dizer que a burguesia era, no feudalismo, uma classe dominada, já que ela não era uma classe trabalhadora explorada. Porém, a burguesia não chegava a ser uma classe organizada em torno de interesses próprios, do mesmo modo que, em condições normais, a classe operária também não o é sob o capitalismo. Foi o processo de revolução burguesa que transformou a burguesia de classe potencial, presente de modo latente no processo econômico, em classe ativa, atuante como um coletivo organizado na cena política e social.

A classe social como fenômeno simultaneamente econômico, político e ideológico

Façamos, então, um esforço de definição dos conceitos.

As relações de produção são, de fato, a referência última das classes sociais. Os lugares ocupados no processo de produção, basicamente a grande divisão entre proprietários não trabalhadores e trabalhadores não proprietários é a divisão fundamental que *possibilita* a organização

---

4 Sobre o Estado absolutista, ver o capítulo 3 deste livro.
5 Louis Althusser e Maurice Dobb sustentam que a burguesia tem um comportamento adaptativo durante o feudalismo. Ver Althusser (1972); Dobb (1971).

de coletivos com interesses opostos. Mas isso é uma possibilidade. Encontramos também na própria economia outras características que podem possibilitar a formação de um campo de interesse comum entre proprietários e trabalhadores. Nas sociedades capitalistas, o operário pode, visando preservar seu emprego ou aumentar seus ganhos, ter interesse no crescimento da empresa ou setor onde trabalha, fazendo frente comum com os capitalistas dessa empresa ou setor e, ao mesmo tempo, concorrendo com os operários que trabalham em outras empresas ou setores. O corporativismo sindical, no sentido gramsciano de egoísmo de fração, é a manifestação mais clara e geral desse fenômeno.

Logo, na economia estão presentes, potencialmente, tanto classes antagônicas quanto grupos que cooperam entre si em defesa de uma empresa ou setor – quem, no Brasil, não se recorda da frente comum estabelecida entre sindicatos operários e associações patronais das grandes montadoras de veículos para preservar e expandir o setor automobilístico na década de 1990? Uma eventual consciência pró--capitalista dos operários pode ser reflexo da sua situação econômica particular, e não uma ilusão sem fundamento econômico, ao contrário do que sugere a noção de "falsa consciência". O antagonismo entre proprietários e trabalhadores é apenas latente, potencial. Para que a classe operária, que existe apenas em potência no terreno da economia capitalista, adquira uma existência ativa, é necessária a combinação de inúmeros fatores de ordem econômica, política e ideológica – situação do emprego e do salário, situação do sistema de alianças que sustenta o bloco no poder burguês, eficácia da ideologia e do programa socialistas para responder aos problemas colocados na ordem do dia pela sociedade capitalista em determinada etapa do seu desenvolvimento etc. A classe social só existirá no sentido forte do termo, isto é, como coletivo organizado e ativo, quando o antagonismo latente tornar-se manifesto.

As condições históricas particulares que possibilitam a formação da classe operária

Em que condições a classe operária pode se organizar enquanto classe? Esse é um problema que, rigorosamente falando, não pode encontrar lugar na problemática economicista das classes sociais. A aquisição

198 ARMANDO BOITO JR.

da "consciência verdadeira" é um mero ajuste entre a realidade primeira (da economia) e a realidade derivada da consciência (que desde sempre deveria ter refletido a economia). A ocorrência desse ajuste não pode, por definição, constituir um problema. Ao contrário, tomar o processo de aquisição da "consciência verdadeira" como um problema significaria, ao mesmo tempo, reconhecer que a "falsa consciência" é racional (não irracional), consistente (não efêmera), social (não psicológica) e adequada (não deslocada). Vejamos, de novo, o ensaio de Lukács. Nele Lukács afirma que a crise econômica propicia a oportunidade de a classe operária ascender à verdadeira consciência de classe. Mas note-se bem: a crise econômica tem esse condão porque evidencia, para o operariado, o fato de que o capitalismo é um sistema, uma totalidade, que não é passível de reformas. Ou seja, a crise econômica não acrescenta rigorosamente nada de verdadeiramente novo. Ela apenas torna mais visível aquilo que sempre existiu.

No enfoque leninista do processo de aquisição da "consciência socialista" (termo que Lenin, sintomaticamente, prefere ao de "consciência de classe"), a crise é algo totalmente novo. Sacode a economia, a política e o antigo modo de vida de todas as pessoas. Coloca-as numa situação muito diferente daquela em que vivem em tempos de capitalismo normal. Lenin dirá: a) se se romper a unidade entre os de cima; b) se se agravarem as condições de vida das massas; e c) se se desenvolverem ações históricas independentes dos trabalhadores, se tudo isso ocorrer, essa crise poderá se configurar como uma crise revolucionária. A classe revolucionária constitui-se, como resultante de um conjunto de fatores, no decorrer da crise, no bojo de uma situação singular, distinta da situação de normalidade. A situação revolucionária é a situação típica de constituição do proletariado em classe. É interessante lembrar que no *Manifesto do Partido Comunista* Marx e Engels depositam a expectativa de uma revolução socialista não na Inglaterra, que tinha o capitalismo mais desenvolvido e a classe operária mais numerosa do seu tempo, mas na Alemanha, que embora apresentasse um capitalismo ainda incipiente encontrava-se, como destaca o *Manifesto*, à beira de uma crise revolucionária.[6]

---

6 Sobre esse tema, ver o próximo capítulo deste livro.

ESTADO, POLÍTICA E CLASSES SOCIAIS   199

Se voltarmos a examinar as razões pelas quais, para Marx e Engels, o operariado estadunidense não lograva superar a condição de classe em potência, veremos que todas elas se referem a condições particulares da história pregressa dos Estados Unidos (ausência de um passado feudal), de sua economia (terras livres na fronteira agrícola) e de sua política (bipartidarismo rígido). Ou seja, é no terreno das formações sociais em conjunturas específicas que se decide a formação do operariado como classe. Não há, no plano das relações de produção e das forças produtivas capitalistas, que representa o nível econômico do modo capitalista de produção, nada que torne inevitável, ao contrário do que sugere o economicismo,[7] a formação da classe operária como classe ativa.

Existência potencial da classe operária na estrutura econômica do modo de produção capitalista

Não há, tampouco, uma formação da classe operária apenas no nível das práticas sociais.

A própria estrutura econômica do modo de produção capitalista contém, potencialmente, a classe operária. É a luta que vai, nas circunstâncias de uma crise revolucionária, trabalhar esse potencial, definindo, numa ação vinculada à massa, os interesses e os limites precisos do proletariado.

Falar em existência potencial é diferente de falar em "classe em si". Nesta última acepção, a classe já está objetivamente dada, faltando apenas que ela adquira consciência de si própria. O processo de formação da classe não acrescenta nada além da consciência de classe. A "classe em si" permanece a mesma ao longo de todo o processo. Já a ideia de classe em potência concebe a classe como uma virtualidade da economia que necessita ser trabalhada, descoberta e definida num processo de luta.

---

7 Aqui vale lembrar que Lukács apoia-se no jovem Marx para sustentar a inevitabilidade da formação do operariado em classe ativa. Como se sabe, ele coloca como epígrafe de seu ensaio uma passagem do Marx na *Sagrada família* na qual se afirma que não importa o que o operariado pensa, mas sim aquilo que, "pelo seu ser de classe", ele está historicamente *obrigado* a fazer.

200 ARMANDO BOITO JR.

A formação da classe é um processo relativamente aberto, e não uma complementação subjetiva do objetivamente dado.

Repetimos, porém, que o potencial existe na estrutura econômica. Por ignorar isso, autores importantes como Thompson são levados a uma aporia. Thompson afirma que a classe social é um acontecimento histórico. Teve o mérito de fazer a crítica ao economicismo e desbloquear a análise de classe e da luta de classes. Em dadas conjunturas, afirma Thompson, homens e mulheres comportam-se "de maneira classista" (Thompson, 1998).[8] Mas o que é comportar-se de maneira classista? Essa resposta só poderá ser dada se pressupusermos que a classe existe em potência no plano da estrutura econômica. Os trabalhadores assalariados manuais são a classe operária em potência no capitalismo. A situação histórica concreta e a ação dos partidos políticos socialistas possibilitarão, ou não, a conversão dessa classe potencialmente já dada no plano da estrutura econômica em uma classe ativa. Nesse processo de construção da classe operária, seus interesses e limites precisos serão definidos e testados na luta. O seu lugar na produção fornece parâmetros gerais, mas muito gerais, para a definição de seus interesses – fim da propriedade privada, fim da exploração do trabalho etc. Todavia, o desenvolvimento dessa definição e a estratégia para implementar tais interesses dependem da luta e da aplicação de uma *linha de massa*, que vincule uma vanguarda à massa da classe. A referência de fundo, embora insuficiente, é a economia capitalista. Se omitirmos a existência potencial da classe operária no plano econômico, todo e qualquer coletivo poderá, então, ser apresentado como um coletivo de classe, bastando, para isso, que ele próprio se apresente como tal.

Como disseram Marx e Engels no *Manifesto do Partido Comunista*, é preciso constituir o proletariado em classe. Isto é, o proletariado ainda não é uma classe no sentido forte do termo, ele precisa ser constituído como tal, mas, de algum modo, ele precede, como a própria frase indica, a sua existência como classe, tanto é que ele, que já está lá, precisa ser constituído em algo que ele ainda não é, vale dizer, uma classe social.

---

8 Ver particularmente os ensaios "As particularidades dos ingleses", v.1, p.13-107, e "Algumas observações sobre classe e 'falsa consciência'", v.2, p.95-107.

9

A CONSTITUIÇÃO DO PROLETARIADO EM CLASSE NO *MANIFESTO DO PARTIDO COMUNISTA*[1]

As interpretações correntes

O *Manifesto do Partido Comunista* apresenta e desenvolve, ainda que de modo sumário, duas teses relativas à teoria da história que, juntas, continuarão orientando as análises econômicas e políticas de Marx e Engels: o processo de mudança histórica é apresentado, nesse texto, como resultado do crescimento das forças produtivas e da luta de classes.

Esses dois fatores influenciam-se reciprocamente e de diversas maneiras. De um lado, o desenvolvimento das forças produtivas pode produzir novas classes sociais e alterar a base econômica das classes em luta. O *Manifesto* nos mostra que o desenvolvimento da maquinaria e da grande indústria fortalece a classe burguesa, faz crescer o proletariado e arruína o artesanato e a pequena burguesia tradicional. De outro lado, a luta de classes interfere nas características e no ritmo de crescimento das forças produtivas. Esse é um aspecto que tem passado mais despercebido na leitura do *Manifesto*. No entanto, esse texto mostra, em primeiro

---

1 Texto apresentado no seminário internacional 150 anos do *Manifesto do Partido Comunista* – teoria e história, organizado pelo Centro de Estudos Marxistas (Cemarx) da Unicamp em abril de 1998. Foi publicado originalmente com o título "A constituição do proletariado em classe – a propósito do Manifesto Comunista de Marx e Engels", *Crítica Marxista*, n.6, São Paulo: Xamã, 1998.

lugar, que a burguesia precisou "pôr abaixo" a ordem feudal para liberar o desenvolvimento das forças produtivas capitalistas, e, em segundo lugar, que essa mesma burguesia travou uma luta – que é uma luta de classe – contra os artesãos e os operários das manufaturas, para colocar a máquina no lugar da ferramenta, isto é, para desenvolver as forças produtivas de modo a desqualificar o trabalho do operário, convertê-lo em mero apêndice do instrumento de trabalho, tornar possível a utilização de mulheres e crianças na produção e reduzir os salários.

No entanto, as influências recíprocas existentes entre o desenvolvimento das forças produtivas e a luta de classes não justificam que se negue a especificidade de cada um desses fenômenos. No que diz respeito ao *Manifesto do Partido Comunista*, esse texto distingue de modo claro forças produtivas, relações de produção e luta de classes. A ideia de Marx e de Engels nesse texto é que o desenvolvimento das forças produtivas, em certa etapa do processo histórico, coloca em crise as relações de produção vigentes. O desenvolvimento das forças produtivas é apresentado como o elemento dinâmico; as relações de produção, que na fase inicial de constituição de dado modo de produção tinham estimulado o desenvolvimento das forças produtivas, convertem-se em entrave para tal desenvolvimento e passam a funcionar como o fator de inércia do processo histórico. Marx e Engels aplicam essa tese na análise que fazem, no capítulo I do *Manifesto*, da transição do feudalismo para o capitalismo, quando tratam do papel revolucionário da burguesia, e, também, ainda no mesmo capítulo, na análise das crises de superprodução do capitalismo – crises provocadas pela contradição entre, de um lado, a estreiteza das relações de produção capitalistas e, de outro, o crescimento das forças produtivas. Esse crescimento é, então, o fator econômico, espontâneo e inconsciente da mudança histórica.

Esse fator, porém, é também insuficiente. Para que tal mudança ocorra é necessário um segundo fator: a existência de um agente social interessado nela e capaz de promovê-la. É aqui que o papel da luta de classes é decisivo. Essa luta envolve tanto aspectos objetivos, de ordem econômica e política, quanto aspectos subjetivos, de ordem política e ideológica. A classe social que tem interesse na mudança histórica precisará organizar-se para promovê-la e precisará, também, vencer as classes interessadas na preservação do modo de produção vigente. Pois bem, no *Manifesto* há uma reflexão sobre as condições necessárias para que a classe dominada do modo de produção capitalista, o proletariado, possa organizar-se como uma força social autônoma em torno de um programa comunista e possa apresentar-se como a força dirigente da revolução. Esse é o processo que Marx e Engels designam, sugestivamente, com as expressões "constituição do proletariado em classe" e "desenvolvimento do proletariado". As duas expressões são sugestivas porque, de um lado, pressupõem a existência objetiva do proletariado e, de outro, porque sugerem que seu desenvolvimento ou constituição em classe não é um simples reflexo, no plano político e ideológico, daquilo que já estaria dado no plano econômico. Essa constituição, pensada em outros textos de Marx como a transição da classe "em si" para a classe "para si", está vinculada no texto do *Manifesto* à reflexão sobre as condições econômicas e políticas necessárias para que o proletariado possa (tentar) fazer a revolução.

Como e por que os operários podem agir unificadamente como classe? O processo de constituição do proletariado em classe é apresentado no *Manifesto* como um processo irregular, cumulativo mas reversível e, também, marcado por rupturas e saltos de qualidade. É apresentado, também, como um processo bifronte. A resistência econômica do proletariado, na luta direta contra os capitalistas que o exploram, não é propriamente uma ação unificada de classe, embora possa servir de base para esse tipo de ação. A luta sindical não é, ainda, a luta comunista. A ação do proletariado como classe dá-se, no *Manifesto*, no terreno político, colocando o proletariado em relação com todas as demais classes que compõem a sociedade capitalista. Nesse sentido, a leitura correta do *Manifesto* é uma leitura leninista, pois o *Manifesto* distingue a luta pelo poder de Estado da luta sindical reivindicativa. É leninista, também, por outra razão. Marx e Engels esboçam alguns dos elementos que Lenin utilizaria, mais tarde, para elaborar o conceito de crise revolucionária: o *Manifesto* atribui à luta política da burguesia contra a classe feudal decadente e contra as burguesias concorrentes de outros países um papel decisivo na constituição do proletariado em classe. A luta entre "os de cima", como diria mais tarde Lenin ao arrolar as características de uma situação revolucionária, pode educar politicamente a classe operária e criar uma crise política que possibilite a conquista do poder pelo proletariado.

204 ARMANDO BOITO JR.

Inúmeras variantes do economicismo ignoram ou rejeitam essa análise presente no *Manifesto*. Harold Laski, num texto longo e importante sobre o *Manifesto*, desconsidera o papel que o texto de Marx e Engels atribui às lutas dirigidas pela burguesia no processo de constituição do proletariado em classe. Para Laski, que pretende retratar o que o *Manifesto* afirma sobre o tema, a industrialização capitalista, o crescimento da classe operária, a resistência sindical, a formação de um partido socialista e a eventual tomada do poder são elos sucessivos de um processo linear, gradual e cumulativo, que seria o processo de constituição do proletariado em classe.[2] Jean Jaurès, num texto clássico e primoroso do reformismo socialdemocrata, aponta, diferentemente do que faz Laski, a importância que Marx e Engels atribuem à luta entre "os de cima" para a constituição do proletariado em classe. Porém, o objetivo de Jaurès é fazer a crítica sistemática dessa tese do *Manifesto*.[3] No momento atual, o economicismo está de novo em voga. Ele tem informado grande parte das análises que se fazem da crise do movimento socialista neste final de século, atribuída, exclusivamente ou principalmente, a mudanças ocorridas no interior das fábricas e no mercado de trabalho e identificada com a crise do movimento sindical. Tratemos de examinar, então, a análise que é apresentada no *Manifesto* e ver o que se pode dizer de sua eficácia.

O que os comentaristas ignoram

O *Manifesto* discorre sobre a condição do operariado no mercado e na produção, atentando também para a composição social da classe operária.[4] O operário é o produtor constrangido (já que não possui

---

2 O artigo de Harold Laski, intitulado "Communist Manifesto", foi escrito em 1947 por encomenda do Labour Party para a comemoração do centenário da publicação do texto de Marx e Engels. Ver Laski (1998, p.169-231). A passagem que nos interessa encontra-se às p.185-86.

3 O artigo de Jean Jaurès, intitulado "Le Manifeste Communiste de Marx et Engels", foi escrito em 1901 para o jornal *Petite République*. Como o artigo de Laski, ele ganhou, neste ano, uma tradução para o português (ver Jaurès, 1998, p.137-59).

4 As considerações que seguem baseiam-se, fundamentalmente, no capítulo I do *Manifesto*, intitulado "Burgueses e proletários", e no capítulo IV, intitulado "Posição dos comunistas frente aos diferentes partidos de oposição". É nesses dois capítulos que Marx e Engels tratam diretamente do nosso tema.

ESTADO, POLÍTICA E CLASSES SOCIAIS 205

propriedade) a vender-se no varejo, isto é, a vender parceladamente seu tempo de trabalho (já que não é um escravo, cuja própria pessoa é objeto de compra e venda) como uma mercadoria. Como mercadoria, o trabalho do operário está sujeito às flutuações do mercado e os operários são colocados em concorrência uns com os outros. Na produção, o operário é um apêndice da máquina, está submetido, como soldado raso da indústria, ao despotismo dos oficiais e suboficiais da fábrica moderna. A máquina dispensa, em certa medida, a força física, desqualifica e barateia o trabalho do operário. A classe operária passa a acolher em suas fileiras mulheres e crianças em escala crescente. O desenvolvimento da indústria aumenta o contingente de operários, concentra-os geograficamente e aproxima seus interesses e condições de vida. Por isso, o desenvolvimento da indústria favorece a formação de coalizões para a defesa dos salários. De um lado, essas coalizões podem, no processo de luta, fazer crescer a unidade e a organização do proletariado. Porém, de outro lado, a concorrência entre os operários mina e obstrui o processo de constituição do proletariado em classe. Na maioria dos casos, os comentadores do *Manifesto* param aí em suas considerações sobre o tratamento que o texto dá ao processo de constituição do proletariado em classe. É como se tal processo estivesse circunscrito ao terreno da economia. Porém, boa parte do capítulo I do *Manifesto* é escrita para mostrar que a constituição do proletariado em classe não seria possível sem as peculiaridades da política e da luta de classes na sociedade capitalista. No dizer de Marx e Engels, a burguesia "arrasta" o operariado para a luta política.

> A burguesia vive em luta permanente. ... Em todas essas lutas, vê-se obrigada a apelar para o proletariado, a recorrer a sua ajuda e desta forma arrastá-lo para o movimento político.[5]

Marx e Engels referem-se, em primeiro lugar, à luta da burguesia contra a aristocracia feudal. Eles escrevem o *Manifesto* numa época em que a Alemanha e a Itália não tinham realizado sua revolução burguesa. A burguesia da França e a da Inglaterra, embora tivessem feito sua re-

---

5 Utilizo a tradução portuguesa de Álvaro Pina, publicada no livro organizado por Osvaldo Coggiola (1998, p.48).

206   ARMANDO BOITO JR.

volução, encontravam-se ainda em luta contra os resquícios da ordem feudal e da aristocracia decadente. Referem-se, em segundo lugar, à luta da burguesia industrial contra as frações burguesas que tolhem o desenvolvimento da indústria. Em terceiro lugar, referem-se à luta de cada burguesia nacional contra as burguesias rivais dos países estrangeiros. Por último, Marx e Engels falam da deserção de setores da burguesia que podem passar para o movimento socialista. Têm em mente, especialmente, parte dos intelectuais burgueses que, tendo compreendido o processo de evolução histórica no seu conjunto, poderia passar, nos momentos mais agudos da luta, para o lado do proletariado.

Tudo isso poderá parecer banal. Porém, essa dinâmica na qual a classe dominante introduz ou aceita a participação organizada da classe dominada na luta política é uma particularidade do modo de produção capitalista, e é um dos fatores que explicam o fato de o proletariado ser a primeira classe dominada da história com condições de hegemonizar um processo revolucionário. Se nos três tipos de luta citados, a burguesia pode "arrastar" o proletariado para o movimento político, propiciando sua organização e sua educação, tal se deve ao fato de o capitalismo ser o primeiro modo de produção na história da humanidade que concede personalidade jurídica plena ao produtor direto explorado – o trabalhador é livre no plano jurídico. O operário moderno não é um escravo nem um servo de gleba. Resulta daí que a burguesia pode, sem que esse gesto subverta a ordem social existente, apelar ao proletariado: ela apela a um cidadão como outro qualquer. As classes dominantes dos modos de produção pré-capitalistas não podiam estabelecer alianças com escravos ou servos. De um lado, esses produtores, dada sua situação de sujeição pessoal, não possuíam qualquer tipo de organização permanente, não constituíam uma força minimamente organizada que pudesse ser cobiçada pelos setores das classes dominantes que lutavam entre si, e, de outro lado, a busca de uma aliança significaria reconhecer nos produtores diretos capacidade jurídica e vontade própria, negando, por esse ato, toda a base jurídica e ideológica sobre a qual se assentava o trabalho compulsório e, por extensão, toda economia escravista ou feudal.[6]

---

6   Nos modos de produção pré-capitalistas não pode existir movimento e organização permanentes da classe dominada. Ver capítulo 7 deste livro.

ESTADO, POLÍTICA E CLASSES SOCIAIS   207

Também a deserção de parte da intelectualidade burguesa tem a ver com as particularidades do capitalismo. Nos modos de produção pré-capitalistas, a intelectualidade está fundida à classe dominante, não configurando uma camada social específica dotada de relativa autonomia. Portanto, em todos os aspectos examinados, a matriz do modo de produção capitalista é um fator importante para que possa ocorrer o processo de constituição do proletariado em classe.

Voltando às lutas permanentes da burguesia, cabe destacar dois pontos. Primeiro ponto, Marx e Engels consideram que as contradições no seio das classes dominantes podem propiciar não só, como já dissemos, a constituição do proletariado em classe e a oportunidade da revolução, mas também a obtenção de reformas do capitalismo. Eles afirmam que o proletariado aproveita as divisões internas da burguesia para obrigá-la ao reconhecimento legal de certos interesses dos trabalhadores. Citam como exemplo a divisão das classes dominantes inglesas que propiciou a aprovação, pelo parlamento, da lei da jornada de dez horas de trabalho, exemplo que Marx retomará em detalhe no capítulo VIII de *O capital*. Segundo ponto, a divisão que Marx e Engels privilegiam no seio das classes dominantes é, muito compreensivelmente, a divisão típica do período de revolução burguesa no continente europeu.

> É sobretudo para a Alemanha que se volta a atenção dos comunistas, porque a Alemanha se encontra às vésperas de uma revolução burguesa e porque realizará essa revolução nas condições mais avançadas da civilização europeia e com um proletariado infinitamente mais desenvolvido que o da Inglaterra no século XVII e o da França no século XVIII; e porque a revolução burguesa alemã só poderá ser, portanto, o prelúdio imediato de uma revolução proletária. (Marx & Engels, *Manifesto Comunista*, in Coggiola, 1998, p.69)

Não é para a Inglaterra, país da indústria capitalista moderna e do operariado mais desenvolvidos da Europa, que Marx e Engels dirigem sua expectativa de revolução. Esse fato evidencia a importância apenas relativa que conferem ao tamanho e à concentração do operariado; evidencia também a impropriedade dos comentadores que ignoram o processo político estrito senso como elemento fundamental na constituição do proletariado em classe. A revolução proletária poderia partir do país que possuía a economia capitalista e o movimento operário menos desenvolvidos entre as grandes nações europeias. A hipótese é que o operariado alemão poderia dar um salto no seu processo de constituição em classe graças à crise revolucionária que deveria ocorrer naquele país. Uma situação em que o proletariado se constitui em classe através de um salto abrupto, sem acumulação gradativa, e em decorrência de uma crise política, não do desenvolvimento econômico. Tal deslocamento, para a Alemanha, do centro de gravidade da revolução prenuncia, mais uma vez, um conceito leninista. A Alemanha aparece, no *Manifesto*, como o "elo mais fraco" da cadeia capitalista europeia, do mesmo modo que a Rússia aparecerá mais tarde, para Lenin, como o "elo mais fraco" da cadeia imperialista internacional. O essencial nessa questão é a crise revolucionária aberta pelo processo de revolução burguesa na Alemanha, no curso do qual o proletariado poderia não apenas constituir-se rapidamente como classe, como também tomar o poder de modo revolucionário, desviando o curso inicial da revolução.

Esse enfoque do *Manifesto* sugere algumas conclusões importantes. Primeiro, ele permite dizer que, nesse texto, não apenas o proletariado, criado pelo desenvolvimento do capitalismo, pode fazer, desde que as condições o permitam, a revolução, como também a revolução, isto é, a crise revolucionária, pode fazer o proletariado; ou seja, pode ensejar sua constituição em classe com um programa político próprio. Em segundo lugar, tal enfoque implica que o movimento operário seja analisado nas suas conexões com as demais lutas políticas em curso nas sociedades capitalistas. O movimento socialista deve ser visto como um movimento que cresce junto com as demais lutas sociais progressistas, não como algo isolado na fábrica, no sindicato ou no partido socialista. No capítulo IV, intitulado Posição dos Comunistas diante dos Diversos Partidos de Oposição, Marx e Engels propõem que os comunistas se aliem, nos diferentes países da Europa, com as lutas democráticas, camponesas e de libertação nacional.

A atualidade da polêmica com Jean Jaurès

Jean Jaurès, como anunciamos, critica essa concepção do processo de constituição do proletariado em classe e da tomada do poder pela classe operária. Para Jaurès a classe operária avança para o comunismo mediante um processo gradual, cumulativo, sem saltos, e baseado, no plano da economia, no desenvolvimento industrial e no crescimento dos sindicatos, e, no plano político, no sufrágio universal e na democracia. É uma visão economicista do processo de constituição do proletariado em classe e legalista da transição ao socialismo (ver Jaurès, 1998, p.137-59). Jaurès argumenta que a análise de Marx e Engels é, de um lado, equivocada na sua formulação e, de outro lado, referir-se-ia a uma realidade histórica que, no início do século XX, já teria sido eliminada.

Ele chama a teoria de Marx e Engels de teoria da "revolução parasita": a revolução de uma classe (o operariado), ainda imatura e incapaz, que depende da revolução desencadeada pela classe inimiga (a burguesia). O erro da teoria da "revolução parasita" seria ignorar que, se a classe operária é incapaz de desencadear a revolução, ela o seria, também, para desviar a revolução do seu curso burguês. Sobre a necessidade que o movimento operário teria da "muleta" da revolução burguesa, Jaurès é incisivo: se uma característica importante do pensamento utópico é ignorar a força própria da classe operária, o *Manifesto* pertence, ainda, ao período da utopia. Para Marx, diz Jaurès:

> é a própria burguesia que, tendo de completar seu próprio movimento revolucionário, dará o sinal de desmoronamento (ibidem, p.141) ... Assim, é com base em uma revolução burguesa vitoriosa que se enxertará a revolução proletária (p.142).
> ... Robert Owen e Fourier contam com a generosidade das classes superiores. Marx e Engels esperam, para o proletariado, o favor de uma revolução burguesa.

Sobre a dependência da classe operária do "favor" da revolução burguesa, cabe lembrar, em primeiro lugar, que o *Manifesto* mostra, na crítica que faz aos "verdadeiros socialistas", que priorizar a luta contra a burguesia no momento em que essa luta de classe é contra a nobreza feudal é fazer o jogo da reação – é por isso que Marx e Engels incluem os "verdadeiros socialistas" na categoria "socialismo reacionário". Em segundo lugar, é importante indicar que o "enxerto" de uma revolução num movimento que lhe é estranho não constitui primazia do proletariado. A burguesia também dependeu, para fazer sua revolução na

210 ARMANDO BOITO JR.

França, do "favor" da revolta da nobreza feudal contra uma monarquia feudal que, por via autoritária, procurava impor-lhe sacrifícios. Foi a revolta da nobreza feudal contra a tentativa de reforma fiscal de Luis XVI, e a consequente convocação dos Estados Gerais, que "arrastou" a burguesia, e atrás dela a pequena burguesia e o campesinato, para a luta política (ver Lefebvre, 1990).[7] O processo político é repleto desses "paradoxos". O egoísmo de classe ou de fração pode cegar: a nobreza feudal recusou-se a entregar os anéis na reforma fiscal e perdeu tudo na reforma agrária realizada pela revolução. Tais "paradoxos" não indicam, ao contrário do que pretende Jean Jaurès, imaturidade ou incompetência das classes que se aproveitam das brechas abertas pela ação de seus inimigos.

A segunda crítica de Jaurès consiste em afirmar que a teoria da "revolução parasita" está, no ano de 1901, quando ele escreve o seu artigo, superada pela história.

> O período revolucionário da burguesia terminou. ... Agora, é sem cobertura, no amplo terreno da legalidade democrática e do sufrágio universal, que o proletariado socialista prepara, estende, organiza a sua revolução. (Jaurès, 1998, p.149)

Ora, é possível sustentar que, alguns anos após a publicação do texto de Jean Jaurès, a teoria da "revolução parasita" funcionou na Rússia czarista. Uma revolução democrático-burguesa transformou-se numa revolução operária e popular. Isso não significa que a história confirmou o conjunto da análise de Marx e Engels, e não nos dispensa tampouco de apontar onde Jean Jaurès errou.

Marx e Engels erraram na avaliação das potencialidades de expansão do capitalismo em meados do século XIX. A revolução proletária não se converteu em possibilidade real em nenhum país europeu na crise revolucionária de 1848. Porém, seu método de análise sobre o processo de constituição do proletariado em classe e sobre as condições para que o proletariado erija-se em classe dominante revelou-se correto. O desenvolvimento industrial e o tamanho do contingente de operários, se podem

---

7 Esse ponto é abordado no capítulo 5 deste livro.

ESTADO, POLÍTICA E CLASSES SOCIAIS   **211**

ser importantes para a formação do movimento sindical, revelam-se de importância apenas relativa quando se trata da formação do movimento socialista. Nesse terreno, são as contradições que dividem o conjunto das classes em presença e as crises oriundas dessas contradições, bem como a importância e o posicionamento da intelectualidade, que propiciam o crescimento do socialismo e a revolução proletária. Durante a segunda metade do século XIX, a Inglaterra, país de maior desenvolvimento capitalista, foi a pátria do sindicalismo e ignorou o movimento socialista. No início do século XX, a Rússia, país de baixo desenvolvimento capitalista e de sindicalismo incipiente e fraco, converteu-se no principal centro do movimento socialista internacional. E esse socialismo desenvolveu-se inextrincavelmente ligado à luta camponesa, democrática e de libertação nacional. O contraste maior entre grande desenvolvimento capitalista e debilidade do movimento socialista talvez tenha se dado nos EUA. A rigor, apenas na Alemanha do início deste século o desenvolvimento industrial, o sindicalismo e o socialismo caminharam juntos; mas não necessariamente nessa ordem: como se sabe, na Alemanha, foi o partido socialdemocrata, que crescera devido a implantação do sufrágio universal, que criou o sindicalismo operário.

Os erros de Jaurès foram, em primeiro lugar, considerar a revolução burguesa apenas na Europa Ocidental. Ora, o século XX foi o século das revoluções burguesas em inúmeros países da Europa Central, da Ásia e da América Latina. Em alguns desses países, uma revolução proletária ou popular foi enxertada na revolução burguesa. Ademais, a passagem do poder político para a classe burguesa é o momento essencial do processo revolucionário burguês, mas não o esgota. O movimento negro pelos direitos civis nos Estados Unidos das décadas de 1950 e 1960 deve ser visto, rigorosamente, como prolongamento da revolução burguesa estadunidense, e é desnecessário lembrar o impulso que tal movimento deu à luta popular naquele país. A luta pela reforma agrária no Brasil também é parte da revolução burguesa, ainda que se desenvolva em bases novas.

Em segundo lugar, Jean Jaurès menosprezou a importância da luta de cada burguesia nacional contra as burguesias rivais dos países estrangeiros. A Guerra Franco-Prussiana esteve na origem da Comuna de Paris. A Primeira Guerra Mundial esteve na origem da Revolução Russa e originou, também, situações revolucionárias em alguns países da Europa. A Segunda Guerra Mundial favoreceu a luta de libertação nacional e a luta operária nos países periféricos, além de ter favorecido a Revolução Chinesa. A classe operária pôde também se aproveitar dos conflitos entre as burguesias imperialistas para obter reformas importantes, repetindo um caminho já elucidado no *Manifesto*. De fato, a burguesia inglesa, para conquistar o apoio do "seu" operariado na luta contra a agressão do imperialismo alemão, viu-se obrigada a elaborar o programa do Estado de bem-estar, algo semelhante ao que o gaulismo fora obrigado a fazer na França para soldar a frente de classes do movimento da Resistência Francesa.

Em terceiro lugar, Jaurès ignorou que as contradições entre as diversas frações burguesas – Marx e Engels citam a contradição entre a burguesia industrial e os setores burgueses que tolhem a industrialização, mas poderíamos colocar aqui a contradição entre o grande e o médio capital, entre as burguesias nacionais e o imperialismo etc. – não desapareceram com o desenvolvimento do capitalismo.

Em suma, o século XX mostrou que a afirmação segundo a qual "a burguesia vive em luta permanente" não pertence a uma realidade histórica superada. As revoluções e reformas realizadas e obtidas pelo movimento operário mostraram também a justeza da tese segundo a qual a luta entre "os de cima" favorece a constituição do proletariado em classe.

Acrescentaríamos que o enfoque esboçado no *Manifesto* pode oferecer pistas importantes para compreender o refluxo do socialismo e da revolução no final do século XX. Mas isso seria tema para outro ensaio.[8]

---

8 Sobre esse tema, ver o próximo capítulo deste livro.

10
O ESGOTAMENTO DO CICLO REVOLUCIONÁRIO DO SÉCULO XX[1]

"Uma certa ideia abstrata, porém cômoda,
tranquilizante, de um esquema 'dialético',
purificado, simples.... e a fé na 'virtude'
solucionadora da contradição abstrata como tal:
a bela contradição entre capital e trabalho."
(Louis Althusser, depois de Lenin e Mao Tsetung)

O debate sobre a atualidade do movimento socialista e da revolução tem, em grande parte, se desenvolvido em bases equivocadas. Intelectuais de diferentes posições políticas têm debatido o futuro do socialismo e da revolução circunscritos, em grande medida, ao terreno estreito da tecnologia e da situação de trabalho e de mercado da classe operária. O economicismo, típico da ideologia neoliberal, espraiou--se por diversas áreas das ciências humanas. Os movimentos operário e socialista seriam, segundo essas abordagens, coisas do passado em razão de novas tecnologias, novas formas de gestão da força de trabalho, desemprego e fragmentação da classe operária. As bases socioeconômicas para unificação da classe operária num movimento de classe teriam desaparecido.

---

1 Artigo originalmente publicado com o título "O economicismo oculta a revolução", *Crítica Marxista*, n.2, São Paulo: Brasiliense, 1995.

214 ARMANDO BOITO JR.

Muitos críticos de esquerda têm argumentado, com razão, que as transformações econômicas e tecnológicas não apontam para a eliminação do trabalhador coletivo assalariado, manual e não manual. Ocorre que operam com esse argumento no interior da mesma problemática teórica à qual pertence a análise que pretendem criticar. Consideram-no suficiente para demonstrar a possibilidade histórica da revolução. Tudo se passa como se, de fato, os movimentos operário e socialista pudessem ser deduzidos da situação de trabalho e de mercado da classe operária, isto é, do "universo estreito" (Lenin) das relações entre operários e patrões. Ora, o movimento operário e a revolução foram, ao longo de todo o século XX, resultado de um conjunto amplo, complexo e heterogêneo de relações e contradições entre diversas classes sociais, nacionalidades e Estados, conjunto esse que, embora extravasasse o sistema capitalista, se articulava em torno dele em escala internacional. É do processo político global, desse conjunto de relações e contradições, que se deve partir para compreender as condições nas quais a classe operária pode unificar-se num coletivo de classe e as condições nas quais podem ocorrer as revoluções.

Diversidade e unidade das revoluções do século XX

A longa onda revolucionária do século XX iniciou-se no México em 1911, com uma revolução democrático-burguesa, e, depois de passar pela Europa, Ásia e África, encerrou-se na Nicarágua, em 1979, com uma revolução democrático-popular. O ciclo abriu-se e fechou-se na América Latina e comportou vários tipos de revolução nos quatro continentes. Foram contradições típicas do sistema capitalista, mas também, de modo bastante amplo, contradições próprias de modos de produção pré-capitalistas e, principalmente, contradições oriundas do sistema imperialista que provocaram essas revoluções.

O capitalismo estava consolidado em poucos países no início deste século XX: na maioria dos países da Europa ocidental, nos Estados Unidos e, talvez, no Japão. Mesmo nesses países, contudo, as sobrevivências pré-capitalistas (feudais e escravistas) eram marcantes. Na América Latina, a despeito da existência de Estados burgueses na maioria

ESTADO, POLÍTICA E CLASSES SOCIAIS 215

dos países, a agricultura, na qual estava alocada a maioria da população latino-americana, baseava-se, inclusive no Brasil, em relações de produção de tipo pré-capitalista, caracterizadas por formas variadas de subordinação pessoal do trabalhador ao proprietário da terra. Na Ásia, formas comunitárias de utilização da terra conviviam com sistemas de castas e ordens e com latifúndios tipicamente pré-capitalistas. Na África Negra, ainda predominava a organização tribal. A luta camponesa pela terra e contra diversas formas de renda pré-capitalista foi um dos componentes fundamentais das revoluções do século XX.

O século XX foi, também, o século da formação do novo sistema imperialista internacional: a disputa entre as potências pela repartição da periferia e a luta de libertação nos países dependentes estiveram na raiz de crises e revoluções. A dominação imperialista articulou-se, na periferia do sistema, com toda sorte de economias e Estados de tipo pré--capitalistas, introduzindo, nos países periféricos, contradições de novo tipo – as contradições de classe típicas do capitalismo e as contradições decorrentes da dominação imperialista sobre os Estados e as economias nacionais. Essas novas contradições vieram se somar às contradições específicas daquelas formações sociais.

As revoluções do século XX estiveram, todas elas, ligadas a esse quadro geral: o desenvolvimento desigual do capitalismo, o sistema imperialista e o pré-capitalismo ainda prevalecente em grande parte dos países periféricos. A Revolução Russa de 1917 e, mais tarde, a Revolução Chinesa de 1949 e a bipolarização da política internacional entre Estados Unidos e União Soviética geraram novas contradições e estimularam os movimentos revolucionários em escala internacional.

Nos países capitalistas centrais, o movimento operário foi, na maior parte do tempo, um movimento por reformas, cujo resultado foi a extensão da cidadania do plano civil, no qual a burguesia procurava confiná--la, para os planos político (democracia) e social (Estado de bem-estar). O movimento operário dos países capitalistas centrais converteu-se em movimento revolucionário em conjunturas específicas de crise, propiciadas, no mais das vezes e de modos variados, por disputas e guerras entre as burguesias nacionais imperialistas e neocoloniais (revoluções russa e alemã) e pelas lutas de libertação nacional nas colônias (Revolução Portuguesa). As guerras exigem muito das massas, degradam suas condições de vida, provocam um crescimento "desmesurado" e brusco da base "proletária e popular" do Exército burguês e podem dividir e desmoralizar as classes dominantes. Os Estados Unidos, potência capitalista cujo território nunca foi palco de conflito bélico interimperialista, jamais estiveram ameaçados por um movimento operário socialista revolucionário.

Nos países periféricos, as revoluções, nacionais ou populares, sempre estiveram vinculadas à luta contra a dominação imperialista e, principalmente nos casos da África e da Ásia, contra a dominação de tipo neocolonial. Essas revoluções tiveram, no mais das vezes, o campesinato como principal força motriz. O que variou de uma para outra dessas revoluções foi a sua força dirigente: ora a burguesia nacional, ora a pequena burguesia e as camadas médias urbanas, ora núcleos reduzidos da classe operária que agiam representados por um tipo particular de partido político operário, forjado pela III Internacional. Do mesmo modo que a luta pela independência nacional, que foi prolongada em toda a periferia do sistema, levou a crise política para o centro do sistema imperialista, propiciando oportunidades de ação mais ofensiva e mesmo revolucionária aproveitadas pelo operariado dos países centrais, assim também, na periferia, as classes populares e as burguesias nacionais foram beneficiadas pelas contradições e lutas que dividiam os países centrais. De um lado, a luta de libertação nacional pôde jogar com as contradições que dividiam as potências imperialistas e, a partir da Segunda Guerra Mundial, essa luta pôde explorar a contradição que opunha as duas superpotências – EUA e URSS. De outro lado, o movimento de libertação apropriou-se, a sua maneira, da crítica social e do conhecimento estratégico acumulado pelo movimento operário europeu. Apropriação que, de resto, criou uma das figuras ideológicas típicas deste século: uma ideologia "socialista periférica", que era, em realidade, expressão de um movimento nacional e popular. Talvez apenas na China e na União Soviética tenha existido, de fato, e mesmo assim apenas nas primeiras fases dessas revoluções, uma linha socialista proletária diferenciada das linhas nacional e popular.

É certo que o processo revolucionário na União Soviética e na China, após um período de lutas, redefinições e retrocessos, tomou o caminho do capitalismo burocrático – sem revogar, convém lembrar, todas as conquistas da revolução. Mas o resultado mais geral, e em muitos casos indireto e involuntário, dessa vaga revolucionária e dos movimentos reformistas que, de diversas maneiras, foram favorecidos pelas revoluções foi positivo para as classes populares: o fim do neocolonialismo (China, Egito, Argélia, Guiné-Bissau, Moçambique, Angola etc.), a democratização do acesso à terra em inúmeros países (México, China, Vietnã, Nicarágua etc.), a expansão do capitalismo nos mais importantes países da periferia (Índia, Brasil, México, Argentina etc.), a criação do Estado de bem-estar nos países centrais, a democratização do Estado burguês em escala planetária e a integração de grandes contingentes das massas populares ao consumo industrial.

O fim de um ciclo e a situação atual

Desde o final da Segunda Guerra Mundial, essas transformações, que se processavam em tempos desiguais, foram confluindo, gradativamente, para uma situação nova que encerrou aquele ciclo revolucionário. As contradições em jogo no conjunto do sistema encontraram, em momentos distintos e de modo desigual de país para país, soluções ou acomodações temporárias, e as novas contradições que surgiram não atingiram, ao menos até agora, um nível crítico.

A expansão da democracia política e do Estado de bem-estar no centro capitalista, a ausência de conflitos bélicos importantes entre as potências imperialistas, a formação de novos Estados nacionais na Europa, permitindo a organização em Estado-nação de nacionalidades oprimidas, a desagregação da União Soviética e a consequente eliminação da bipolaridade no sistema internacional, o fim do neocolonialismo na África e na Ásia, a industrialização capitalista dependente na América Latina e as reformas agrárias em inúmeros países da periferia solucionaram ou então acomodaram, ao menos temporariamente, as contradições que estiveram na base das revoluções: a) a contradição entre o movimento operário e a burguesia, principalmente nos países centrais; b) a contradição entre as potências imperialistas pela repartição da periferia; c) a contradição entre as superpotências (EUA e URSS), que, após a Segunda Guerra Mundial, cindiu a política internacional; d) a contradição entre, de um lado, as burguesias nacionais, a pequena burguesia e as camadas médias urbanas dos países periféricos e, de outro lado, o neocolonialismo; e) a contradição entre o campesinato e o sistema latifundiário; f) a contradição entre as populações urbanas dos países periféricos e a antiga divisão internacional do trabalho que bloqueava o acesso dessas populações ao consumo de tipo industrial; g) a contradição entre as burocracias (civil e militar) de Estado da periferia, que aspiravam à autonomia jurídica do Estado que encarnavam, e a dominação neocolonialista, contradição que teve papel central em revoluções nacionais como a do Egito.

O topo do sistema imperialista completou a passagem para um período no qual predomina a unidade política entre as grandes potências – organizadas em torno da hegemonia político-militar solitária e absoluta dos Estados Unidos, a relação do centro com a periferia encontrou uma nova acomodação e as referências político-ideológicas principais da luta revolucionária esvaneceram-se com o rumo capitalista burocrático tomado pelas principais revoluções.

O quadro histórico nesta última década do século XX é de estabilidade política relativa do capitalismo e do sistema imperialista. Mais do que isso: assistimos a uma ofensiva geral das forças conservadoras. À medida que a luta revolucionária recuava, o declínio e a desagregação final da União Soviética se consumavam e a cena internacional passava a ser ocupada apenas pela alternativa reforma ou reação, o reformismo foi levado de vencida pelas forças conservadoras do neoliberalismo. No que respeita à superação da bipolaridade entre a URSS e os EUA, o resultado foi, para os reformistas, o oposto do que esperavam. Diziam que o fim da guerra fria retiraria o pretexto (*sic*) do qual dispunham os EUA e a direita para combater as reformas. A esquerda reformista teria melhores condições de avançar. O que se verificou foi o contrário. O fim do "perigo vermelho", isto é, do espectro do capitalismo nacional autônomo de Estado que havia aterrorizado a burguesia privada imperialista ocidental, favorecendo tanto as reformas como a revolução no centro e na periferia do sistema, liberou a direita para partir para a ofensiva. A história não se repete; mas, em condições novas e com características particulares, a burguesia e o imperialismo procuram sim anular boa parte do saldo obtido no período anterior: ameaçam o Estado de bem-estar, a industrialização obtida na periferia e, até, a descolonização – por que não começarmos a pensar num novo colonialismo comandado pelos EUA sob a bandeira da ONU?

No momento atual, a revolução não se encontra na ordem do dia. Isso quer dizer que a revolução está superada historicamente? Pensamos que não. O capitalismo e o imperialismo não resolveram as contradições que podem gerar as revoluções.

Essa nossa convicção, queremos enfatizar, não provém da refutação de argumentos como aqueles que se referem às estatísticas sobre o número de operários. Muitos marxistas raciocinam informados pela tese errônea da polarização sociodemográfica entre a burguesia, que tenderia à progressiva redução de seu contingente, e o proletariado, que cresceria incorporando os desclassificados das demais classes sociais, tese defendida por Marx em *O Manifesto do Partido Comunista*. Ignoram a análise mais profunda e sofisticada do volume I de *O capital*, na qual, em ruptura com a tese presente em *O Manifesto*, Marx demonstra que o aumento da composição orgânica do capital pode levar a uma diminuição, relativa ou absoluta, da classe operária. Deve-se lembrar que grandes países industriais, como os Estados Unidos, nunca estiveram seriamente ameaçados pela revolução. De resto, o movimento é desigual: com a internacionalização da produção capitalista, o contingente de operários pode diminuir em alguns países do centro e crescer em outros da periferia. Não consideramos decisivo, tampouco, o nível de emprego: a Rússia e a Alemanha revolucionárias não eram uma "sociedade do trabalho", mas de desempregados, e a primeira contava com uma classe operária bastante diminuta.

É necessário ter presente que, se a situação de trabalho e de mercado tem incidência direta sobre o movimento sindical, o mesmo não vale para a revolução. Na verdade, parte dos processos que têm afetado a atual situação de trabalho e de mercado da classe operária é *muito mais efeito do que causa do recuo da revolução*. A questão decisiva no que tange à situação da classe operária e sua possibilidade de dirigir um processo revolucionário consiste em saber se o trabalho manual, coletivo e assalariado está, sim ou não, em processo de extinção – seja pelo desaparecimento ou redução à insignificância do trabalho vivo nos processos produtivos, seja por um processo de regressão ao trabalho parcelar e independente.

As pesquisas indicam que nada disso está ocorrendo. Se isso é assim, continua dependendo da política, nacional e internacional, a possibilidade de a classe operária unificar-se num movimento revolucionário.

O novo surto de crescimento das forças produtivas é portador de contradições novas e pode aguçar velhas contradições não resolvidas. Esse crescimento tem provocado o aumento da pobreza na periferia e no centro. O Estado de bem-estar, que integrou o movimento operário europeu, está em crise. Amplos setores das classes médias encontram-se num processo de degradação socioeconômica, depois de terem, de modo desigual, garantido alguma melhoria com o Estado de bem-estar no centro, e com a industrialização dependente na periferia. A organização das populações pobres e desenraizadas das grandes metrópoles poderá compensar, para as forças revolucionárias, o refluxo, em parte temporário, do movimento camponês em escala internacional. Refluxo que resultou das vitórias na luta pela reforma agrária e do avanço do sistema de trabalho assalariado no campo. Hoje o capitalismo ocupa sozinho – de fato e, o que é importante, também na percepção dos agentes sociais – a cena histórica. O agravamento das condições de vida poderá mais facilmente ser debitado, pelas massas, a esse sistema.

A unidade no topo do sistema imperialista poderá romper-se. Desde os anos 1980, a tendência das potências imperialistas tem sido o agrupamento em blocos *concorrentes*. No interior de cada um desses blocos, há grande *desigualdade* entre as potências associadas. As disputas por mercados e em torno de dívidas, como a norte-americana, não estão isentas de se converter em conflitos mais graves, e mesmo em conflitos bélicos. Guerras localizadas, como no Iraque ou na Bósnia, só são localizadas devido ao atual quadro internacional. Somente uma visão idílica da história do século XX e do imperialismo pode desconsiderar a hipótese de um agravamento das relações internacionais.

A situação de acomodação entre o centro e a periferia poderá deteriorar-se. As potências imperialistas têm pressionado, dos anos 80 para cá, por políticas de desindustrialização na periferia, e por um processo global de reconcentração financeira e tecnológica no centro do sistema. Tais pressões poderão reativar, em bases novas, a contradição de setores das burguesias nacionais periféricas, das classes médias e das massas populares com o imperialismo.

ESTADO, POLÍTICA E CLASSES SOCIAIS **221**

Pode-se levantar a hipótese de que, na nova situação histórica, as revoluções que poderão surgir estarão apontando muito mais para o futuro do que para o passado, ao contrário do que ocorreu com as revoluções do período 1911-1979, que estiveram às voltas, em grande medida, com o feudalismo e com o imperialismo de velho tipo das potências neocoloniais. Se isso estiver correto, essa é uma razão a mais para os intelectuais socialistas assumirem a tarefa de desenvolver o marxismo, com base no estudo *crítico* dos textos e da experiência revolucionária do século XX. No século XXI, ao contrário do que ocorreu no século XX, o socialismo poderá colocar-se como objetivo prático para um grande número de revoluções.

11
CLASSE MÉDIA E SINDICALISMO[1]

O sindicalismo que poderíamos denominar de classe média é, hoje, uma realidade em escala internacional. É certo que há dez ou quinze anos esse movimento esteve mais ativo. A ofensiva neoliberal dos anos 1980 e 1990 colocou em dificuldades os trabalhadores e o sindicalismo do setor público, que é onde se concentra o sindicalismo de classe média. Apesar desse golpe, a força do sindicalismo de classe média neste início do século XXI contrasta, fortemente, com a debilidade que o caracterizava até meados da década de 1960. A expansão do sindicalismo de classe média chama tanto mais a atenção porque ocorreu numa conjuntura de estagnação ou declínio das taxas de sindicalização e da luta sindical nos setores estritamente operários em diversos países centrais e da América Latina (Mouriaux, 1993). Ocorreu uma mutação no cenário sindical. Enquanto parte do proletariado industrial e de serviços, como mineiros, metalúrgicos, ferroviários e trabalhadores dos portos, teve o seu sindicalismo debilitado em diversos

---

1 Texto produzido a partir do material do curso Teoria da ação sindical, oferecido aos estudantes dos programas de pós-graduação do Instituto de Filosofia e Ciências Humanas (IFCH) da Unicamp no início da década de 1990. Uma versão menor e preliminar foi apresentada no IX Congresso Nacional dos Sociólogos, ocorrido em 1992, e publicada com o título "Classe média e sindicalismo: uma nota teórica" (Junqueira, 1994, p.207-13).

224 ARMANDO BOITO JR.

países, assalariados como professores, médicos, enfermeiros, trabalhadores de escritório e da administração e serviços públicos fortaleceram suas entidades associativas e adotaram práticas tipicamente sindicais – greves, manifestações de rua, assinatura de acordos coletivos etc.

O crescimento do sindicalismo de classe média enseja a reabertura de uma antiga polêmica teórica (e também política) da sociologia. Trata-se da seguinte questão: seria correto distinguir um setor dos trabalhadores assalariados que não pertenceria à classe operária, e para o qual poderíamos reservar a noção de classe média, ou deveríamos trabalhar com a noção ampla de "classe trabalhadora", que considera a condição de assalariado suficiente para definir a situação de classe? Há duas respostas a essa questão que se afastam daquela que iremos apresentar. Em primeiro lugar, a resposta proveniente dos autores que nunca aceitaram a noção de classe média. Esses autores têm apresentado o surgimento e a expansão do sindicalismo dos "trabalhadores de escritório" como prova de que o procedimento sociológico correto seria mesmo o de reunir numa única classe social todos os trabalhadores assalariados. Em segundo lugar, encontramos para aquela pergunta a resposta dos autores que aceitam o conceito de classe média, mas que, na situação atual, consideram que a sindicalização dos "trabalhadores de escritório" indica que esses trabalhadores se encontram na fase final de um processo de proletarização e, portanto, de fusão político-ideológica com o movimento operário. Trata-se da tese da proletarização da classe média.

Nossa análise difere das duas abordagens indicadas acima. Consideramos importante distinguir conceitualmente os trabalhadores de classe média e, no caso do fenômeno do sindicalismo, julgamos a noção de classe média indispensável para explicar as atitudes de amplos contingentes de trabalhadores assalariados diante do movimento sindical. *O "trabalhador de escritório", seja quando rejeita o sindicalismo, como o fez majoritariamente ao longo da primeira metade do século XX, seja quando adere a esse movimento, como passou, em boa medida, a fazê-lo desde os anos 1960, é movido por interesses, valores e concepções distintos daqueles que, tipicamente, movem a ação do trabalhador assalariado manual quando esse se organiza sindicalmente. Mais ainda: tal diferença no plano dos interesses, valores e concepções é suficiente para falarmos em diferença de classe entre o "trabalhador de escritório" (classe média) e o*

ESTADO, POLÍTICA E CLASSES SOCIAIS **225**

trabalhador assalariado manual (classe operária), embora tal diferença de classe não seja do mesmo tipo da que opõe as classes fundamentais e antagónicas do modo de produção capitalista – a burguesia e a classe operária. Antes de desenvolvermos essas teses, vejamos como as relações entre classe média e sindicalismo estavam colocadas em parte da bibliografia que tratou do tema.

Três posições recentes no debate sobre a classe média

A noção de classe média tem alguma tradição no pensamento marxista. Já no início do século XX, Rudolf Hilferding dedicou o último capítulo de sua obra clássica, *O capital financeiro*, a uma reflexão sobre a classe média. Hilferding distinguiu o trabalhador de classe média pelo fato de ele possuir uma carreira e poder assumir o comando sobre o trabalho de terceiros. Porém, não foi entre os marxistas que a noção de classe média prosperou. Pelo contrário, nos meios acadêmicos de meados do século XX, a noção de classe média surgiu fora da sociologia marxista e, em grande medida, em polêmica com o marxismo. Tal conceito era utilizado para criticar aquilo que seria o simplismo da teoria marxista das classes sociais, ou seja, a ideia segundo a qual o desenvolvimento do capitalismo deveria produzir uma polarização sociodemográfica crescente entre burgueses e proletários. Os autores que desenvolveram o conceito de classe média, ligados à sociologia weberiana ou à sociologia da estratificação norte-americana, rejeitavam a ideia da polarização sociodemográfica, evidenciando as diferenças entre os trabalhadores de classe média e o operariado.

Estudos como os de Wright Mills, David Lockwood e Adolf Sturmthal, publicados nos anos 50 e 60, destacaram as dificuldades de sindicalização dos trabalhadores de classe média, cujo individualismo contrastava com o forte associativismo dos trabalhadores assalariados manuais (o setor operário no sentido estrito do termo) (Mills, 1969; Lockwood, 1962; Sturmthal, 1967). Mills e Lockwood utilizaram essa diferença no plano da prática organizativa e reivindicativa para criticar a noção marxista de classe social. Argumentavam que o fato de os

226 ARMANDO BOITO JR.

empregados de escritório, do comércio e do setor público ocuparem, na economia, uma posição idêntica à do operariado, já que também eram trabalhadores desprovidos de propriedade, e, ao mesmo tempo, apresentarem uma posição tão distinta em relação à organização e à luta reivindicativa, esse fato evidenciaria os limites da teoria marxista das classes sociais. O comportamento dos "colarinhos brancos" só poderia ser explicado se se considerasse, além de sua situação no processo de produção, a sua situação de *status*, isto é, se se considerasse além da estrutura de classes o sistema de estratificação social. Ou seja, seguindo Max Weber, tais autores aplicavam a ideia segundo a qual o conflito de classes, que seria um conflito no mercado pela distribuição da renda, seria apenas uma das dimensões do conflito social. A outra dimensão seria a do conflito entre grupos de *status*, gerados pela distribuição desigual da "honra e do prestígio".[2] Mills e Lockwood sustentaram que o usufruto de um *prestígio* mais elevado e a aspiração permanente por mais *prestígio* seriam a principal marca distintiva dos "colarinhos brancos" em relação aos trabalhadores manuais. Na análise de Mills e Lockwood o trabalhador de classe média, que representa para eles um grupo de *status* no interior da classe trabalhadora, reluta em comprometer-se com a organização e a luta coletiva porque luta individualmente pela sua ascensão na escala de prestígio social.

A análise de Mills e de Lockwood não parava aí. Esses autores, e talvez mais Lockwood que Mills, apontaram, ao mesmo tempo, que, em termos de tendência, era de se esperar uma aproximação entre os "colarinhos brancos" e os trabalhadores manuais. Essa tendência proviria de uma série de fatores, como a difusão do assalariamento em atividades até então reservadas à atuação de profissionais liberais, a difusão do trabalho socializado e concentrado em grandes unidades de produção e de serviços, a burocratização das relações de trabalho – outrora paternalistas – que envolviam os "colarinhos brancos", as suas perdas salariais e, acima de tudo, a perda de prestígio do trabalho no comércio, no escritório ou no serviço público. Tal aproximação econômica e, também e principalmente, de *status* entre trabalho de escritório e trabalho de fábrica

---

2 Ver, sobre essas distinções, o conhecido ensaio de Max Weber "Classe, estamento e partido" (1974, p.211-28).

ESTADO, POLÍTICA E CLASSES SOCIAIS **227**

deveria redundar numa crescente sindicalização dos "colarinhos brancos". Independentemente dos méritos da explicação fornecida por esses autores, ao menos no plano fatual, a história do século XX confirmou tal previsão.

No campo da sociologia marxista, a posição dominante consistia – e talvez consista ainda hoje – em recusar a noção de classe média. Essa posição reflete, segundo entendemos, a hegemonia intelectual do marxismo soviético no período posterior à Segunda Guerra e a ambição de fazer valer a tese segundo a qual o desenvolvimento do capitalismo levaria a uma polarização sociodemográfica entre burguesia e proletariado.

Os intelectuais próximos dos partidos comunistas e os dirigentes de tais partidos trabalhavam com uma noção ampliada de classe trabalhadora ou de classe operária. Ilustra muito bem essa posição uma coletânea organizada por Alexei Rumiantsev, que reuniu cerca de vinte intelectuais comunistas europeus para discutir a composição das classes trabalhadoras nos países de capitalismo central (Rumiantsev, 1963). Esses intelectuais defendem uma concepção ampliada de classe trabalhadora ou classe operária, estabelecendo apenas uma distinção entre aquele que seria o núcleo da classe operária, composto pelos trabalhadores industriais, e sua franja periférica, composta pelos trabalhadores de escritório. O procedimento é simples: sendo assalariado, o trabalhador é operário. A divisão capitalista do trabalho, que distribui de modo desigual os trabalhadores nos postos de concepção, direção, controle e execução, não seria pertinente para a teoria das classes sociais. Essa tradição comunista, caudatária do modelo soviético de economia planificada, argumentava que a divisão capitalista do trabalho seria um dado técnico – o argumento um tanto simplista era que "toda e qualquer sociedade necessita de engenheiros" (ibidem, p.31). Se a periferia da classe operária, isto é, os "operários de escritório" não participava do movimento sindical e político do restante de "sua" classe, tal se deveria ao fato de serem prisioneiros de uma "consciência deslocada" em relação à sua situação econômica objetiva (= assalariamento) (ibidem, p.47).[3] O

---

3 Os intelectuais trotskistas, a despeito de suas importantes diferenças políticas e teóricas com os antigos partidos comunistas, possuem uma análise semelhante sobre essa questão. Apenas como um exemplo, cito Ernest Mandel, que apresentou a di-

228 ARMANDO BOITO JR.

"trabalhador de escritório" faria parte da classe operária, embora ele próprio não tivesse consciência disso e, mais ainda, rejeitasse tal classificação. Ainda no campo da sociologia marxista, e já na década de 1970, a obra clássica *Trabalho e capitalismo monopolista*, de Harry Braverman, retomou a noção ampliada de classe operária, argumentando que estaria ocorrendo uma fusão da situação de classe dos trabalhadores assalariados de escritório com os trabalhadores manuais (Braverman, 1976). Braverman, contudo, apresentou uma argumentação mais sofisticada que a dos intelectuais comunistas anteriormente citados. Não se restringia ao argumento do assalariamento para unificar todos os trabalhadores desprovidos de propriedade numa mesma classe social. Apresentou uma caracterização mais complexa da condição operária e argumentou que os trabalhadores de escritório estavam crescentemente submetidos aos três atributos básicos dessa condição: a) assalariamento, b) trabalho simplificado, repetitivo e controlado por terceiros e c) ameaça permanente de desemprego. Braverman concluiu que apenas um setor muito restrito dos trabalhadores assalariados, por desfrutarem de autonomia no local de trabalho e exercerem algum tipo de autoridade sobre o trabalho de terceiros, poderia ser considerado, ainda, como trabalhadores de classe média, mas acrescentou que mesmo esse setor diminuto tenderia a se proletarizar (ibidem, p.326-8).

Foi a partir da experiência da Revolução Cultural na China que a distinção de classes no conjunto dos trabalhadores assalariados passou a ser admitida por autores marxistas. Na experiência soviética, muito cedo se admitiu a compatibilidade entre o socialismo e a manutenção da autoridade despótica dos administradores, gerentes e burocratas no interior das unidades produtivas e na planificação global da economia. Para essa concepção de socialismo, a divisão capitalista do trabalho não poderia ser alvo de crítica. No seio das classes trabalhadoras, apenas a pequena burguesia urbana e o campesinato eram pensados, por seu apego à propriedade privada dos meios de produção, como possíveis obstá-

---

fusão do assalariamento e o crescimento do contingente de assalariados não manuais em substituição às antigas profissões liberais – médicos, advogados, engenheiros, arquitetos etc. – como prova do crescimento da classe operária em escala mundial. Ver Mondel (s.d.).

ESTADO, POLÍTICA E CLASSES SOCIAIS   229

culos a ser vencidos na luta pela construção do socialismo. Ocultava-se a resistência dos trabalhadores não manuais à socialização dos meios de produção. Tratemos de nos explicar.

A socialização dos meios de produção é o controle coletivo desses meios pelos produtores diretos livremente associados. Por isso, a defesa da manutenção de desigualdades no mundo do trabalho, desigualdade de participação no processo de tomada de decisão no interior das unidades produtivas e no processo de planificação global da economia, desigualdade à qual deveriam corresponder outras tantas desigualdades nos planos salarial e de condições de trabalho, essa defesa constitui oposição ao processo de socialização. Enquanto a oposição pequeno-burguesa à socialização opõe a propriedade privada à propriedade coletiva, a oposição de classe média pode, aparentemente, aceitar a propriedade coletiva, mas estará defendendo, de fato, uma nova forma de propriedade privada – a propriedade da burocracia de Estado e dos administradores sobre os meios de produção. No modelo soviético, esse fenômeno era ocultado pelo discurso ideológico sobre a "propriedade socialista" ou "propriedade de todo o povo". As posições particulares dos trabalhadores não manuais eram, quando chegavam a ser tematizadas criticamente, quando muito, apresentadas como simples apego localizado desses trabalhadores a certas vantagens salariais, posição que poderia gerar, no máximo, pequenas desigualdades na distribuição de rendas.

Pois bem. A Revolução Cultural Chinesa colocou esse pensamento sob a mira da crítica revolucionária e, de modo direto ou indireto, influenciou, segundo nosso entendimento, toda uma geração de sociólogos marxistas, ou simplesmente de esquerda, que refletiram sobre a questão das classes trabalhadoras no capitalismo monopolista. A ideia central era que, de algum modo, o trabalhador não manual estaria comprometido com a divisão capitalista do trabalho, na medida em que é beneficiário dessa divisão, e, por via de consequência, opor-se-ia, por razões distintas daquelas que motivam os pequenos proprietários, à socialização dos meios de produção.

Foi nessa conjuntura intelectual, marcada pela crítica chinesa ao modelo soviético, que alguns autores marxistas recuperaram a noção mais restrita de classe operária e passaram a discutir de uma perspectiva nova os problemas indicados pela noção de classe média. Fizeram-no,

230 ARMANDO BOITO JR.

todavia, a partir de critérios teóricos distintos. Faremos uma referência aqui a apenas duas contribuições significativas e que nos interessam mais de perto – os trabalhos de Nicos Poulantzas e Décio Saes (ver Saes, 1978; Poulantzas, 1985).

Poulantzas não fala em classe média, mas sim em "nova pequena burguesia". Enumera uma série de atributos que distinguiriam a "nova pequena burguesia assalariada" do operariado. Tal conjunto de atributos poderia estar presente na sua totalidade ou apenas em parte nas diferentes frações dessa "nova pequena burguesia". Os atributos arrolados por Poulantzas são: realização de trabalho improdutivo, desempenho de funções de direção e controle do trabalho de terceiros, realização de trabalho intelectual ou socialmente tido como tal e uma prática político-ideológica individualista e reformista. Um engenheiro ou administrador assalariado que organiza a produção numa fábrica capitalista exerce um trabalho produtivo, porém, pelo fato de organizar e controlar o trabalho dos produtores diretos, faria parte da nova pequena burguesia. Já um professor de uma instituição pública, a despeito de não controlar trabalho de terceiros, faria parte da nova pequena burguesia pelo fato de realizar um trabalho improdutivo e socialmente valorizado como trabalho intelectual.

Décio Saes fez a crítica desse conceito de Poulantzas, sustentando que os trabalhadores assalariados não manuais distinguem-se tanto da classe operária quanto da pequena burguesia. Saes considera que o traço que distingue esses trabalhadores dos trabalhadores assalariados manuais – a classe operária – é o seu apego à ideologia meritocrática, e não ao individualismo de tipo pequeno-burguês, que é um individualismo de pequeno proprietário. Classe média seria uma "noção prática" para indicar um comportamento político e ideológico específico, guiado por uma "consciência meritocrática", típico de um setor dos trabalhadores assalariados, comportamento esse que os distinguiria dos trabalhadores manuais. Como argumenta Saes, o meritocratismo, presente entre os trabalhadores de classe média, concebe e representa as diferenças sociais e econômicas existentes na sociedade capitalista como uma hierarquia baseada nos dons e nos méritos individuais. Para nossa análise, interessa acrescentar que a hierarquia do trabalho estabelecida pela ideologia meritocrática possui um corte qualitativo e uma gradação quantitativa.

ESTADO, POLÍTICA E CLASSES SOCIAIS   231

Em primeiro lugar, ela enaltece o trabalho não manual, estigmatizando o trabalho manual, que é apresentado como uma atividade degradada e degradante. Em segundo lugar, essa hierarquia comporta uma espécie de escala meritocrática das "profissões" não manuais, escala essa que, como veremos, é importante na definição dos padrões de ação sindical da classe média.

Especificações sobre o conceito de classe média

Encerraremos essa discussão conceitual prévia abordando três questões que nos ajudarão a precisar e desenvolver o conceito de meritocracia e a sua função na constituição da classe média. A primeira questão é a seguinte: ao assumirmos a posição segundo a qual a ideologia meritocrática distingue o trabalhador de classe média do operariado, não estaríamos abandonando o marxismo e assumindo a posição de seus críticos (Wright Mills, Lockwood) nessa importante questão? Segunda questão: a valorização do trabalho intelectual em detrimento do trabalho manual não seria uma ideologia tipicamente burguesa, e não de classe média? Terceira questão: a classe média define-se no terreno da ideologia (a "consciência meritocrática")?

Quanto à primeira questão, é necessário reconhecer que, aceitando a ideia de que a ideologia meritocrática separa a classe média do proletariado, estamos aceitando a pertinência de um problema levantado pela sociologia da estratificação social. Porém, esse problema, que em Wright Mills e em David Lockwood era tematizado com o conceito de prestígio, neste nosso ensaio aparece *designado* e *trasnformado* pelo conceito de ideologia. Isso faz diferença. Mills e Lockwood recorriam a Weber para utilizar a noção de "distribuição desigual do prestígio". Nós, diferentemente, estamos falando em ideologia – a ideologia meritocrática –, o que acarreta, pelo menos, três alterações importantes. Primeiro, se designamos os valores e ideias meritocráticos com o conceito de ideologia é porque entendemos que tais valores e ideias *ocultam a verdadeira origem das desigualdades sociais*. Essas desigualdades aparecem, no discurso meritocrático, como resultado de diferenças de dons e méritos individuais. Como todo discurso ideológico comprometido com a sociedade de classes, *o meritocratismo é, portanto, mistificador*. Segundo, esse conjunto de ideias e valores é uma ideologia porque procura *legitimar os interesses particulares de um setor social* – no caso, os trabalhadores não manuais que apresentam as eventuais vantagens que usufruem em relação aos trabalhadores manuais como um justo prêmio aos dons e méritos dos que "trabalham com a cabeça". Aos méritos dos vencedores correspondem os deméritos dos perdedores. É por isso que, obrigatoriamente, a ideologia meritocrática estigmatiza e segrega o trabalho (e o trabalhador) manual. Em terceiro lugar, afirmar que o meritocratismo é uma ideologia significa afirmar também que os valores e ideias meritocráticos afirmam-se na luta e podem ultrapassar os limites de sua própria classe. Eles podem ser incorporados, em grau maior ou menor e com resultados muito diversos, por diferentes setores sociais. No entanto, o resultado de tal incorporação varia de uma classe para outra. O meritocratismo é funcional para os interesses dos trabalhadores de classe média, mas desfuncional para os interesses do operariado. O trabalhador de classe média tira proveito da ideologia meritocrática, tem interesse em professá-la e difundi-la. Já o operário que estiver sob o impacto do meritocratismo, reconhecendo, portanto, a suposta superioridade do trabalho não manual sobre o trabalho manual, será levado a resignar-se diante de uma hierarquia social e econômica que o prejudica.

Quanto à segunda questão apresentada acima, a que se refere à hipótese de o meritocratismo ser uma ideologia burguesa, cabe destacar que ela tem consequências fundamentais sobre a discussão do conceito de classe média. Se o meritocratismo fosse burguês, não seria correto usá-lo para distinguir uma classe média. O fato de uma parcela dos trabalhadores professar a ideologia meritocrática indicaria, apenas e tão somente, que essa parcela estaria sob o impacto da ideologia dominante, e não expressando ideias e valores que justificariam considerá-la um setor social à parte. Ocorre que a ideologia burguesa é uma ideologia de exaltação e de mistificação do trabalho em geral, e não, especificamente, do trabalho não manual.

Nas sociedades pré-capitalistas, notadamente as sociedades escravistas, o trabalho (em geral) era considerado uma atividade aviltante. O estamento aristocrático nessas sociedades afirma-se como estamento superior cultuando o ócio. A sociedade capitalista valorizou e, ao mes-

ESTADO, POLÍTICA E CLASSES SOCIAIS 233

mo tempo, mistificou o trabalho. É importante lembrar esse fato numa conjuntura em que boa parte da esquerda tem se dedicado, com a boa intenção de reagir aos críticos do marxismo, a exaltar o "trabalho" e a "sociedade do trabalho". É conhecida a crítica cáustica de Marx ao projeto de programa da socialdemocracia alemã para o congresso de unificação de Gotha. Esse projeto abre com a seguinte afirmação: "O trabalho é a fonte de toda riqueza ...". Marx destaca, primeiro, o equívoco teórico da frase. A fonte de toda riqueza, isto é, dos valores de uso, é a natureza. O trabalho, além de ser uma força natural, só pode se realizar com instrumentos e objetos de produção cuja fonte primeira é a natureza. A seguir, Marx indica os interesses – nada socialistas – que se ocultam atrás dessa exaltação do trabalho:

> Os burgueses têm razões muito fundadas para atribuir ao trabalho uma força criadora sobrenatural; pois precisamente do fato de que o trabalho está condicionado pela natureza deduz-se que o homem que não dispõe de outra propriedade senão sua força de trabalho tem que ser, necessariamente, em qualquer estado social e de civilização, escravo de outros homens, daqueles que se tornaram donos das condições materiais de trabalho. (Marx, 1977a, p.227)

A ideologia burguesa de exaltação do trabalho sugere que as desigualdades sociais e econômicas provêm da desigual capacidade de trabalho dos indivíduos. O homem rico é rico porque trabalhou e trabalha muito. Há, no limite, as fábulas edificantes do *self-made man*, dos capitalisas que se fizeram a partir do nada, graças ao próprio trabalho. O homem pobre é pobre porque não trabalha ou trabalha pouco. Não escutamos a todo momento também a fábula do desempregado que é vagabundo? Em suma, na "sociedade do trabalho", noção burguesa que esconde ser a sociedade capitalista a "sociedade do capital", quer se apresentar o trabalho como a fonte de toda riqueza; mas o trabalho em geral, e não o trabalho intelectual. É certo que os trabalhadores de classe média partem da valorização da mistificação burguesa do trabalho, isto é, é certo que esses trabalhadores são dependentes ideologicamente da burguesia. Porém, eles chegam a um resultado específico e particular: a valorização do trabalho intelectual em detrimento do trabalho manual, isto é, produzem uma variante específica, de classe média, do culto ao trabalho.

Algo semelhante se passa com o pequeno burguês, que produz uma variante da ideologia burguesa de valorização da propriedade privada. Ele valoriza a noção burguesa de propriedade, mas pode, ao mesmo tempo, dividi-la em propriedade legítima (que é a pequena) e ilegítima (que é a grande propriedade). A ideologia meritocrática enaltece especificamente o trabalho não manual, opondo esse trabalho ao trabalho manual. Não se trata, portanto, nem da ideologia burguesa da ascensão pelo trabalho, que mistifica o poder do trabalho em geral, nem da ideologia proletária, que enaltece o trabalho como critério de participação política e econômica em oposição aos proprietários e ao parasitismo social.

A terceira e última questão dizia respeito ao papel da ideologia na definição do conceito de classe média. Aqui, na verdade, tocaremos também num problema mais geral, que é o problema do papel da economia, da política e da ideologia na definição das classes sociais, e não apenas na definição da classe média. Avancemos nossa posição: tanto a economia quanto a política e a ideologia contam na constituição da classe média e da classe operária em força coletiva e ativa na luta social. Vejamos de que modo se combinam esses três fatores na constituição da classe média.

Se observarmos a situação econômica dos trabalhadores de classe média, veremos que eles se inserem de maneiras distintas na produção social. A situação de trabalho das diferentes frações dessa classe varia muito e em função de fatores diversos: do nível de socialização do trabalho que realizam, das formas e do montante de remuneração que recebem, das qualificações formais exigidas para o exercício da profissão e do conteúdo do trabalho que executam – complexidade das tarefas, maior ou menor autonomia no local de trabalho, atividade de direção ou controle sobre outros trabalhadores etc. O empregado no comércio varejista, recebendo por comissão sobre a venda realizada e disperso em pequenas empresas, o professor das escolas públicas, cujo emprego assegura estabilidade e exige diploma de nível universitário, o trabalhador de escritório das grandes empresas privadas do setor industrial, cuja oposição ao trabalhador da produção parece ser maior justamente pela necessidade de se distinguir dos trabalhadores manuais que trabalham junto com ele, enfim, a variedade de situações de trabalho é tão marcante que alguns autores preferem falar em classes médias, no plural. Não seria impróprio unificar setores tão díspares sob o conceito de classe média?

ESTADO, POLÍTICA E CLASSES SOCIAIS   235

Na verdade, essas distintas situações de trabalho possuem uma característica comum. Essa característica consiste no fato de que, de algum modo, tais situações de trabalho colocam o trabalhador não manual numa situação distinta daquela vivida pelo trabalhador manual na fábrica, na agricultura, na construção civil ou nos serviços capitalistas. Porém, tal característica comum não só se define por oposição, negativamente, como é muito geral, e para certos tipos de ocupação ela se revela imprecisa e pouco operatória. Um auxiliar de escriturário do setor bancário recebe um salário baixo, realiza tarefas simplificadas e repetitivas, tem o seu trabalho controlado pelas chefias, trabalha em cooperação com dezenas ou centenas de trabalhadores e encontra-se permanentemente sob a ameaça do desemprego. Por que é possível, contudo, em determinadas situações históricas, considerar esse trabalhador como trabalhador de classe média? Porque ele *poderá*, seja pela percepção social do trabalho que realiza, cercado de objetos e de símbolos típicos do trabalho intelectual, seja pela correlação de forças políticas e pela conjuntura ideológica, conceber a si próprio como um trabalhador não manual que merece, enquanto tal, um tratamento social diferenciado, isto é, *poderá* professar a ideologia meritocrática e, nessa medida, integrar a classe média. É importante pensar o processo de formação das classes, e portanto da classe média, como algo que transcende o nível econômico, isto é, que realiza, mas que também transforma aquilo que se encontra apenas potencialmente presente no nível da economia.

O que ocorre é que não há um limite objetivo, rigoroso e fixo que separaria, no nível do processo e da situação de trabalho, a situação de classe média da situação operária. Esse limite é definido também pela intervenção da luta de classes, apresenta-se como algo relativamente frouxo e móvel, e sua mobilidade depende tanto da situação de trabalho quanto da conjuntura específica da luta de classes. Podemos, para simplificar, pensar em duas situações extremas. No limite superior do mundo dos trabalhadores de classe média, encontram-se as situações de trabalho que reúnem os atributos que tornam os trabalhadores que nela se encontram mais apegados à ideologia meritocrática, ou, vendo o mesmo fenômeno de outro ângulo, mais infensos a uma política de igualização socioeconômica do trabalho. Controle sobre o trabalho de terceiros, autonomia no local de trabalho, posse de diplomas universitários e rendimentos ou salários elevados são alguns desses atributos. Esse trabalhador, mesmo numa situação política de crescimento do socialismo operário, dificilmente abandonará a ideologia meritocrática, isto é, dificilmente romperá com a situação de classe média. No limite inferior do mundo dos trabalhadores de classe média, encontram-se as situações de trabalho que reúnem os atributos que tornam os trabalhadores que nele se encontram mais propensos a abandonar o meritocratismo e a assumir um ponto de vista igualitário. Trabalho simplificado e controlado, atividade que dispensa elevada formação escolar e socialmente menos valorizada e salários baixos são alguns dos atributos que caracterizam as situações de trabalho sobre as quais a luta de classes pode mais facilmente incidir, de modo a fazer recuar a fronteira dos trabalhadores que podem ser considerados de classe média e, ao mesmo tempo, ampliar as fronteiras da classe operária.

Portanto, as diferentes situações de trabalho articulam-se de modos distintos com a ideologia meritocrática. Há situações de trabalho que predispõem fortemente os trabalhadores que a ocupam a apegar-se a essa ideologia, há outras que não estimulam tão intensamente o meritocratismo. Há, portanto, uma gradação, determinada pela situação econômica do setor considerado e pelo contexto histórico, no apego à ideologia meritocrática. A situação de trabalho e o meritocratismo são os dois fatores fundamentais a ser considerados na análise das relações da classe média com o sindicalismo.

Os trabalhadores de classe média e o sindicalismo

Sobre as relações da situação de trabalho com o sindicalismo, diremos pouca coisa. Apenas queremos chamar a atenção para o fato de que algumas situações de trabalho facilitam a organização sindical dos trabalhadores de classe média, enquanto outras dificultam muito essa organização. Os trabalhadores não manuais do setor público, por possuírem, em contraste com o setor privado, maior liberdade de movimentação no local de trabalho, estabilidade no emprego e padronização burocrática das relações de trabalho e da remuneração, possuem, também, maior propensão à organização sindical. Na verdade, podemos ir mais longe:

ESTADO, POLÍTICA E CLASSES SOCIAIS **237**

o sindicalismo de classe média foi, até o presente, fundamentalmente um sindicalismo do setor público. Muitas profissões de classe média, como professores e médicos, só se organizam sindicalmente no setor público, nunca no setor privado.[4] A situação dos trabalhadores não manuais do setor público é muito distinta da situação de trabalhadores como os comerciários do pequeno comércio varejista. Dispersos por uma miríade de pequenas lojas, recebendo por comissão sobre a venda, e não um salário fixo, esse trabalhador tem, devido a tal situação de trabalho, grande dificuldade em se organizar sindicalmente (ver Trópia, 1994).

Já no que diz respeito ao meritocratismo, essa ideologia é um fator fundamental na determinação das atitudes básicas dos trabalhadores de classe média diante do sindicalismo. Essa importância da ideologia meritocrática na atitude do trabalhador de classe média em relação ao sindicalismo é ignorada pela grande maioria da bibliografia sobre o tema. Vale a pena, então, desenvolver essa ideia.

Concebemos, a esse respeito, duas situações básicas. Num limite inferior, o trabalhador de classe média tende, dado o seu meritocratismo, a rejeitar, pura e simplesmente, a organização e a luta sindical. Se as desigualdades existentes no mundo do trabalho correspondem aos dons e méritos individuais de cada trabalhador, a organização e a luta coletiva não fazem sentido e podem, como veremos logo adiante, ser estigmatizadas. Contudo, a ideologia meritocrática não é um obstáculo intransponível. O trabalhador de classe média, apegado ao meritocratismo, pode, em determinadas condições, aderir ao sindicalismo. Ao fazê-lo, não estará, necessariamente, ultrapassando o limite dado pela situação de classe média. É possível praticar um sindicalismo de classe média: um sindicalismo marcado pela ideologia meritocrática, à qual estão associadas certas reivindicações, formas de organização e métodos de luta muito comuns no sindicalismo de classe média. Vejamos isso em detalhes.

O sindicalismo de classe média é um fenômeno tardio, quando comparado com o sindicalismo operário. A ideologia meritocrática foi um dos fatores que, durante toda a primeira metade do século XX, mantive-

---

4 Refletindo sobre essa particularidade do sindicalismo de classe média, Márcia Fantinatti desenhou um quadro pessimista para o futuro desse sindicalismo devido ao avanço do privatismo neoliberal. Ver Fantinatti (2000).

ram os trabalhadores de classe média afastados do movimento sindical. Isso porque há uma contradição entre meritocracia e sindicalismo. O sindicalismo, em quaisquer de suas vertentes e ainda que em graus variados, concebe e representa o nível salarial, as condições de trabalho e as condições de vida dos trabalhadores como resultado da organização e da luta coletiva, isto é, concebe e representa como resultado da correlação de forças aquilo que, para o trabalhador de classe média, é fruto e sinal distintivo dos seus dons e méritos pessoais. Daí o trabalhador de classe média ter se mantido durante tanto tempo refratário ao sindicalismo. Na concepção de um trabalhador apegado à ideologia meritocrática, o movimento sindical seria algo apropriado para os trabalhadores manuais, isto é, para trabalhadores que têm de compensar, recorrendo ao uso da força coletiva, a falta de dons e de méritos pessoais e o trabalho simples e degradado que executam.[5] A ideologia meritocrática produz então um efeito de isolamento particular: o assalariado de classe média não se unifica num coletivo de luta e permanece atomizado porque aderir à ação sindical seria admitir uma incapacidade pessoal e um rebaixamento social – identificação com os trabalhadores manuais. Essa é uma atitude que estigmatiza o movimento sindical, que é concebido como uma espécie de "movimento dos incompetentes".

Dissemos que esse efeito de isolamento produzido pela ideologia meritocrática é um efeito de isolamento de tipo particular. De fato, há outros efeitos de isolamento na sociedade capitalista. Todos os agentes sociais, independentemente da classe a que pertencem, estão sujeitos ao efeito de isolamento proveniente do direito burguês (Poulantzas, 1971). Esse direito, diferentemente do direito escravista e feudal que submetia pessoalmente o produtor direto ao proprietário dos meios de produção e dividia, desse modo, os agentes sociais em ordens hierarquizadas, concede liberdade pessoal a todos os indivíduos e proclama a igualdade formal entre eles. Tal estrutura jurídica pode ocultar, aos olhos dos agentes sociais, o seu pertencimento de classe, e induzi-los, desse modo, ao isolamento, isto é, ao comportamento de tipo individualista. Esse fenômeno afeta, portanto, tanto o operariado quanto o trabalhador de classe

---

5 Avancei esta ideia no meu trabalho *O sindicalismo de Estado no Brasil:* uma análise crítica da estrutura sindical (Boito Jr., 1991).

ESTADO, POLÍTICA E CLASSES SOCIAIS **239**

média e, inclusive, os indivíduos pertencentes à burguesia. Portanto, esse individualismo é um obstáculo real para a organização sindical tanto dos trabalhadores de classe média quanto dos trabalhadores manuais. Contudo, a esse efeito de isolamento, que é generalizado na sociedade capitalista, podem-se somar, dependendo da classe social considerada, outros fatores que concorrem para o mesmo resultado.

É conhecida a clássica análise de Marx no seu ensaio *O Dezoito Brumário de Luís Bonaparte*, no qual o autor explica a incapacidade de organização política do campesinato pela sua situação de pequeno proprietário.[6] O camponês trabalha com sua família o seu lote de terra e não se coloca, no plano da produção, em relação de cooperação com os demais membros de sua classe. Isso gera um individualismo de pequeno proprietário que se soma ao efeito de isolamento do direito burguês e cria uma dificuldade adicional de organização do campesinato, quando comparada a sua situação com a situação do operariado.[7] Mudando o que deve ser mudado, algo semelhante se passa com os trabalhadores de classe média. Sujeitos, como todos os trabalhadores, ao isolamento decorrente do direito burguês, eles estão sujeitos também ao isolamento decorrente da ideologia meritocrática (Boito Jr., 1986, p.17-8). Nós já indicamos as razões de essa ideologia provocar um efeito de isolamento – ela incita o trabalhador interessado em melhorar sua situação econômica ao esforço individual pelo "desenvolvimento dos dons e aquisição de méritos", e não à luta coletiva. Esclareçamos, agora, que esse efeito de isolamento está confinado ao terreno sindical.

O campesinato apresenta uma dificuldade estrutural de organização coletiva tanto no terreno da luta reivindicativa quanto no terreno da luta pelo poder de Estado. Os trabalhadores de classe média, não. A partici-

---

6 Marx desenvolve essa análise no último capítulo do *Dezoito Brumário de Luís Bonaparte*.

7 Escrevemos este texto num momento em que o Movimento dos Trabalhadores Rurais Sem-Terra (MST) é um dos movimentos populares mais importantes do Brasil. Porém, os historiadores e sociólogos mostram que, considerado o conjunto da história do século XX, a organização da luta camponesa, que desempenhou um papel muito importante nas revoluções na Ásia e na América Latina, dependeu, regra geral, da intervenção de uma "força externa", proveniente das cidades. No Brasil atual, é conhecida a importância do setor progressista da Igreja Católica Romana na organização do campesinato.

240 ARMANDO BOITO JR.

pação na organização e na luta político-partidária não é vista por tais trabalhadores como algo aviltante. Pelo contrário, em determinadas condições históricas, o trabalhador de classe média poderá ver a política como a atividade que, por excelência, nobilita quem a pratica, servindo, justamente, como fator de distinção social em relação aos trabalhadores manuais. A política, numa concepção liberal, é a luta por ideias e valores, ou seja, trata-se de uma atividade de elaboração intelectual e de tomada de decisões em princípio muito próxima do trabalho intelectual que os trabalhadores de classe média realizam ou imaginam realizar. É por isso que tal atividade pode, em determinadas condições históricas, servir como distinção em relação ao trabalhador manual.[8] O efeito de isolamento do meritocratismo ocorre, portanto, apenas no terreno da organização e da luta sindical.

Ainda hoje, e ao contrário do que sugere a maior parte da bibliografia, inúmeras frações da classe média permanecem refratárias à organização e à luta sindical. Contudo, inúmeros fatores contribuíram para que outras frações dessa classe social aderissem ao sindicalismo. A incidência e a eficácia desses fatores variam de acordo com a situação de trabalho e o ramo particular da economia no qual se insere determinada fração da classe média. A difusão do assalariamento, a concentração de trabalhadores de classe média em grandes unidades de serviço ou de produção, a burocratização das relações de trabalho e a degradação salarial induziram parte da classe média a aderir ao sindicalismo. Contudo, esse fato, por si só, não indica a proletarização da classe média, isto é, a superação da ideologia meritocrática.

O meritocratismo pode, a despeito do efeito de isolamento que lhe é peculiar, articular-se com o sindicalismo *graças ao deslocamento de ênfase do mérito individual para o da profissão*. O culto ao mérito do indivíduo é prolongado e completado pelo culto ao mérito da profissão. Tal operação, obtida através da luta ideológica em condições históricas particulares, passa a estimular os indivíduos de determinado setor da

---

8 No Brasil, foi assim que a alta classe média liberal concebeu a atividade político-partidária durante a Primeira República e durante o período da democracia populista. Tal concepção levava a alta classe média a fazer uma crítica exacerbada e elitista ao populismo, que, do seu ponto de vista, estava conspurcando a atividade política com o estímulo à participação do "populacho". Consultar, sobre esse ponto, Saes (1985b).

ESTADO, POLÍTICA E CLASSES SOCIAIS   241

classe média a se organizarem para a luta (sindical) coletiva. O fenômeno é complexo: a mesma ideologia que atomizava o trabalhador passa, uma vez deslocada a ênfase para os méritos da profissão, a estimular um tipo particular de organização coletiva. Trata-se, agora, não apenas de defender o poder aquisitivo do salário, como também de defender a posição relativa dos salários da profissão na hierarquia salarial. É emblemático na história recente do sindicalismo brasileiro o protesto, tantas vezes repetido, do sindicalismo de professores: "A professora primária está ganhando menos que a empregada doméstica!". Esse protesto, que desmerece o trabalho manual, é muito ambíguo. O que, de fato, se reivindica? Um aumento salarial para as professoras ou uma redução do salário das empregadas domésticas?

Nasce daí um sindicalismo que poderíamos denominar meritocrático. Ele apresenta algumas características vinculadas entre si e que remetem, todas, à ideologia meritocrática e aos interesses econômicos que essa ideologia oculta e legitima. Esse sindicalismo meritocrático é particularmente notável entre as profissões cujo exercício exige a posse de um diploma outorgado pelo sistema escolar. Nossa hipótese, contudo, é que ele é praticado, ainda que de modos distintos, em todas as frações da classe média que aderiram ao movimento sindical sem deixar de ser classe média, isto é, sem romper com o meritocratismo.

No que diz respeito ao conteúdo das reivindicações, esse sindicalismo assume a defesa daquilo que denominaríamos *salário relacional*, isto é, a defesa não só do poder aquisitivo do salário, mas também da posição relativa que o salário de determinada profissão "deve ocupar" na "escala social das profissões" concebida pelo meritocratismo.

No plano da organização, esse sindicalismo prima pelo *corporativismo de tipo profissional*. Proliferam os sindicatos profissionais – de médicos, de engenheiros, de professores, de pesquisadores, de sociólogos, de advogados, de dentistas etc. Muitas vezes, no interior de uma mesma profissão ou ramo, multiplicam-se as segmentações hierárquicas: sindicato dos trabalhadores (não docentes) do sistema escolar, sindicato dos professores do ensino fundamental e médio, sindicato dos diretores de escola, sindicato dos professores universitários etc. Tal sindicalismo induz a uma identificação coletiva restrita, fechada no universo da profissão, sendo refratário, por esse motivo, à politização da luta sindical.

242 ARMANDO BOITO JR.

Cada um desses sindicatos profissionais procura difundir uma imagem dos méritos especiais da profissão que representa.

Convém perguntar: não estaríamos diante da afirmação da dignidade do trabalhador numa sociedade que o explora? O discurso sindical da classe média pode conter esse aspecto progressista e popular, e normalmente o contém, mas não se resume a isso. O mérito da profissão é, no mais das vezes, afirmado por oposição ao suposto demérito de outras profissões ou do trabalho manual: a professora, cuja dignidade de fato é negada pelo Estado capitalista, mas que procura afirmá-la protestando por ganhar menos que uma empregada doméstica; o professor que, vitimado pelo mesmo Estado, e com o mesmo objetivo e motivação, compara o seu salário ao do motorista de ônibus ou ao do vendedor ambulante; o engenheiro que se reporta pejorativamente ao pequeno comerciante etc. Essas e outras comparações presentes no discurso do sindicalismo de classe média podem visar, convém repetir, a afirmação da dignidade do trabalhador numa sociedade em que a valorização abstrata e hipócrita do trabalho apenas oculta a exploração que o vitima. Essas comparações, porém, visam também ilustrar a ideia segundo a qual a "ordem natural" da hierarquia do mundo do trabalho estaria sendo ameaçada ou colocada "de ponta-cabeça".

Além do conteúdo das reivindicações e da forma de organização, o sindicalismo meritocrático apresenta particularidades no plano dos métodos de luta. O sindicalismo de classe média poderá assumir formas brandas de luta sindical ou, pelo menos, demarcar algum terreno para se diferenciar do sindicalismo operário. Um ponto decisivo aqui é a questão dos piquetes. O reconhecimento do direito de greve é uma característica tardia da cidadania burguesa e dependeu de muita luta operária. Reconhecido o direito de greve, a burguesia não deixou, por causa disso, de obstaculizar o seu gozo efetivo. Cerrou fileiras, então, na interdição dos piquetes. O direito burguês opõe ao piquete o direito ao trabalho e a liberdade de ir e vir do trabalhador que pretende furar a greve. Levando ao extremo, é como se o trabalhador pudesse fazer greve, mas desde que a fizesse sozinho.[9] A realização de piquetes pode ser,

---

9 Uma crítica burguesa sistemática aos piquetes é feita por Hayek, conhecido ideólogo do neoliberalismo. A análise crítica do tratamento dispensado pelo direito burguês à ação grevista é feita por Bernard Edelman (ver Hayek, 1983; Edelmann, 1978).

ESTADO, POLÍTICA E CLASSES SOCIAIS **243**

por causa disso, um ato de confronto e de desrespeito à legalidade. O piquete é uma prática corrente do sindicalismo operário e muito pouco aceito no sindicalismo de classe média. Neste último, temos desde a posição de rejeição por princípio da coação moral ou física sobre a minoria de fura-greves até a realização de piquetes envergonhados, disfarçados de atividade lúdica ou cultural.

Tais características da plataforma reivindicativa, das formas de organização e dos métodos de luta do sindicalismo meritocrático de classe média dificultam, embora não impeçam, a unificação com o sindicalismo operário. As situações variam de acordo com o país, o momento histórico e o setor de classe média considerados. Nos países escandinavos, o sindicalismo de classe média assumiu, abertamente, uma postura reacionária e defensiva contra a política socialdemocrata de redução das diferenças salariais.[10] Em diversos países europeus, ainda hoje, parte do sindicalismo de classe média está organizado em centrais sindicais exclusivas de trabalhadores de classe média. Porém, como mostra o trabalho já citado de David Lockwood e como ensina a história recente do sindicalismo brasileiro, a adesão de amplos setores dos trabalhadores de classe média ao movimento sindical pode, num segundo momento e, às vezes, após uma fase de relutância e hesitações, ser seguida de seu ingresso numa central sindical que congrega também o sindicalismo operário. É possível pensar, portanto, uma gradação na aproximação do sindicalismo de classe média com o sindicalismo operário. Essa gradação decorre tanto da situação de trabalho da fração considerada da classe média quanto da situação geral da luta política e ideológica do país, que incide sobre a própria definição do pertencimento de classe dos assalariados não manuais.

Os efeitos sociais, políticos e ideológicos do meritocratismo no sindicalismo de classe média serão maiores ou menores de acordo com a conjuntura política, com a luta sindical em pauta e com a fração de classe média que se tome em consideração. Há situações em que prevalece uma grande frente sindical dos trabalhadores assalariados, sendo que as diferenças de concepção e de interesses entre operários e trabalhadores de classe média são relegadas a um plano de pouca importância. Em tais

---

10 Ver o interessante ensaio de análise comparativa de Gilles Martinet (1979).

244 ARMANDO BOITO JR.

situações, poderá parecer supérflua a noção de sindicalismo meritocrático. Há situações, contudo, em que tais diferenças emergem para o primeiro plano, o meritocratismo sindical inviabilizando ou dificultando, nesses casos, a unidade sindical dos trabalhadores assalariados. Tal divisão e o seu motivo podem aparecer de modo aberto na cena sindical ou podem permanecer velados pelo discurso ideológico. O ponto crítico na relação entre o sindicalismo operário e o sindicalismo meritocrático de classe média é a defesa, pelo sindicalismo de classe média, do salário relacional, isto é, da hierarquia salarial supostamente baseada nos dons e méritos individuais.

Rejeitar o movimento sindical ou aderir a ele de uma perspectiva meritocrática, posições condicionadas, ambas, pela ideologia de classe média, definem a posição do trabalhador no que respeita àquilo que poderíamos chamar atitudes sindicais básicas – permanência na situação de isolamento ou organização num coletivo sindical de determinado tipo (por profissão, por empresa, por setor econômico, por região etc.). Contudo, essas duas atitudes sindicais básicas não esgotam a caracterização do papel especificamente político que determinado setor da classe média e/ou de seu sindicalismo pode desempenhar em dada conjuntura. A posição do sindicalismo diante de problemas como a democratização do sistema político, o conteúdo da política econômica e social do Estado, a questão agrária e nacional não é diretamente determinada pela ideologia meritocrática. Depende da situação política global e da fração da classe média considerada.

Ademais, as combinações entre sindicalismo e política são complexas. É possível rejeitar o sindicalismo por razões elitistas e, ao mesmo tempo, assumir uma posição política progressista em determinada conjuntura. Profissionais de formação universitária podem ter uma atitude antissindical por razões elitistas, mas, devido, entre outras coisas, a sua situação de trabalho, podem assumir uma posição política progressista num ou mais aspectos importantes de dada conjuntura. Os advogados que controlavam a OAB no Brasil dos anos 70, apesar de refratários ao sindicalismo, assumiram uma posição contrária ao regime político de ditadura militar, somando forças com o movimento operário na luta pelas liberdades democráticas; os engenheiros que, na mesma época, controlavam as associações desse setor profissional, também devido à sua situação de trabalho e, de novo, a despeito de sua atitude antissindical, assumiram uma posição crítica diante do entreguismo da política econômica brasileira. O importante é reter o seguinte: o meritocratismo pode incidir sobre todos esses posicionamentos, mas não esgota a avaliação do papel político desempenhado por determinada fração da classe média numa conjuntura histórica específica.

O momento em que o meritocratismo se torna o principal aspecto a ser considerado no comportamento da classe média é a conjuntura de construção do socialismo. Aí, a resistência da classe média à socialização dos meios de produção irá, juntamente com a resistência oriunda da pequena burguesia e do campesinato apegados à pequena propriedade, dividir, inapelavelmente, o mundo do trabalho. A consciência meritocrática não pode aceitar a igualização social dos trabalhadores – seja no processo de produção (superação da divisão entre trabalho de direção e trabalho de execução), seja no plano do consumo (superação da hierarquia salarial), seja na política (superação da divisão entre vanguarda e massa). No processo de construção do socialismo, ocultar essa contradição entre classe média e classe operária, veiculando um discurso genérico em defesa dos interesses da "classe trabalhadora" ou dos interesses do "mundo do trabalho", significa fazer o jogo dos trabalhadores não manuais contra os trabalhadores manuais. Porém, a contradição entre a classe média e classe operária deve ser considerada, para recuperar uma noção desenvolvida por Mao Tsetung, uma contradição no seio do povo, e, como tal, deve ser tratada com métodos democráticos. Se o poder operário tratar a contradição com a classe média da mesma maneira que trata a contradição com a burguesia, ela poderá se converter em uma contradição de tipo antagônico e levar à ruína o processo de construção do socialismo.

12
CIDADANIA E CLASSES SOCIAIS[1]

O título do colóquio organizado pelos colegas de Goiânia, "Cidadania: Mito ou Realidade", é uma alternativa, com duas opções excludentes, que cria algumas dificuldades para os palestrantes. A primeira reação, quando o li, foi de estranheza. O mito não faria parte da realidade? As crenças de uma sociedade ou as ideias e os valores de um grupo social específico, quer relatem, ou não, fatos realmente ocorridos, quer reflitam, ou não, de modo adequado as relações sociais que pretendem representar, tais ideias, crenças e valores são, enquanto ideologia, parte integrante da realidade social. Desse modo, mito não poderia ser contraposto a realidade. Deveria ser pensado como uma dimensão da realidade social. É claro que, pensando mais sobre o título, se pode imaginar que os colegas pretenderam opor a noção de mito, concebida como ideia falsa, cujo conteúdo não refletiria de modo adequado as relações econômicas e sociais vigentes, a essas relações. Mito, isto é, um tipo de

---

1 Texto preparado para a conferência que proferi na Semana de Ciências Sociais da Universidade Católica de Goiás em outubro de 1998. Foi publicado originalmente com o título Cidadania: "mito ou realidade" ou "mito e realidade"?, *Fragmentos de Cultura*, Universidade Católica de Goiás, v.8, n.5, set./out. 1998. O tema geral da semana era *Mito ou realidade*, e eu deveria pronunciar-me sobre essa alternativa no exame do fenômeno da cidadania. Decorreu daí o título complicado da versão original deste artigo, que fazia uma referência polêmica à dualidade mito/realidade contida no título da Semana de Ciências Sociais organizada pelos colegas de Goiás.

representação, e relações sociais seriam, nesse caso, ambos, parte da realidade social, sendo que o primeiro, fenômeno pertencente à dimensão simbólica ou ideológica, falsearia a natureza das relações sociais que, no entanto, ele pretende representar.

Porém, mesmo se entendemos o título do colóquio dessa maneira, os problemas não terminam. Nas sociedades de classe, ou pelo menos na sociedade capitalista, ocorre, frequentemente, que as ideias integrantes da ideologia dominante, que no caso do capitalismo é a ideologia burguesa, entretêm uma relação complexa com as relações sociais que pretendem representar. O discurso ideológico burguês, e a cidadania é uma peça central desse discurso, reflete de modo adequado aspectos das relações sociais, mas, ao mesmo tempo, o faz de maneira a falsear a natureza das relações sociais aos olhos dos agentes nelas envolvidos. O filósofo marxista francês Louis Althusser, num pequeno ensaio intitulado *A filosofia como arma da revolução*, procurou caracterizar essa relação complexa da ideologia com as relações sociais ao afirmar que o discurso ideológico realiza um jogo de alusão/ilusão: alude às relações sociais, iludindo sobre o seu conteúdo. Althusser entende que o jogo da alusão/ilusão verifica-se na ideologia em geral. Nós consideramos que esse jogo opera no discurso ideológico burguês e vamos procurar mostrar seu funcionamento no caso da noção ideológica (burguesa) de cidadania.

Nas duas primeiras partes desta intervenção, nossa abordagem será fundamentalmente teórica. Na terceira parte, faremos algumas indicações sobre a situação da cidadania no Brasil atual e colocaremos a questão de saber como o movimento operário e popular deve, em nosso entendimento, posicionar-se diante da questão na presente conjuntura. No terreno da prática política, o principal risco que corre o movimento operário hoje é o de desprezar a cidadania burguesa, diferentemente do período anterior, quando o principal risco consistia em mistificá-la.

A ideologia da cidadania reflete relações sociais típicas do capitalismo

Na Antiguidade e no período medieval, na Europa, na Ásia e na América colonial, as sociedades de classes foram, ao mesmo tempo,

ESTADO, POLÍTICA E CLASSES SOCIAIS   249

sociedades de ordens. Foram as revoluções burguesas dos séculos XVII, XVIII e XIX que alteraram essa situação, criando uma sociedade de classes de novo tipo, a sociedade capitalista, em que, com a implantação da cidadania, as ordens foram suprimidas, embora as classes sociais tenham subsistido. Começo, portanto, pela afirmação de que o surgimento da cidadania representou uma ruptura na história da humanidade. Marcou, na verdade, a ruptura política que, articulada a transformações econômicas acumuladas ao longo de séculos, permitiu desencadear a transição dos modos de produção pré-capitalistas para o modo capitalista de produção. E, para fazermos desde já uma observação política, diremos que a cidadania representou uma mudança progressista, que não contemplou apenas interesses exclusivos da burguesia, mas, inclusive, interesses das classes populares. Expliquemos os conceitos com os quais estamos operando para que possamos clarear nossa tese.

As classes sociais definem-se no terreno da economia, mais precisamente da produção. São coletivos de homens e mulheres que mantêm relações determinadas com os meios de produção. São proprietários ou não proprietários dos meios de produção, e, em decorrência dessas relações, colocam-se em campos opostos: como proprietários não trabalhadores que se apropriam do trabalho de terceiros, ou como trabalhadores não proprietários, que são os que fornecem sobretrabalho (isto é, o trabalho excedente ao mínimo necessário para reproduzir os próprios trabalhadores e as condições materiais da produção) aos primeiros. Essa definição das classes sociais, que configura um sistema de classes bipolar, situa-se no plano geral e simplificado do *modo de produção*, ignorando as complexidades e variações das *formações sociais* concretas, mas é suficiente como ponto de partida para o que precisamos. Pois bem, um aspecto fundamental de toda sociedade de classes é o mecanismo que assegura aos proprietários dos meios de produção a apropriação do sobretrabalho dos produtores diretos. Nas sociedades de classes pré-capitalistas, esse mecanismo é, justamente, a distribuição dos agentes da produção em ordens organizadas hierarquicamente.

As ordens definem-se no terreno do Estado, mais precisamente do direito. São coletivos de homens e mulheres aos quais o direito atribui deveres e privilégios. A ordem superior é, sempre, a ordem dos homens livres, integradas por indivíduos reconhecidos como sujeitos de direito

250 ARMANDO BOITO JR.

dotados de capacidade jurídica plena, enquanto a ordem inferior pode ser composta por escravos ou servos, pertencentes ao Estado ou a particulares, e seus membros terão capacidade jurídica limitada (o servo) ou nula (o escravo). No nível conceitual, isto é, tratando do modo de produção, temos, no terreno da economia, apenas duas classes sociais, polares e opostas, uma dominante, que se apropria do trabalho alheio, e outra dominada, fornecedora de sobretrabalho; no terreno do direito, temos apenas duas ordens, uma superior, dotada de direitos que são privilégios, e uma inferior, desprovida de direitos e carregada de obrigações para com a ordem superior, a começar pela obrigação de lhe fornecer sobretrabalho. Porém, considerando as formações sociais historicamente existentes, a complexidade aumenta. As oposições simples desaparecem.

Uma formação social feudal pode, em sua fase decadente, contar com uma burguesia e uma classe de trabalhadores livres em formação. Uma formação social escravista ou feudal pode conter diversas classes e camadas intermediárias, que não pertencem a nenhuma das classes fundamentais do modo de produção dominante. O cenário não é menos complicado no que diz respeito às ordens. As ordens podem, em determinadas formações sociais pré-capitalistas, apresentar-se subdivididas em estamentos. Na Europa Medieval, havia nobres, clérigos e plebeus, o Terceiro Estado, como estamentos da ordem dos homens livres, estamentos diferenciados pelos privilégios políticos, fiscais e honoríficos que detinham ou dos quais se viam privados. Na Roma Antiga, a ordem dos homens livres também está subdividida em estamentos. As ordens, eventualmente suas subdivisões estamentais, e as classes sociais, na sua variedade e complexidade históricas, combinam-se de modos variados, dando origem a entrecruzamentos complexos.

Para exemplificarmos com a era das revoluções burguesas na Europa Ocidental, basta lembrar que o Terceiro Estado, isto é, o estamento plebeu e inferior da ordem dos homens livres, embora conte com muitos burgueses em suas fileiras, principalmente a média burguesia, como mostram as pesquisas do historiador Albert Soboul, conta também com camponeses livres, com mestres, companheiros e aprendizes das cidades e conta, inclusive, com proprietários feudais que não dispõem de título de nobreza. Isto é, diversas classes sociais, que são coletivos definidos

ESTADO, POLÍTICA E CLASSES SOCIAIS 251

pela sua situação econômica, pertencem a um mesmo estamento, que é um coletivo definido juridicamente. Já no estamento superior da ordem dos homens livres, a nobreza, contam-se, além dos grandes proprietários feudais do solo, os grandes burgueses, que compravam títulos de nobreza, e os indivíduos egressos das profissões liberais, artistas e intelectuais agraciados com o título de nobreza pelo monarca. Na ordem dos servos, encontram-se os camponeses, os administradores ou feitores dos feudos, serviçais do senhor e de sua família etc. Esse entrecruzamento do pertencimento de classe com o pertencimento de ordem e de estamento tem efeitos pertinentes no processo político. Na França, a burguesia plebeia, isto é, a parte da classe burguesa que pertence ao estamento inferior da ordem dos homens livres, o Terceiro Estado, essa burguesia teve um posicionamento no processo revolucionário distinto do da burguesia enobrecida. Na Inglaterra, é conhecido o papel revolucionário desempenhado pelos pequenos proprietários feudais do solo, em conflito com a nobreza da corte. A mesma complexidade de entrecruzamentos verifica-se nas relações entre ordem e classe social na Antiguidade, como mostra o grande historiador do mundo antigo Moses Finley, em sua obra *A economia antiga*. Em Roma, também havia uma divisão estamental na ordem superior dos homens livres e, no interior dessa ordem, também se contavam diversas classes sociais – latifundiários escravistas, comerciantes, artesãos urbanos etc. No que respeita à ordem dos escravos, os escravos rurais formavam uma classe social diferenciada, distinta daquelas representadas pelos escravos domésticos e pelos escravos de ganho (Finley, 1980).

A despeito dessa complexidade, é necessário atentar para o fato de que as relações classe/ordem apresentam um aspecto invariante. Os membros da classe dominante pertencem à ordem superior, e os membros da classe dominada fundamental pertencem à ordem inferior. Proprietário escravista ou feudal do solo é, sempre, membro da ordem dos homens livres, mesmo que pertença a um estamento inferior dessa ordem. Não fosse um homem livre, isto é, não fosse dotado de capacidade jurídica plena, ele sequer poderia ser proprietário pleno do solo ou de homens. A situação de ordem, que confere capacidade jurídica plena, é condição para integrar o coletivo dos proprietários dos meios de produção. Quanto aos produtores diretos que formam a classe dominada fundamental no escravismo e no feudalismo, esses são trabalhadores rurais pertencentes à ordem dos escravos ou dos servos de gleba. Nas formações sociais escravistas ou feudais, que com variações consideráveis existiram na Europa e na América, podem, em determinados períodos, desenvolver-se classes de trabalhadores rurais livres, como os camponeses livres do escravismo moderno na América ou do feudalismo decadente na Europa do mesmo período. Todavia, a situação de ordem interferirá na situação de classe. Se o produtor direto é um proprietário livre da terra, suas relações com os meios de produção e com as demais classes sociais serão distintas daquelas entretidas pelos trabalhadores escravos ou servos de gleba. Embora todo membro da classe dominante pertença à ordem superior e todo membro da classe dominada fundamental pertença à ordem inferior, nas formações sociais historicamente existentes pode haver indivíduos pertencentes a classes intermediárias situados tanto na ordem superior quanto na ordem inferior. Ou seja, nem todo indivíduo pertencente à ordem superior faz parte da classe dominante e nem todo indivíduo pertencente à ordem inferior pertence à classe dominada fundamental do modo de produção dominante em determinada formação social.

O pertencimento dos membros da classe dominante à ordem superior e dos membros da classe dominada fundamental à ordem inferior é inevitável devido ao mecanismo pré-capitalista de extração do trabalho excedente. O trabalhador não proprietário, se escravo, fornece sobretrabalho ao não trabalhador proprietário dos meios de produção de modo compulsório, em decorrência do uso da violência legal que o senhor de escravo ou o Estado escravista exerce sobre ele; se servo, no feudalismo europeu, realizará as corveias e pagará os tributos em nome da religião. Nos dois casos, como mostra Marx em *O capital*, a transferência do sobretrabalho é visível para os agentes envolvidos. O servo trabalha para o senhor feudal, em se tratando da corveia, que é a principal forma de prestação de sobretrabalho na Alta Idade Média, em local e período distintos daqueles em que ele trabalha para si próprio. Ele tem consciência de que parte do trabalho é realizada para si próprio e que outra parte, separada no tempo e no espaço, é realizada para o proprietário feudal do solo. O escravo, na Antiguidade ou na América colonial, trabalha como instrumento humano pertencente a terceiros. Como tal,

ESTADO, POLÍTICA E CLASSES SOCIAIS **253**

nunca trabalha para si próprio, já que, considerado coisa destituída de vontade e incapaz de exercer qualquer direito, não pode exercer o direito de propriedade sequer sobre parte do trabalho que realiza. A ração que o mantém vivo aparece como uma doação do fruto do trabalho do escravo ao próprio escravo, realizada pelo seu proprietário. A exploração é, então, visível e a desigualdade de ordem impõe e justifica tal exploração.

Ordem e classe encontravam-se tão indissoluvelmente ligadas que muitos contemporâneos das primeiras revoluções burguesas acreditaram, com temor, no caso dos exploradores, ou com esperança, no caso dos explorados, que o fim da desigualdade de ordens significaria o fim de toda desigualdade, inclusive a desigualdade de classe.[2] Isso explica, em parte, o entusiasmo popular e a hesitação burguesa diante da revolução (burguesa). Contra esses temores e esperanças, o que as revoluções políticas burguesas mostraram é que é possível manter as classes sociais, e, portanto, a exploração de uma classe por outra, prescindindo das ordens, isto é, é possível manter a desigualdade socioeconômica, prescindindo da desigualdade jurídica. O capitalismo mostrou que a exploração de classe pode conviver com a igualdade jurídica entre os proprietários dos meios de produção e os trabalhadores, convertidos, ambos, em cidadãos.

A sociedade capitalista é, portanto, uma sociedade de classes, sem ser uma sociedade de ordens. Essa é *uma* das razões pelas quais Marx e Engels afirmam no *Manifesto do Partido Comunista* que o capitalismo simplificou o conflito de classes – ele depurou esse conflito desvincu-

---

2 Sirva como exemplo desse medo burguês e aristocrático este trecho de um discurso de Alexis de Tocqueville à Assembleia Nacional: "A revolução francesa, que aboliu todos os privilégios e destruiu todos os direitos exclusivos, deixou contudo subsistir um: o da propriedade. É necessário que os proprietários não se iludam sobre a força de sua situação ... Quando o direito de propriedade não era mais que a origem e o fundamento de muitos outros direitos, era defendido sem esforço, ou melhor, não era atacado; constituía, então, um muro de proteção da sociedade, cujas defesas avançadas eram todos os outros direitos; os golpes a ele não chegavam; nem sequer se procurava seriamente atingi-lo. Hoje, porém, quando o direito de propriedade torna-se o último remanescente de um mundo aristocrático destruído, o único a se manter em pé, privilégio isolado em meio a uma sociedade nivelada, sem a cobertura de muitos outros direitos mais contestados e mais odiados, corre um perigo maior, pois só a ele cabe sustentar a cada dia o choque direto e incessante das opiniões democráticas [isto é, igualitaristas]" (Tocqueville, 1991).

254 ARMANDO BOITO JR.

lando-o do conflito de ordens e de estamentos. O direito produzido pelas revoluções políticas burguesas concede a todos os indivíduos, independentemente de sua situação de classe, capacidade jurídica plena, estabelecendo a igualdade de todos perante a lei. *Essa igualdade jurídica é a base da cidadania.* Uma sociedade que esteja dividida em ordens não possui cidadãos no sentido moderno do termo. Os cidadãos são juridicamente iguais entre si e membros de um coletivo nacional homogêneo unificado no Estado – o moderno Estado burguês ou capitalista. Essa é a primeira razão pela qual podemos dizer que a noção de cidadania alude de modo adequado às relações sociais capitalistas: onde havia a desigualdade jurídica, a revolução política burguesa implantou a igualdade jurídica; onde havia Estados dinásticos, com instituições abertamente particularistas monopolizadas pelos membros da classe dominante, fundados na hierarquia de ordens, a revolução política burguesa implantou o Estado-nação, com instituições formalmente universalistas abertas aos membros de todas as classes sociais, fundado na igualdade de condições entre os indivíduos habitantes de um mesmo território.

A noção de cidadania alude a essa ruptura histórica real que separa os modos de produção pré-capitalistas do modo de produção capitalista. E ela designa uma realidade vital para as classes trabalhadoras: com o fim das ordens e o correspondente advento da cidadania, os trabalhadores deixaram de ser propriedade absoluta (escravo) ou limitada (servo) do proprietário dos meios de produção. Adquiriram independência pessoal, assegurada pelos direitos civis mínimos que são a base da cidadania, passando a constituir uma classe de trabalhadores como nunca existira na história da humanidade. De resto, é o fato de tal mudança interessar às classes populares que explica a participação do campesinato e dos trabalhadores urbanos como a força social mais consequente nos processos de revoluções burguesas, enquanto a própria burguesia, principal beneficiária a longo termo de tais processos, adere a eles dividida e hesitante.

A segunda alusão adequada que a noção de cidadania faz às relações sociais diz respeito aos desenvolvimentos posteriores da cidadania. O resultado das revoluções políticas burguesas foi uma cidadania limitada; a luta de classes que se seguiu obrigou o desenvolvimento de uma cidadania ampliada.

ESTADO, POLÍTICA E CLASSES SOCIAIS **255**

A cidadania burguesa original se centrava, como é sabido, nos direitos civis mínimos – de propriedade, de ir e vir, de realizar contratos e, em primeiro lugar, o contrato de trabalho, e, mais precariamente, de liberdade de pensamento, de expressão e de reunião. O Estado liberal clássico não concedia, como se sabe, direitos políticos (votar e ser votado) e sociais (legislação de fábrica, saúde, educação e previdência social) aos trabalhadores. Os direitos políticos eram monopolizados pelas camadas proprietárias ou de renda elevada. Os direitos sociais inexistiam. Os primeiros ideólogos do liberalismo, como Benjamin Constant, justificaram o voto censitário baseado na propriedade ou na renda argumentando que somente os proprietários ou abastados tinham interesses a defender no seu país – basta consultar a obra de Constant (1872) *Principes de politique*. Outros, como Stuart Mill (1980), em seu *Considerações sobre o governo representativo*, admitiram o sufrágio universal, mas sob a condição de que ele fosse desigual, alegando que o voto dos trabalhadores manuais deveria valer menos devido à falta de cultura desses trabalhadores. Todos eles preveniam contra a implantação daquilo que hoje denominamos direitos sociais, recorrendo aos argumentos de que tais direitos feririam o direito de propriedade e deformariam o livre jogo das forças de mercado. Pelo menos um pensador liberal clássico percebeu a precariedade dessa situação. Alexis de Tocqueville (1969), no seu conhecido *A democracia na América*, alertou seus contemporâneos e parceiros para o fato de que seria "impossível manter a igualdade confinada a uma única esfera da vida social". Implantada no plano civil, a igualdade, previa Tocqueville, iria espraiar-se para os domínios político, econômico e social.

No final do século XIX e início do século XX, os trabalhadores europeus e americanos foram conquistando o direito de votar e ser votado. Aos direitos políticos seguiram-se, como mostra T. H. Marshall (1973), os direitos sociais. Esses começaram a surgir após a Revolução Russa e a Primeira Guerra Mundial. A luta operária e popular na Europa e na América, a afirmação da União Soviética, com seu amplo Estado de bem-estar e em oposição ao imperialismo norte-americano, e o novo aguçamento dos conflitos interimperialistas, que levou à Segunda Guerra Mundial, deram um impulso sem precedentes na implantação dos direitos sociais, resultando no surgimento do Estado de bem-estar na Europa ocidental e na política social populista na América Latina. A própria ideologia burguesa da cidadania e a estrutura do direito burguês continham, virtualmente, a possibilidade de expandir a cidadania para os terrenos político e social. Os operário podiam usar, e usaram, essa ideologia burguesa, voltando-a contra a burguesia, levando o capitalismo a uma cidadania ampliada. Se todos os cidadãos são iguais (no plano civil), como é possível admitir que sejam desiguais (no plano político)? Se a cidadania é um atributo de todos os indivíduos que habitam um mesmo território, como admitir que parte dos cidadãos, iguais no plano civil e político, seja condenada à "marginalidade" econômica e social em caso de infortúnios ou acontecimentos naturais que a impeçam de trabalhar – desemprego, doença, velhice?

A cidadania burguesa é, portanto, resultado de um processo complexo, prolongado e diferenciado de luta de classes. Em sua forma restrita, nasceu das lutas de classes nas sociedades feudais decadentes, lutas que caracterizaram as revoluções burguesas; em sua forma ampliada, desenvolveu-se graças à luta operária e popular sob o capitalismo, como resultado direto de movimentos reformistas ou como resultado indireto de movimentos revolucionários, em condições de crise do sistema imperialista, abalado por revoluções (1917), por uma crise geral (1929) e por guerras entre as grandes potências (Primeira e Segunda Guerra). A cidadania não é, portanto, uma simples ilusão: ela reflete uma realidade fundamental do capitalismo. Em sua versão ampliada mais avançada, ela estabelece um tipo de igualdade (de direitos civis, políticos e sociais atribuídos a todos os cidadãos) inexistente nas sociedades pré-capitalistas. Ela é a base do moderno Estado-nação, que é o Estado capitalista ou burguês.

A ideologia da cidadania mistifica relações sociais típicas do capitalismo

A cidadania não é, portanto, uma criação da burguesia. Uma vez criada, porém, ela se revelou funcional para a manutenção da dominação burguesa.

No modo de produção capitalista, a igualdade de direitos civis, políticos e sociais coexiste com a desigualdade de classes. Por isso,

ESTADO, POLÍTICA E CLASSES SOCIAIS   257

essa igualdade é, na verdade, formal. A desigualdade de classes nega a igualdade proclamada no plano dos direitos, bloqueia e contamina o igualitarismo jurídico, e, ademais, esse igualitarismo, isto é, a cidadania, *pode* ocultar dos trabalhadores a exploração e a dominação de classe que os vitimam. Nessa medida, embora a cidadania represente uma transformação progressista quando pensada no processo de transição do feudalismo para o capitalismo, na Europa e na Ásia, e no processo de transição do escravismo para o capitalismo, no caso da América, ela desempenha uma função conservadora quando situada no processo de transição do capitalismo para o socialismo. Destaquemos desde já que isso não significa que o movimento operário e popular deva assumir nas sociedades capitalistas e em toda e qualquer conjuntura uma estratégia de denúncia e de superação da cidadania; isso porque a luta pela constituição de um poder socialista só se coloca como tarefa prática e imediata para o movimento operário nas conjunturas de crise revolucionária. Vejamos isso em detalhes.

A igualdade civil, que destruiu as ordens, concedeu independência pessoal ao trabalhador, mas oculta a exploração de classe. O capitalista, proprietário dos meios de produção, e o operário, desprovido de propriedade, aparecem, no mercado, como sujeitos plenos de direito, livres e iguais, para realizar um contrato (de trabalho). O direito igualitário oculta a desigualdade de classe e a exploração que ocorrerá no plano da produção, e faz com que a exploração apareça, aos olhos do trabalhador, como escolha sua. É verdade que o trabalhador tem uma escolha, que não existia para o escravo ou para o servo: ele pode, dentro de limites estabelecidos pela conjuntura econômica, escolher o capitalista para o qual vai trabalhar, mas não pode escolher se trabalhará ou não para um capitalista. O direito civil igualitário não impõe a exploração, ao contrário do que ocorria com o direito inigualitário dos modos de produção capitalista, mas a oculta e, desse modo, contribui para que ela se reproduza no tempo.

A igualdade de direitos políticos e sociais é contaminada pela desigualdade de classe. As liberdades de pensamento, de expressão, de reunião e de associação são usufruídas de modo desigual pelos indivíduos que pertencem à classe capitalista e à classe operária. Os primeiros são proprietários e controlam a imprensa e demais meios materiais necessários para o usufruto pleno de tais liberdades; os segundos, somente por um esforço coletivo, cuja viabilidade depende da conjuntura, poderão usufruir, parcialmente, de tais liberdades. Ademais, mesmo que logrem explorar no limite de suas possibilidades os direitos políticos que lhes são assegurados pela democracia burguesa, os trabalhadores não conseguem, dentro da legalidade e das instituições do Estado burguês, implantar uma política de socialização dos meios de produção e de extinção das classes sociais.

No plano dos direitos sociais, o acesso à educação pública e gratuita, ainda que permita uma elevação geral da cultura dos trabalhadores, não os coloca em pé de igualdade com os burgueses na vida econômica e social. O sistema escolar está organizado de modo a reproduzir a ideologia burguesa e as relações sociais capitalistas. Ele seleciona e segrega os estudantes de acordo com a sua situação de classe. Estudos como o de Daniel Bertaux, no livro *Destinos pessoais e estrutura de classes*, mostram que a mobilidade social é exceção mesmo nas sociedades europeias que possuem uma política avançada de bem-estar (Bertaux, 1977a). Mesmo nas sociedades capitalistas de Estado democrático e de bem-estar, as classes sociais são coletivos que se reproduzem de maneira dominantemente endógena.

A cidadania é, portanto, mistificadora em cada um de seus aspectos. De modo geral, ela desempenha uma função política e ideológica conservadora. A ilusão de igualdade que ela pode produzir, e que geralmente produz, dissolve, aos olhos dos trabalhadores, a ideia do pertencimento de classe. Diferentemente da estrutura de ordens, que agrega os indivíduos em coletivos diferenciados e hierarquizados num sistema de privilégios e deveres, a cidadania individualiza os agentes da produção, dissolvendo, no plano ideológico, a realidade das classes e da luta de classes. Percebendo-se como cidadãos, os trabalhadores deixam de se perceber como classe social. Cidadãos livres, habitantes de um mesmo território nacionalmente unificado, podem perceber-se como integrantes de outro coletivo: um coletivo supraclassista, a nação. Isso, graças à função ideológica desempenhada pelas instituições aparentemente universalistas do Estado burguês, que estão, ao menos no plano formal, abertas à participação de indivíduos de todas as classes sociais, e não apenas aos indivíduos da classe dominante. Esse funcionamento ideológico das

ESTADO, POLÍTICA E CLASSES SOCIAIS 259

instituições do Estado burguês sobre as classes sociais foi detectado e analisado por Nicos Poulantzas (1968), que os denominou efeito de isolamento (individualização dos agentes de classe) e efeito de representação da unidade (unificação dos agentes de classe num coletivo nacional), em seu clássico tratado de teoria política marxista *Poder político e classes sociais*. Esses efeitos do Estado burguês foram produzidos, historicamente, de modos distintos. No início do capitalismo, apenas a igualdade civil bastou, mas, com o fortalecimento do movimento operário, tais efeitos passaram a exigir uma ampliação da cidadania para que pudessem manter sua eficácia. O Estado de bem-estar exorcizou o espectro da revolução na Europa.

A contradição entre a desigualdade de classe e a igualdade jurídica só pode ser resolvida pela extinção das classes sociais. Essa é a tarefa de uma revolução socialista. A revolução burguesa representou, ao implantar a igualdade jurídica entre indivíduos pertencentes a classes sociais antagônicas, uma ruptura histórica com um passado milenar da humanidade. Algo até então impensável revelou-se possível: a manutenção da exploração de classe em sociedades (juridicamente) igualitárias. A revolução socialista, na hipótese de que ela venha a se realizar, poderá representar uma ruptura com um passado não menos milenar – aquele que associa, desde as mais antigas civilizações, o crescimento das forças produtivas à exploração de classe.

A conjuntura atual é de ofensiva burguesa contra a cidadania ampliada

A burguesia não pode extinguir a base da cidadania, que é a igualdade civil, sem extinguir o próprio capitalismo. Isso não significa que a burguesia, a classe dominante do modo de produção capitalista, seja a vanguarda na luta pela defesa da igualdade civil. A história das revoluções burguesas mostra, como já observamos, que a burguesia dividiu-se e hesitou em destruir as ordens. No processo revolucionário francês, a burguesia foi consequente na luta pela extinção dos estamentos, já que grande parte dessa classe social pertencia ao estamento plebeu da ordem dos homens livres, mas pôs-se de acordo com a nobreza feudal para

260 ARMANDO BOITO JR.

manter a hierarquia de ordens, como mostra a legislação aprovada em agosto de 1789, que exigia o pagamento em dinheiro para que o camponês pudesse se liberar de sua situação de servo. Os trabalhos de Albert Soboul mostram que foi a pequena burguesia, organizada no movimento dos *sans-culottes*, que, apoiada na guerra civil espontânea mantida pelos camponeses no campo entre 1789 e 1793, estabeleceu a extinção incondicional do direito feudal – ver seu opúsculo *A Revolução Francesa*, editado no Brasil pela Difel. No processo revolucionário brasileiro, foram os trabalhadores urbanos, e não qualquer setor das classes dominantes, que, apoiados na luta dos escravos rurais, organizaram o Movimento Abolicionista, que extinguiu as ordens de homens livres e escravos que dividiam a sociedade brasileira, como mostra o trabalho de Décio Saes *A formação do Estado burguês no Brasil*. Mesmo depois de consumada a revolução burguesa, Marx mostra no capítulo VIII de *O capital*, no capítulo sobre a luta pela redução da jornada de trabalho, que os capitalistas ingleses procuravam reimplantar, por vias as mais diversas, formas de trabalho compulsório. Foram o movimento operário e a burocracia do Estado burguês, esse guardião das condições gerais de reprodução do capitalismo, que impuseram o trabalho livre e a legislação de fábrica aos capitalistas. Contudo, uma vez consolidada a igualdade civil, a burguesia tende, diante das condições criadas pelo desenvolvimento histórico em geral e pelo desenvolvimento do movimento operário em particular, a adaptar-se à existência dessa igualdade e a permitir, desse modo, que a exploração de classe se reproduza de acordo com o padrão capitalista de exploração do trabalho livre.

Porém, com os direitos políticos e sociais não se passa o mesmo. Houve conjunturas na história do capitalismo em que a democracia burguesa esteve ameaçada pela burguesia e foi de fato suprimida em inúmeros países. Na Europa ocidental e central, tivemos o fascismo e as ditaduras em meados deste século; em boa parte da Europa mediterrânea, os regimes ditatoriais perduraram até a década de 1970. Na América Latina, as décadas de 1960 e 1970 foram de ditaduras militares. Em conjunturas como essas, os socialistas aprenderam que o aspecto político da cidadania burguesa é importante para o movimento operário e souberam defendê-lo. Hoje, são, principalmente, os direitos sociais que estão sendo suprimidos e ameaçados.

ESTADO, POLÍTICA E CLASSES SOCIAIS 261

O neoliberalismo tem revogado as reformas que o movimento operário e popular impôs ao capitalismo. Essa ofensiva reacionária está desmontando o Estado de bem-estar na Europa ocidental e suprimindo os poucos direitos sociais existentes na América Latina. Isso está ocorrendo devido a mudanças na economia e na política em escala internacional. Poderíamos enumerar de modo muito sintético essas mudanças que contribuíram, cada uma a seu modo, para estimular essa ofensiva da burguesia e para assegurar o êxito que ela vem obtendo. O crescimento econômico moderado, pontilhado de conjunturas recessivas, enrijeceu a posição da burguesia na defesa da sua taxa de lucro, induzindo os capitalistas a avançar sobre os salários diretos e indiretos dos trabalhadores. O esfriamento dos conflitos interimperialistas, que são, hoje, conflitos de baixa intensidade, permitiu uma relativa reunificação da burguesia em escala internacional, aumentando sua força política. A desagregação da URSS eliminou a bipolarização do sistema político internacional e teve um impacto negativo sobre o conjunto do movimento operário e socialista. A hegemonia norte-americana reunificou o campo imperialista. Essa situação no seu conjunto colocou em crise e na defensiva os movimentos operário, socialista e anti-imperialista.

Numa conjuntura como a que vivemos hoje, é preciso defender a cidadania burguesa ampliada que se encontra sob ataque da burguesia e do imperialismo. Algumas correntes da esquerda não se dão conta disso. Apresentam como palavra de ordem para a esquerda a organização de uma "ofensiva socialista". Esse esquerdismo desvia os trabalhadores da única coisa que têm condições de fazer no momento atual, que é se defender, defendendo, inclusive, a cidadania burguesa – no sentido ampliado que tal cidadania adquiriu ao longo do século XX, principalmente nos países da Europa ocidental.

Para concluir, diríamos, em resumo, que a cidadania, principalmente quando considerada na sua versão ampliada, é um fenômeno contraditório que, dependendo da conjuntura e da correlação política de forças, cabe ao movimento operário, popular e socialista defender.

Referências Bibliográficas

ALTHUSSER, L. *Sobre o trabalho teórico*: dificuldades e recursos. Lisboa: Editorial Presença, s.d.

_____. Sur le jeune Marx. In: _____. *Pour Marx*. Paris: François Maspero, 1965.

_____. *Montesquieu, a Política e a História*. Lisboa: Editorial Presença, 1972.

_____. Sobre a relação de Marx com Hegel. In: D´HONDT, J. (Org.) *Hegel e o pensamento moderno*. Porto: Rés Editora, 1979.

_____. Le courrant souterrain du materialisme de la rencontre. In: _____. *Écrits fhilosophiques et politiques*. Paris: Stock/Imec, 1994. t.I.

_____. A querela do humanismo – II. *Crítica Marxista*, n.14, São Paulo: Boitempo, 2002.

ALTHUSSER, L. et al. *Lire le Capital*. 2.ed. Paris: PUF, 1996.

ANDERSON, P. *Les Passages de l´Antiquité au Féodalisme*. Paris: François Maspero, 1977.

_____. *El Estado Absolutista*. 3.ed. Cidade do México: Siglo Vienteuno Editores, 1982.

ASKOLDOVA, S. *Le tradeunionisme américain*. Moscou: Éditions du Progrès, 1981.

BADIOU, A., BALMÈS, F. *De l'Idéologie*. Paris: François Maspero, 1976.

BALIBAR, E. *La philosophie de Marx*. Paris: La Decouverte, 1993.

_____. Sur les concepts fondamentaux du matérialisme historique. In: ALTHUSSER, L. et al. *Lire le capital*. Paris: Presses Univérsitaires de France, 1996. (Coleção Quadriage.)

BAUDELOT, C., ESTABLET, R. *L´école capitaliste en France*. Paris: Maspéro, 1980.

264 ARMANDO BOITO JR.

BEAUD, S., PIALOUX, M. *Retour sur la condition ouvrière:* enquête aux usines Peugeot de Sochaux-Montbéliard. Paris: Fayard, 1999.

BERTAUX, D. *Destins personnels et structure de classe.* Paris: Presses Universitaires de France, 1977a.

_____. *Structures de classes et inégalités sociales.* Paris: PUF, 1977b.

BERTAUD, J. P. *La Révolution Armée, Les Soldats-Citoyens et la Révolution Française.* Paris: Robert Lafont, 1979.

BLOCH, M. *Les caractères originaux de l'Histoire Rurale Française.* Paris: Librairie Armand Colin, 1976.

BOITO JR., A. O populismo no Brasil. *Anais da Primeira Semana do Instituto de Ciências Humanas e de Letras.* Juiz de Fora: Universidade Federal de Juiz de Fora, 1986.

_____. *O sindicalismo de Estado no Brasil:* uma análise crítica da estrutura sindical. São Paulo: Hucitec; Editora da Unicamp, 1991.

_____. Os tipos de Estado e os problemas da análise poulantziana do Estado absolutista. *Crítica Marxista,* n.7, São Paulo: Xamã, 1998.

_____. (Org.) *A Comuna de Paris na História.* São Paulo: Xamã, 2001a.

_____. Pré-capitalismo, capitalismo e resistência dos trabalhadores – nota para uma teoria da ação sindical. *Crítica Marxista,* n.12, São Paulo: Boitempo, 2001b.

_____. Cena política e interesses de classe na sociedade capitalista – comentário em comemoração ao sesquicentenário da publicação de *O Dezoito Brumário de Luis Bonapart. Crítica Marxista,* n.15, São Paulo: Boitempo, 2002a.

_____. Comuna republicana ou Comuna operária. A tese de Marx posta à prova. In: _____. (Org.) *A comuna de Paris na história.* São Paulo: Xamã, 2002b.

BORON, A. A selva e a polis. Interrogações em torno da teoria política do zapatismo. In: _____. *Filosofia política marxista.* São Paulo: Cortez, 2003.

BOTTOMORE, T. B. *As elites e a sociedade.* Rio de Janeiro: Zahar Editores, 1965.

BRACALETI, S. Il marxismo analitico e il problema della spiegazione funzionale applicata al materialismo storico, *Quaderni materialisti,* n.1, Milão: Edizione Ghibli, 2002.

BRAVERMAN, H. *Travail et capitalisme monopoliste.* Paris: François Maspero, 1976.

BRUHAT, J. Les interpretations de la commune. *Nouvelle Critique,* número especial sobre a Comuna de Paris, Paris, 1971.

CAMERLYNCK, G. H. *Contrat de travail.* Paris, 1968.

CARDOSO, C. A brecha camponesa no sistema escravista. In: _____. *Agricultura, escravidão e capitalismo.* Rio de Janeiro: Vozes, 1979.

ESTADO, POLÍTICA E CLASSES SOCIAIS   265

CARDOSO, F. H. Classes sociais e história: considerações metodológicas. In: _____. *Autoritarismo e democratização*. Rio de Janeiro: Paz e Terra, 1975.

CASTRO, A. B. de. A economia política, o capitalismo e a escravidão. In: LAPA, J. R. do A. (Org.) *Modos de produção e realidade brasileira*. Rio de Janeiro: Vozes, 1980.

CATANI, A. et al. *Marxismo e ciências humanas*. São Paulo: Xamã, 2003.

CESARINO JR., A. F. *Direito social*. São Paulo: LTr, 1980.

CHAUNU, P. L'Éta d'Offices. In: *L'État in histoire economique et sociale de la France*. Paris: Presses Universitaires de France, 1979. t.I.

CHAUVET, P. Comment la Commune a administré Paris. In : MERO, R. *Paris, la Commune*. Paris, CD-ROM, Edição Mémoire, em associação com Les Amis de la Commune e Les Temps des Cerises, s.d.

COGGIOLA, O. (Org.) *Manifesto Comunista*. São Paulo: Boitempo, 1998.

COHEN, G. A. Fuerzas productivas y relaciones de producción. In: ROEMER, J. E. *El marxismo:* una perspectiva analítica. México: Fondo de Cultura Econômica, 1989.

COHN, G. *Crítica e resignação:* fundamentos da sociologia de Max Weber. São Paulo: TAQ Editores, 1979.

CONSTANT, B. *Cours de Politique*. 2.ed. Paris: s.n., 1872.

COSTA NETO, P. L. da. Marx tardio: notas introdutórias. *Crítica Marxista*, n.17, Rio de Janeiro: Revan, 2003.

DALOTEL, A., FAURE, A., FREIERMUTH, J.-C. *Aux origines de la Commune:* le mouvement réunions publiques à Paris 1868-1870. Paris: François Maspero, 1980.

DESPAX, M. *Direito do trabalho*. São Paulo: Difel, s.d.

DOBB, M. *Estudos sobre o desenvolvimento do capitalismo*. Rio de Janeiro: Zahar, 1969.

_____. *A evolução do capitalismo*. Rio de Janeiro: Zahar, 1971.

DURAND, G. Le Personnel Administratif. In: *État et Institutions XVI--XVIIIème Siècle*. Paris: Armand Colin, 1969.

EDELMANN, B. *La légalisation de la classe ouvrière*. Paris: Bourgois, 1978.

ENGELS, F. Introdução (escrita em 1891) para a publicação de *Guerra Civil na França*. In: MARX, K. *La guerra civil en Francia*. Moscou: Editorial Progresso, 1977.

_____. La decomposición del feudalismo y el surgimiento de los Estados Nacionales. In: _____. *La guerra campesina en Alemania*. Moscou: Editorial Progresso, 1981.

FANTINATTI, M. Sindicalismo de classe média e neoliberalismo. *Temáticas*, Campinas, IFCH-Unicamp, segundo semestre de 2000.

FAUSTO, R. Sobre o Estado. In: *Marx, lógica e política*. São Paulo: Brasiliense, 1987. t.II.

FEBVRE, L. Quatre-vingt-neuf. Resenha do livro de Georges Lefebvre publicada nos *Annales d'Histoire Sociale*, n.2, p.147, 1940.
_____. La Venalité des Offices. In: *Annales*, 1948. v.3.
FERNANDES, R. C. (Org.) *Dilemas do socialismo:* a controvérsia entre Marx, Engels e os populistas russos. Rio de Janeiro: Paz e Terra, 1982.
FINLEY, M. *A economia antiga.* Porto: Edições Afrontamento, 1980.
FOIGNET, R. *Manuel elémentaire d'histoire du Droit Français.* 14.ed. Paris: Librairie Arthur Rousseau, 1946.
FOOT, F., LEONARDI, V. *História da indústria e do trabalho no Brasil.* São Paulo: Global, 1982.
FOUCAULT, M. *Histoire de la sexualité – I – La volonté de savoir.* Paris: Gallimard, 1976.
_____. *Microfísica do poder.* Rio de Janeiro: Graal, 1979.
_____. Les mailles du pouvoir. *Magazine Litteraire*, n.324, p.64-5, sept. 1994.
_____. *Ditos e escritos IV:* Estratégias, poder-saber. São Paulo; Rio de Janeiro: Forense Universitária. 2003.
FREUND, J. *A sociologia de Max Weber.* 3.ed. Rio de Janeiro: Forense Universitária, 1980.
FURET, F. *Ensaios sobre a Revolução Francesa.* Lisboa: Edições A Regra do Jogo, 1978.
GACON, J. Le premier pouvoir ouvrier. Comunicação ao Colóquio Universitário em Comemoração do Centenário da Comuna. In: MERO, R. *Paris, la Commune.* Paris, CD-ROM, Edição Mémoire, em associação com Les Amis de la Commune e Les Temps des Cerises, s.d.
GENRO, T. *Introdução à crítica do direito do trabalho.* Porto Alegre: L&PM, 1979.
GIDDENS, A. Poder nos escritos de Talcott Parsons. In: GIDDENS, A. *Política, sociologia e teoria social.* São Paulo: Editora Unesp, 1998.
GORENDER, J. *O escravismo colonial.* 3.ed. São Paulo: Ática, 1980.
_____. *A escravidão reabilitada.* São Paulo: Ática, 1990.
GOUBERT, P. Un Problème Mondial: la Venalité des Offices. In: *Annales*, 1953, v.8.
GOULD, R. V. *Insurgent identities:* class, community and protest in Paris from 1848 to the Commune. Chicago: Chicago University Press, 1995.
GOUNOT, E. *La doctrine de l'autonomie de la volonté*, Paris, 1912.
HARNECKER, M. *A revolução social, Lenin e a América Latina.* São Paulo: Global, s.d.
HAYEK, F. *Os fundamentos da liberdade.* Brasília: Universidade de Brasília, 1983.
HEGEL. *La raison dans l'histoire:* introduction à la philosophie de l'histoire. Tradução, introdução e notas de Kostas Papaionnaou. Paris: Union Générale d'Éditions, 1965. (Coleção 10/18.)

ESTADO, POLÍTICA E CLASSES SOCIAIS   267

HEGEL. *Os pré-socráticos*. São Paulo: Abril Cultural, 1973. (Os Pensadores.)

HILFERDING, R. *O capital financeiro*. São Paulo: Abril Cultural, 1988.

HILL, C. Comentário. In: VV.AA. *Do feudalismo ao capitalismo*. 2.ed. Lisboa: Publicações Dom Quixote, 1972.

HINCKER, F. Contribuição à discussão sobre a transição do feudalismo ao capitalismo: a monarquia absoluta francesa. In: VV.AA. *Sobre o feudalismo*. Lisboa: Editorial Estampa, 1978.

HOBSBAWM, E. *A era dos impérios* – 1875-1914. São Paulo: Paz e Terra, 1988.

_____. *A era dos extremos* – 1914-1991. São Paulo: Companhia das Letras, 1995.

HOLLOWAY, J. *Mudar o mundo sem tomar o poder*. São Paulo: Viramundo, 2003.

HOWARD, J. *Darwin*. Lisboa: Publicações Dom Quixote, 1982.

HYPPOLITE, J. *Introdução à filosofia da história de Hegel*. Lisboa: Edições 70, 1995.

JAURÈS, J. O Manifesto Comunista de Marx e Engels. In: COGGIOLA, O. (Org.) *Manifesto Comunista*. São Paulo: Boitempo, 1998. p.137-59.

JUNQUEIRA, L. A. P. (Org.) *Brasil e a Nova Ordem Internacional*. São Paulo: Edição do Sindicato dos Sociólogos do Estado de São Paulo, 1994.

KORSCH, K. *Lucha de clases y derecho del trabajo*. Barcelona: Ariel, 1980.

KOULISCHER, J. La Grande Industrie au XVIIe et au XVIIIe Siècles: France, Allemagne, Russie. In: *Annales*, 1931. v.3.

LA PENSÉE. n.187, juin 1976.

LABICA, G., BENSUSSAN, G. (Org.) *Dictionnaire critique du marxisme*. 2.ed. Paris: PUF, 1985.

LABROUSSE, E. Intervenção no *Colóquio Universitário para a comemoração do centenário da Comuna de 1871*. Paris: Les Éditions Ouvrières, 1971.

LADURIE, E. L. R. Révoltes et contestations rurales en France de 1675 à 1788. *Annales*, n.1, 1974.

LAPEYERE, H. La Venalidad de los Cargos Administrativos. In: *Las Monarquias del Siglo XVI*. Barcelona, Coleção Nueva Clio, 1979.

LAPLANCHE, PONTALIS. *Vocabulário de psicanálise*. São Paulo: Martins Fontes, s.d.

LASKI, H. O Manifesto Comunista. In: COGGIOLA, O. (Org.) *Manifesto Comunista*. São Paulo: Boitempo, 1998. p.169-231.

LEBRUN, G. *O poder*. São Paulo: Brasiliense, 1981. (Coleção Primeiros Passos.)

LEFEBVRE, G. *1789, O surgimento da Revolução Francesa*. São Paulo: Paz e Terra, 1990.

268 ARMANDO BOITO JR.

LEMARCHAND, G. Feudalismo e sociedade rural na França moderna. In: VV.AA. *Sobre o feudalismo*. Lisboa: Editorial Estampa, 1978.

LENIN, V. *1905 – Jornadas revolucionárias*. Contagem: História, 1980.

_____. *A falência da II Internacional*. São Paulo: Kairós, 1979.

_____. *Obras escolhidas em três tomos*. São Paulo: Alfa-Ômega, 1980.

LIPSET, S. M., MARKS, G. *Por que não vingou?* História do socialismo nos Estados Unidos. Brasília: Instituto Teotônio Vilela, 2000. (Coleção Pensamento Social-Democrata.)

LOCKWOOD, D. *El trabajador de la clase média*. Madrid: Aguilar, 1962.

LÖWY, M. L´humanisme historiciste de Marx ou relire le Capital. In: VV.AA. *Contre Althusser – pour Marx*. 2. ed. rev. e ampl. Paris: Les Editions de la Passion, 1999.

LUKÁCS, G. *História e consciência de classe*. São Paulo: Martins Fontes, 2003.

LUXEMBURGO, R. *Huelga de masas, partido y sindicatos*. 5.ed. México: Siglo XXI, 1978. (Cuadernos Pasado y Presente, n.13.)

MANDEL, E. Marx, la crise actuelle et l'avenir du travail humain. *Quatrième Internationale*, Montreuil, França, s.d.

MAO TSETUNG. *Cinco teses filosóficas*. Pequim: Edições em Línguas Estrangeiras, 1977.

MARSHALL, T. H. A natureza do conflito de classe. *Cidadania, classe social e status*. Rio de Janeiro: Zahar Editores, 1967.

_____. *Cidadania, status e classe social*. Rio de Janeiro: Zahar, 1973.

MARTINET, G. *Sept syndicalismes*. Paris: Seuil, 1979.

MARTON, S. *Nietzsche*. São Paulo: Moderna, 1993.

MARTORANO, L. C. Elementos do Estado proletário na Comuna de Paris. In: BOITO JR., A. (Org.) *A Comuna de Paris na história*. São Paulo: Xamã, 2002.

_____. Socialismo: notas sobre revolução, transição e programa. *Crítica Marxista*, n.18, Rio de Janeiro: Revan, 2004.

MARX, K. *El Capital*. 7.ed. Cidade do México: Fondo de Cultura Económica, 1973. t.I, cap.XXIV, especialmente o item 2: "Como fue expropriada de la tierra la población rural".

_____. *Le 18 Brumaire de Louis Bonaparte*. Paris: Editions Sociales, 1976. (Coleção Classiques du Marxisme.)

_____. *Crítica ao Programa de Gotha*. In: MARX, K., ENGELS, F. *Textos*. São Paulo: Edições Sociais, 1977a. v.1.

_____. *Contribuição à crítica da economia política*. São Paulo: Martins Fontes, 1977b.

_____. *La guerra civil en Francia*. Moscou: Editorial Progresso, 1977c.

_____. O Dezoito Brumário de Luís Bonaparte. In: MARX, K., ENGELS, F. *Obras escolhidas*. São Paulo: Alfa-Ômega, s.d. v.1.

ESTADO, POLÍTICA E CLASSES SOCIAIS 269

MARX, K. HOBSBAWN, E. *Formaciones económicas precapitalistas.* Córdoba: Cuadernos de Pasado y Presente, n.20, 1971.

MERO, R. *Paris, la Commune.* Paris, CD-ROM, Edição Mémoire, em associação com Les Amis de la Commune e Les Temps des Cerises, s.d.

MILIBAND, R. *O Estado na sociedade capitalista.* 2.ed. Rio de Janeiro: Zahar, 1982.

MILL, J. S. *Considerações sobre o governo representativo.* Brasília: Editora da Universidade de Brasília, 1980. (Coleção Pensamento Político.)

MILLS, W. C. *A nova classe média.* Rio de Janeiro: Zahar, 1969.

MORFINO, V. Il materialismo della pioggia di Althusser. Um lessico. *Quaderni Materialiti,* n.1, Milano, 2002.

MORIN, G. *La revolte des faits contre le Code.* Paris: s.n., 1920. Apud: CAMERLYNCK, G. H. *Contrat de travail.* Paris: s.n., 1968.

MOTTA, M. B. (Org.) *Michel Foucault:* Ditos e escritos IV. Estratégias, poder-saber. São Paulo; Rio de Janeiro: Forense Universitária, 2003.

MOURIAUX, R. *Le Syndicalisme dans le monde.* Paris: PUF, 1993.

NOGUEIRA, M. A., NOGUEIRA, C. M. *Bourdieu & a educação.* Belo Horizonte: Autêntica, 2004.

PARAIN, C. Les caractères spécifiques de la lutte des classes dans l'Antiquité Classique, *La Pensée,* n.18, Paris, abr. 1963.

———. Evolução do sistema feudal europeu. In: VV.AA. *Sobre o feudalismo.* Lisboa: Editorial Estampa, 1978.

PARSONS, T. On the concept of political power. In: PARSONS, T. *Politics and social structure.* New York; London: The Free Press; Collier-Macmillan Limited, 1969.

———. O aspecto político da estrutura e do processo social. In: EASTON, D. (Org.) *Modalidades de análise política.* Rio de Janeiro: Zahar, 1970.

PASHUKANIS, E. *La théorie générale du droit et le marxisme.* Paris: EDI, 1970.

POGGI, G. *A evolução do Estado Moderno.* Rio de Janeiro: Zahar, 1981.

PONSOT, P. *Les grèves de 1870 et la Commune de 1871 au Creusot.* Paris: Éditions Sociales, 1957. (Coleção Pages d'Histoire Populaire.)

PORCHENEV, B. *Les soulevements populaires en France au XVII siècle.* Paris: Flamarion, 1972.

POULANTZAS, N. *Pouvoir politique et classes sociales.* Paris: François Maspero, 1968.

———. *Poder político e classes sociais.* Porto: Portucalense Editora, 1971.

———. *L'État, le pouvoir et le socialisme.* Paris: PUF, 1978.

———. *As classes sociais no capitalismo de hoje.* Rio de Janeiro: Zahar, 1985.

270 ARMANDO BOITO JR.

QUINTANEIRO, T., OLIVEIRA, M. G. M. De. *Labirintos simétricos:* uma introdução à teoria sociológica de Talcott Parsons. Belo Horizonte: Editora UFMG, 2000.

RAWLS, John. *O liberalismo político.* São Paulo: Ática, 2000.

REIS FILHO, D. A. *Comuna de Paris: última revolução plebeia ou primeira revolução proletária?* 130 Anos da Comuna de Paris. São Paulo: Espaço Marx, 2001.

REIS, J. J., SILVA, E. *Negociação e conflito:* a resistência negra no Brasil escravista. São Paulo: Companhia das Letras, 1989.

REUNIÕES PÚBLICAS EM PARIS, relatório, 800 páginas manuscritas, Bibliothèque Historique de la Ville de Paris, documento NA 155. Apud DALOTEL, A. et al. *Aux origines de la Commune:* le mouvement réunions publiques à Paris 1868-1870. Paris: François Maspero, 1980.

RODRIGUES, L. M. *O destino do sindicalismo.* São Paulo: Edusp, 2000.

ROSANVALLON, Pierre. *Le moment Guizot.* Paris: Gallimard, 1998.

ROUGERIE, J. *Le procès des Communards.* Paris: Julliard, 1964.

_____. *La Comunne de 1871.* Paris: PUF, 1997.

RUMIANTSEV, A. (Org.) *La estructura de la clase obrera de los países capitalistas.* Praga: Editorial Paz y Socialismo, 1963.

SAES, D. Classe média e política de classe – uma nota teórica. *Contraponto,* n.2, Rio de Janeiro, 1978.

_____. *A formação do Estado burguês no Brasil (1888-1891).* São Paulo: Paz e Terra, 1985a.

_____. *Classe média e sistema político no Brasil.* São Paulo: T.A. Queiroz, 1985b.

_____. Marxismo e história. *Crítica Marxista,* n.1, São Paulo: Brasiliense, 1993.

SANTOS, R. M. dos. *Resistência e superação do escravismo na Província de São Paulo (1885-1888).* São Paulo: Instituto de Pesquisas Econômicas da Universidade de São Paulo, 1980.

SCHUMPETER, Joseph. *Capitalism, Socialism and Democracy.* 3.ed. New York: Harper & Son, 1950.

SCHWARTZ, S. Resistance and Accomodation in Eighteenth-Century Brazil: The Slaves´s Wiew of Slavery. *The Hispanic American Historical Review,* fev. 1977.

SELIGMAN, E. *La justice en France pendant la Révolution 1789-1792.* Paris: Librairie Plon, 1901.

SINGER, P. *A utopia militante.* Rio de Janeiro: Vozes, 1999.

SOBOUL, A. *Les Sans-culottes, mouvement populaire et gouvernement révolutionnaire (1793-1794).* Paris: Éditions du Seuil, Paris, 1968.

_____. *A Revolução Francesa.* São Paulo: Difel, 1974.

ESTADO, POLÍTICA E CLASSES SOCIAIS 271

SOBOUL, A. La Fonction Historique du Absolutisme Éclairé. In: SO-
BOUL, A. *Comprendre la Révolution*. Paris: François Maspero, s.d.

SOMBART, W. *Pourquoi le socialisme n´existe-t-il pas aux États-Unis?*
Paris: PUF, 1992.

STAERMAN, E. A luta de classes no final da República. In: VV.AA. *Formas de exploração do trabalho e relações sociais na Antiguidade Clássica*.
Lisboa: Editorial Estampa, 1978.

STE. CROIX, G. E. M. de. *The Class Struggle in the Ancient Greek World*.
3.ed. Londres, 1997.

STURMTHAL, A. S. *White-Collar Trade Unions*. Chicago: University
of Illinois Press, 1967.

TARTAKOWSK, Danielle. Balanço da historiografia da Comuna de Paris.
In _____.: Boito Jr., Armando. (Org.) *A Comuna de Paris na história*.
São Paulo : Xamã, 2001.

THOMPSON, E. P. *A formação da classe operária inglesa*. São Paulo: Paz
e Terra, 1987. t.II.

_____. *As particularidades dos ingleses e outros artigos*. Campinas: Ins-
tituto de Filosofia e Ciências Humanas da Unicamp, 1998. (Coleção
Textos Didáticos.)

TOCQUEVILLE, A. de. *Democracia na América*. São Paulo: Companhia
Editora Nacional, 1969.

_____. *O Antigo Regime e a Revolução*. Brasília: Editora Universidade
de Brasília, 1979.

_____. *Lembranças de 1848:* as jornadas revolucionárias em Paris. São
Paulo: Companhia das Letras, 1991.

TOMBS, R. Les communeux dans la ville: des analyses récentes à l´étranger.
Le Mouvement Social, n.179, p.105, abr./jun. 1997.

TRÓPIA, P. *Classe média, situação de trabalho e sindicalismo: o caso dos
comerciários de São Paulo*. Campinas, 1994. Dissertação (Mestrado) –
IFCH, Unicamp.

TROTSKY, L. *Programa de Transição:* a agonia mortal do capitalismo e as
tarefas da Quarta Internacional. São Paulo: Proposta Editorial, 1980.

VERNANT, J.-P. A luta de classes. In: VERNANT, J.-P., NAQUET,
P.-V. *Trabalho e escravidão na Grécia Antiga*. Campinas: Papirus, 1989.

VILLEY, M. *Le Droit Romain*. Paris: PUF, 1949. (Coleção Que sais-je?)

WEBER, M. Feudalismo e Estado Estamental. In: IANNI, O. (Org.) *Teorias da estratificação social*. São Paulo: Companhia Editora Nacional,
1972.

_____. Classe, estamento e partido. In: WEBER, M. *Ensaios de sociolo-
gia*. 3.ed. Rio de Janeiro: Zahar, 1974.

ZARPELON, S. *A esquerda não socialista e o novo socialismo utópico*. Campinas, 2003. Dissertação (Mestrado em Ciência Política) – Unicamp.

SOBRE O LIVRO

Formato: 14 x 21 cm
Mancha: 25 x 43 paicas
Tipologia: Horley Old Style 10,5/13,8
Papel: Off-set 75 g/m² (miolo)
Cartão Supremo 250 g/m² (capa)
1ª edição: 2007
1ª reimpressão: 2012

EQUIPE DE REALIZAÇÃO

Edição de Texto
Viviane S. Oshima (Preparação de Original)
Maurício Balthazar Leal (Revisão)
Kelly Rodrigues dos Santos (Atualização Ortográfica)

Editoração Eletrônica
Casa de Ideias (Diagramação)

Impressão e acabamento
*psi*7 | Book7